한살림
첫마음

한살림 첫마음

건강한 세상으로 건강한 밥상에서

서형숙·윤선주 지음
한살림서울소비자생활협동조합 기획

한살림

| 책을 펴내며 |

생명을 가꾸어 온 이야기를 펴내며

드디어 기다리고 기다리던 《한살림 첫마음》을 기쁜 마음으로 맞이합니다.

한살림이 서른 살의 청년으로 자라기까지 수많은 시작과 역사 안에 언제나 소중한 사람들이 있었습니다. 온몸을 불사르며 한살림을 해 온 선배들의 이야기를 들을 때마다, 이구동성으로 이런 보석 같은 귀한 이야기를 몇몇만 알고 말 게 아니라 더 많은 사람에게 널리 알리면 좋겠다는 바람을 앞다투어 말하였습니다. 《한살림 첫마음》은 이렇게 시작되었습니다.

한살림을 활짝 꽃피운 이야기를 어떻게 담을지 '발간위원회'를 꾸려 머리를 맞댔습니다. 함께 나누고 싶은 발자취들을 추리며, 이 책을 쓸 사람은 자연스럽게 먼저 나서서 길을 열었던 한살림 조합원 선배들로 귀결되었습니다. 우리는 어떤 상황을 떠올릴 때 자기의 경험에 따라 각기 다른 기억들을 간직하기도 하지요. 지은이 두 분도 그러시더군요! "아, 맞아 그때 그랬어!"를 연신 되뇌며 줄줄이 보석 같은 이야기들을 실타래 풀듯 풀어내었습니다. 하나의 이야기는 하나가 아니었습니다. 마법 단지처럼 많은 이야기가 이어져 나왔습니다. 결국은 '사람들'이 중심이었음을 새삼 확인하는 또 다른 뭉클함을 맛보았습니다. 한살림 추억의 절반 이상을 차지하는 것은 예나 지금이나 생산자와 함께해 온 끈끈한 이야기입니다.

우리는 이 기록을 단지 그때 그 시절 선배들만의 추억 파티로 여기지 않습니다. 시대의 변화에 따라 사회적 환경이나 조건, 운영 방식도 자연스레 달라지므로, 한살림 길을 먼저 내신 선배 조합원들의 이야기가 화석처럼 굳어져 고정화되는 것은 그분들도 원하지 않으리라 생각합니다.

그 시절 고민에 따라 시도했던 다양한 해결책들이 요즘 우리의 고민과 동떨어져 있지 않고 맥이 닿아 있습니다. 이것을 알아차리고 지금 현장에서 필요한 교훈을 찾는 것이 현재를 살아가는 우리의 소명이라고 생각합니다. 스토리 텔링 시대에 한살림은 수많은 보물을 켜켜이 쌓아 두고 세상에 알리지 못하는 아쉬움을 지니고 있습니다. 그동안 잘해 온 것들을 십 분의 일만이라도 제대로 드러내고 사회화하는 일이 우리의 몫임을 다시 확인합니다.

뜸을 잘 들여야 밥이 맛있는 것처럼 발간위원회 논의부터 시작하여 3년간의 긴 뜸 들임 과정 끝에 《한살림 첫마음》이 나오게 되었습니다. 지금도 여전히 한살림이라면 자다가도 벌떡 일어나 후배들의 크고 작은 요청에 흔쾌히 응해 주시는 수많은 선배들께 감사드리며, 이번에 담지 못한 또 다른 이야기에 대한 아쉬움은 이후의 몫으로 남겨 둡니다.

《한살림 첫마음》이 세상에 나오기까지 공동 집필하는 과정에서 겪었던 어려움을 감당하고, 진행 과정의 미숙함을 너그러이 품어 준 윤선주 선배님, 서형숙 선배님께 깊은 감사를 전합니다.

한살림서울소비자생활협동조합
박혜숙 이사장 모심

| 차례 |

| 책을 펴내며 | 생명을 가꾸어 온 이야기를 펴내며 4
| 지은이들의 편지 | 사랑한 이야기 살림한 이야기 10

1장

생활협동조합은 뭐 하는 곳이에요? - 한살림 1세대 조합원들의 밥상살림

1986년 12월 4일 – 한살림 시작한 날	24
세상을 바꾸는 주부 – 한살림의 주인공은 조합원	34
농사지은 사람과 사 먹는 사람이 같이 정해요 – 쌀값 결정 회의	39
함께하자는 약속 – 협동조합의 출자금이란	44
우리가 만들어 우리가 써요 – 조합원 가입서와 소개 카드	48
위원회를 만들어요 – 물품위원회·환경위원회·홍보위원회	50
앞에서부터 가져가세요 – 공동체 공급	54
식구 같은 외간 남자 – 공급 실무자	62
사는 사람, 파는 사람 모두 조합원 – 한살림 매장	68
딴살림하는 즐거움 – 지부가 지역 생협으로	73
한살림 사람들 "믿음이 우리 자산"	83
– 수도권 첫 지부를 만든 지역 일꾼들

2장

뭐 하나 그냥 나온 게 아니에요 - 물품에 담긴 마음

| 내일이 아이 소풍인데 당근이 없다니! – 제철에만 나는 한살림 채소 | 86 |
| 초겨울 한살림이 들썩들썩 – 생산자·실무자·조합원이 함께하는 김장 공급 | 90 |

쩍쩍 갈라지는 수박이 애처로워 – 가공식품 1호 서과당 93
한살림에서 관행 농사도 해요? – 우리 안의 관행 농산물, 잡곡 97
정부 인증? 우리 인증! – 아산·당진의 인증 취소 쌀 103
이사하면 시루떡 대신 비누 선물 – 물을 살리려고 비누도 다르게 109
30년을 이어 온 인기 물품 – 생명 품은 유정란 115
밥심으로 살아요 – 우리 밥상 우리 쌀 119
한살림 사람들 "농사는 하늘과 함께 짓는 일" 124
　　　　　　 – 충남 당진 매산리공동체 정광영 생산자

3장

같이 잘 살아요 – 더 넓게 한살림, 밥상에서 세상으로

우리, 동네에서 같이 놀아요! – 조합원 지역 활동 128
조합원 정성에 구청이 문을 열었어요 – 1995년 가을걷이 잔치 한마당 136
세 살 버릇 여든 가는 밥상머리 교육 – 학교급식운동 144
정말 어려운 우리나라 주부 노릇 – 유전자조작반대운동 149
책상 앞에서 벗어나 자연 속으로 – 한살림 생명학교 154
생산자와 소비자가 함께 풍농을 기원해요 – 한살림 단오잔치 159
나 한 사람이 물 한 숟가락씩 맑게 하면 – 에코가족운동에서 배운 것 164
문제가 있는데 덮어 둘 순 없어요 – 수돗물불소화반대운동 170
평화는 평화로울 때 지켜야 해요 – 한일 수요시위 179
우리 쌀 농업이 다시 살아나기를 – 우리 쌀 지키기 100인 100일 걷기 185
그냥 물류센터가 아니랍니다 – 전기도 만들어 쓰는 물류센터 189
한살림 사람들 한살림 요리의 절대 강자 195
　　　　　　 – 채송미 요리연구가

4장

생산자와 소비자가 하나라는데 – 생산자들과의 추억

메뚜기 잡기는 아무나 하나? – 우리가 생산지에 가는 이유	200
내 마음의 잡초를 뽑아야지 – 생산지 일손 돕기	203
차라리 농약을 좀 쳐 주세요 – 25년 전 아산 음봉면의 한마음공동체	209
단 하루만이라도 설거지통에서 손을 빼고 – 여성 생산자 연수를 시작한 이야기	213
우리 여성 생산자들의 꿈 – 최정화 생산자와 김남숙 생산자	219
농촌에서 도시에서 – 살림 세상을 만드는 생산자들	222
오래된 미래, 우리 씨앗 – 토박이 씨앗 지키기	228
한살림 사람들 옥잠화를 닮은 우리의 첫 여성 생산자 대표 – 충북 영동 옥잠화공동체 서순악 생산자	232

더하기

자연과 사람, 사람과 사람이 사이좋게 – 한살림의 생각과 말들

우리 시대의 보석 – 〈한살림 선언〉	238
우리의 지향을 만들어요 – 〈한살림운동의 지향〉	244
다시 또 처음으로 – 〈한살림 선언〉 다시 읽기	248
낯설지만 친해지면 가까운 – 한살림의 말들	252

| 이야기를 마치며 |	260
| 부록 | 한살림운동의 지향	266

| 지은이들의 편지 |
사랑한 이야기 살림한 이야기

낯가리던 내가 어느덧 27년 차 조합원 큰언니가 되었네

- 윤선주 -

처음 만난 아름다운 모임

한살림 활동을 시작한 지 26년이 넘었습니다. 나이 마흔 생일 무렵인 1990년 8월 1일 가입했으니 내 인생에서 내 삶을 주체적으로 산 대부분의 세월을 한살림과 함께한 셈입니다. 남들은 오랫동안 한살림을 했다 할지 모르지만 나 스스로는 아예 제기동 쌀가게 시절부터 함께했더라면 하고 늘 아쉽습니다. 아이들이 한 살이라도 더 어렸을 때 시작해 아이들의 입맛을 일찍 바로잡지 못했다는 아쉬움이 크고, 어느 실무자의 말처럼 고난과 역경의 시절을 함께 헤쳐 나가지 못한 미안함이 있기 때문입니다. 나는 늘 이럴 때, '내가 알지 못했으니 너(한살림)는 내게 존재하지 않은 것과 마찬가지'라고 속으로 되뇌고는 하지만 여전히 아이들과 한살림에 미안한 마음이 드는 것은 어쩔 수 없습니다.

그런 미안함을 빼고 이야기한다면 나는 참 복이 많은 사람입니다. 안전한 먹을거리에 끌려 시작하긴 했어도 비교적 일찍 한살림을 알았고 그 안에서 수많은 스승과 동지를 만나 여전히 즐겁게 활동하기 때문입니다. 권하는 사람도 없이 언뜻 들은 한살림을 물어물어 전화해서 다섯 가구 이상의 공동체를 만들어야 가입할 수 있다는 안내를 받았지요. 지방에서 서울로 이사 온 지 3년이 지났지만 아는 사람이 별로 없을 정도로 수줍고 낯가림이 심한 내가 공동체를 꾸리고 대표를 맡은 것도 지금 생각하면 신기한 일입니다. 매주 조합원들의 주문을 모아 전화하고 공급 실무자에게 받은 물품을 나누고 보관하면서 나도 모르게 남 앞에 나서는 것을 별로 두려워하지 않는 사람이 되었습니다. 지금의 나를 보는 사람들은 상상이 안 된다고 하지만 내 과거를 아는 나는 스스로가 대견합니다. 이웃과 만나 의견을 나누고 공부하면서 나와 내 가족을 뛰어넘어 세상을 조금씩 알아 가며 생각의 폭이 넓어지는 것이 좋았습니다.

중년에 만난 스승들

농산물을 사면서도 싱싱한 채소를 내기 위해 애쓴 농부를 보지 못하고, 밥상을 차리면서도 농업 현실을 생각하지 못했던, 한살림 이전의 나를 돌아보면 혼자 있어도 얼굴이 붉어집니다. 그렇다고 가입하자마자 한살림 사람이 된 것은 아니고 주위의 여러 스승이 나를 키웠지요.

옆 동네에 살면서 어린 두 아이를 데리고 마을 모임을 주관하고, 동네 잔치를 진행하고, 한살림 일이라면 궂은일 마다치 않고 부지런히 다니며 권하던 조합원 활동가 서형숙 씨. 그때 아직 남성 우월주의에 젖어 있던 내가 "세상에 이렇게 똑똑한 여자도 있다니!" 하고 감탄하게 만든 앳된 실무자 윤희진 씨. 웬만큼 고등 교육을 받은 여자들도 대부분 현모양처를 꿈꾸던 때거든요. 쉴 틈 없이 아이 키우고 남편 뒷바라지하고 살림하느라 내 생활이라는 것은 꿈도 꾸지 못하는 대부분의 주부를 "집에서 논다."라고 하거나 '솥뚜껑 운전수'라며 낮추어 부르던 때였으니까요. 그리고 늦은 밤까지 조합원들에게 물품을 공급하던 상냥한 실무자들. 그때 공급 실무자 중에는 한살림소비자생활협동조합연합회 대표를 역임한 이상국 씨를 비롯하여 한살림의 기둥이 된 이들이 많습니다. 얼굴은 까맣게 타고 손은 거칠지만 언제나 밝은 미래를 이야기하고, 함께 꿈꾸는 세상을 말하던 수많은 생산자.

그 시절 한살림에서 만난 모두가 제 스승이었습니다. 혼인하고 주부가 되어 서툰 살림하느라 지금의 꿈은 고사하고 학생 때 꾸었던 과거의 꿈도 잘 기억나지 않던 내게는 충격이었지요. '아, 이런 세계가 있을 수 있구나, 서로가 경쟁자로, 나의 이익이 너의 손해가 되는 것이 아니라 서로 보듬고 책임지려고 노력하는 아름다운 모임이 있구나!' 하는 감탄이 절로 나왔지요. 그것도 사는 모습과 환경이 전혀 다른 생산자와 소비자가 함께! 자연스러운 몇 번의 만남 후에, 맛이 없다고 비싸다고 구시렁대는 식구들에게 절대 밀리지 않으리라 마음먹었습니다. 아마 농업살림의 대표 선수라도 된 듯한 비장함이 얼굴에 드러났는지 후에 남편이 이야기하길, 그때 나를 보며 '무슨 독립운동이라도 하나?' 생각했대요. 내가 옳은 일에 동참하고 있다는 믿음이 생기니 웬만한 불만에는 흔들리지 않는 힘이 생긴 것은 물론이고요. 그러면서 혼인 이후 처음으로 '솥뚜껑을 쥐고 흔든다'는 역할이 뿌듯했습니다. 그전에는 그런 말을 들으면 무시하는 것 같아 우울했는데 말이지요.

누군가 말하기를 "머리가 좋은 사람과 나쁜 사람의 가장 커다란 차이는 좋은 말을 듣고 곧바로 실천하느냐, 생각만 하다 지치느냐에 달려 있다."라더군요. 나 역시 머리가 뛰어나지 않고 겁이 많아 매사에 조심스러운 사람인지라 첫발부터 한살림에 깊이 빠진 것은 아니었지요. 진짜인지, 혹은 말뿐인지 나름대로 요리조리 재어 보고 다른 사람들은 어떤지 보느라 좀 시간이 흐른 다음, 서서히 활동을 시작했습니다. 그러느라고 놓친 시간이 또 아쉬워 요즈음은 가입하자마자부터 지금처럼 활동했다면 내가 훨씬 더 나은 사람이 되지 않았을까 생각합니다. 생전에 장일순 선생님 말씀도 듣고 지금은 고인이 되신 생산자분들과 박재일 전 회장님도 더 자주 뵈었더라면 하는 아쉬움이 크거든요.

한살림 초창기, 초고속 승진한 날들

제가 한살림 활동을 시작했을 때에는 조합원이 많지 않았고, 친정어머니와 함께 살아 시간이 비교적 넉넉했던 덕에 그야말로 승승장구, 이른바 '초고속 승진'을 했습니다. 제가 주선을 해서 공동체를 시작했는데, 다른 집 엄마들이 서로 대표를 맡기면 한살림을 못 하겠다고 하여 제가 우선 대표를 맡아 시작했어요. 한살림에서는 공동체 대표를 맡아 봐야 조합원으로서 더욱 성장할 수 있고 서로 고충을 이해할 수 있으니 구성원들이 돌아가며 대표를 맡으라고 권했지만, 다들 손사래를 치니 도리가 있어야지요. 원하지 않게 장기 집권을 하고야 말았어요.

그러다 마을 모임을 이끌기도 하고 이웃 동네의 조합원과 함께 교육도 받으러 다니고 한살림 내에서 여러 위원회 활동도 하게 되었지요. 환경위원회 위원장이 되고 이사가 되면서 점점 더 활동이 늘었고 급기야는 한살림의 고양지부장을 맡게 되었습니다. 그때가 2000년이었어요. 그렇게 3년쯤 활동하다가 고양지부가 서울의 지부로 있기보다는 독립적인 지역 생협으로 바꾸는 것이 옳지 않을까 하는 '소비자활동위원회'의 제안을 받아 2003년 한살림고양파주생활협동조합을 창립하고 초대 이사장을 지냈고요. 그 뒤에도 계속 한살림연합의 이사로, 한살림연수원의 원장으로 활동하고 있습니다. 처음에는 한살림이 사회적으로 잘 알려지지 않아 이상한 곳에 다닌다는 오해도 많이 받았어요. 장사하는 곳이라는 편견 때문에 모임이나 행사 장소를 빌리기도 어려웠지요. 심지어는 종교 단체나 다단계 판매 회사라는 오해까지 사고, 길에서 홍보하다 동창생이라도 만나면 "내가 가입해 주면 수수료를 얼마나 받느냐?" 하는 소리도 들었답니다.

그런 일들을 생각하면 격세지감, 상전벽해! 지금은 길게 설명하지 않아도 대개는 한살림을 알고 대부분 호감이나 믿음을 나타내거든요. 말하자면 사회적인 검증은 끝났고, 지역 사회와 제도를 바꾸는 일에 앞장서 주기를 한살림에 기대하고 있답니다. 친환경 먹을거리 직거래 사업뿐 아니라, GMO 반대, 환경 호르몬 반대, 급식 지원 제도 확립, 우리 농업과 쌀을 지키기 위한 활동, 대안 에너지 운동 등 많은 일을 이루기도 했고요.

나의 소박한 경험을 오늘의 당신에게

이 책을 읽는 분들은 저처럼 나중에 '좀 더 일찍 활동을 시작할걸.' 하는 아쉬움을 품지 않기를 바라며 인사말을 대신합니다. 지금 여기에서 나부터 시작할 수 있는 일을 함께해 보자고 권하려고 합니다. 나처럼 망설이며, 주저하며 시간을 낭비하기에는 지금 세태는 더욱 불안하기 때문이지요. 우리 아이들, 미래 세대를 위해 먼저 삶을 바꾸는 누군가가 바로 이 책을 읽는 분이기를 바라며 부끄러움을 무릅쓰고 이 책을 당신 앞에 놓습니다.

한살림처럼

– 서 형 숙 –

'한살림처럼' 하라

몇 년 전 시중에서 판매하는 배추가 1만 원을 훌쩍 넘어 문제가 되자 이명박 전 대통령은 어떻게 알았는지 이렇게 지시했다고 해요.

"한살림처럼 하라. 한살림 배추는 1,400원이라는데."

신문에 대서특필되고 떠들썩했어요. 한살림처럼? 사실은 '한살림처럼' 해야 그런 결과가 나오는 건데 내막도 모르는 채 값만 갖고 지시하는 안타까운 내용이었지요. 내막은 이렇습니다. 한살림은 생산자와 소비자, 실무자가 얼굴을 맞대고 생산 품목, 생산량, 생산 방식, 물품 가격까지 함께 정하지요. 시중 가격이 어떻든 그 물품이 나오는 데 든 돈을 보장하는 겁니다. 한살림이 '생산자는 소비자의 생명을, 소비자는 생산자의 생활을 책임지는 곳'이어서 가능했습니다. 초창기 한살림 조합원들은 이 정신을 간직하고 실천했습니다. '한살림처럼'의 밑거름이죠.

20여 년 전만 해도 사진관에 맡긴 한살림 자료 사진을 찾으러 가면 겉봉에 쓴 이름 보고 "한살림 씨" 하며 사진을 내주곤 했어요. 누구에게라도 한살림을 소개하려면 설명이 길어졌지요. 아무리 짧게 설명해도 통념과는 다른 걸 쉽게 이해할 수 없어서 그랬을 겁니다. 그냥 무농약 농산물 직거래 단체라 여겼겠지요.

한살림, 이제 60만 조합원 조직이 되었네요. 참 많이 컸습니다. 어디를 가든 유기 농산물을 살 수 있는 세상이 되었어요. 그래도 이젠 어지간한 사람은 다 한살림을 압니다. 어딜 가도 한살림 사람을 만납니다. 버스에서 곁에 앉은 사람, 길을 가다 마주하는 이, 웬만한 모임에 가면 그 가운데 몇은 한살림 조합원입니다. 일반인들이 생협, 직거래, 유기농을 설명하려면 보통 한살림 같은 거라고들 합니다.

한살림에 풍덩 빠지다

1989년 10월 26일. KBS 특집 프로그램에서 고 김영원 생산자(한살림 초대 생산자 회장)가 "옛 어른들은 씨앗을 심을 때 한 구멍에 꼭 세 알씩 심었다. 한 알은 날짐승이 먹고, 한 알은 땅 벌레가 먹고, 한 알은 싹을 틔워 열매를 맺으면 사람이 먹는다. 그것이 바로 농부의 마음이다."라고 말하는 대목이 있었습니다. 그 말을 듣는 순간 뭔가로 한 대 얻어맞았다고나 할까, 아니면 모래밭에서 갈퀴질이 안 돼 허무해하던 오리가 물을 만났다고나 할까. '아, 우리 조상들 참 멋지구나. 벌레의 삶마저 생각했다니. 저 농민은 조상의 삶을 그대로 이어 살고 있으니 얼마나 아름다운가. 우리도 그럴 수 있을까?' 그때의 감흥은 지금 생각해도 새롭습니다.

물론 결정적으로는 무농약 농산물에 마음을 훅 빼앗겼습니다. 믿을 수 있는 안전한 농산물을 나누는 모임의 회원이 되어 께름칙하게 대하던 밥상에서, 농약 걱정에서 해방되길 빌었습니다. 다음 날 당장 회원으로 가입했습니다. 그런데 물품이라고 해야 형편없던 시절이니, 어쩔 수 없이 점점 급한 사람이 우물을 파게 되었어요. 더구나 그때 대학원 다니다가 아이들을 낳아 전업주부가 되었는데 그냥 주부는 재미없어 '전문주부'가 되려고 학문하듯 주부 노릇을 하고 있던 터였습니다. 한살림 공부와 열정, 실천이 더해져 갖은 묘수를 짜내며 글도 쓰고 방송으로도 내놓았습니다.

그때 김영원 장로님은 여러 농약 자료를 정리해 공부 자료로 내놓으셨고 많은 생산자가 스승이셨지요. 우리는 일원동에 있던 한살림 사무실에 모여 닥치는 대로 읽고 공부했어요. 그때는 정말 환경이 열악했습니다. 작은 사무실을 지나면 개수대 딸린 방 하나가 있었습니다. 그 방에 공급 실무자들이 기거했는데, 그곳이 '한살림 안방'이었습니다. 거기서 이사회도 하고, 공부 모임도 하고, 생산자들도 맞이하고. 이순로 초대 이사장, 정양숙 2대 이사장 등과 같이 모임을 하다가 사과를 싣고 상경한 경북 상주의 최병수, 김명희 생산자 부부와 함께 밥상을 차려 먹기도 했지요. 사무실 옆쪽 창고에서는 이상국 씨가 종종 출몰하는 쥐를 잡아 가며 쌀을 소분(작은 포장 단위로 나누는 일)하고 있었지요. 쌀 소분은 주문 전화 받기, 상담하기와 더불어 겨우 시작한 아주 미약한 조합원 봉사활동 가운데 하나였습니다. 그런데 애쓰지 않아도 생산자와 실무자를 만나면 많은 일이 저절로 됐어요. 참 신기한 일이었죠.

더 나은 세상이 오리라는 확신을 갖고
귀한 아이를 낳아 기르는 엄마로서 나는 어떻게 하면 환경 오염의 고리를 한 가닥이라도 끊어서 더는 번지지 않게 할까 생각했습니다. 산처럼 쌓인 음식물이 있지만 참으로 먹을 만한 것이 없고, 흔해 빠진 생활용품에 파묻혀 아무 일에도 감사할 줄 모르는 사람으로 가득 찬 오늘의 불행한 세상이 언젠가는 달라지겠지……. 그리하여 '누구나 손 닿는 대로 먹어도 오래도록 탈이 없는 세상이 되고, 그런 세상에 작은 벌레의 생명도 소중히 여기는 사람들이 모여 사는 날이 오겠지.' 하는 희망을 가지고 살았습니다.

공동체도 꾸리고 조합원 활동도 하고, 한살림도 나도 처음이니 하나하나 만들어 가는 게 재미있었어요. 1990년 4월, 조합원들과 함께 우리 집에서 한살림 첫 '지구의 날' 준비를 했어요. 단오잔치 준비도, 생명학교 준비도, 일본의 생활협동조합인 그린코프 맞이도, 이사회도 했어요. 〈한살림운동의 지향〉을 만들고, 새로운 조합원 가입서와 안내지를 만들고, 위원회를 꾸리고. 필요하다 여겨지면 뭐든 해냈습니다. 재미있는 위원회 연수를 위해 묘안을 짜내느라 밤을 새우고, 어디를 가더라도 놀 거리, 볼거리에 대한 정보가 있으면 갈무리해 두었다가 다 한살림 게시판에 갖다 붙였지요.

위원회의 위원들에게는 다음과 같은 위임장을 전하며 활동을 독려했습니다.

"위원님의 헌신적인 활동은 한살림과 우리 자녀의 미래에 큰 디딤돌이 될 것입니다."

지나고 보니 정말 그랬습니다. 다들 디딤돌이 되어 주어 좀 더 나은 세상이 되었으니까요.

때로는 공동체가 한살림 물품을 나누는 걸 보고 지나가는 이들이 그랬습니다. 뭐 좀 생기는 것 있느냐고. 그런 거 없다고 말하다가 우리에게 무엇이 생기는지 차츰 알게 되었지요. 그리고는 언제나 가슴에서 우러나오는 걸

서슴없이 말할 수 있었어요.

"생기는 거 많아요. 더 나은 세상이 우리에게 와요."

긴 세월, 소비자 대표로 소비자 조합원에게 우리의 의무만 말하다가 10년이 지나서야 우리가 날마다 하루도 빠짐없이 '바른 밥상 차리기 운동'을 잘해서 우리 한살림을 이렇게 근사하게 일구어 냈다는 이야기를 비로소 하게 되었습니다. '선구자' 노래 가사가 바로 우리의 생명살림 노래이고, 그 노래의 주인공이 바로 우리이며, 그래서 선구자는 우리 자신에게 하는 노래라고 독려했습니다. 박재일 회장님이 정책 제안 등 바깥일을 해 나가시고 안에서 우리가, 조합원 하나하나가 살아 있어서 해낸 일이 바탕이 되어 오늘의 한살림이 있다고.

점차 우리 밥상 잘 차리는 일에서 나아가 이웃의 밥상이 제대로 차려지고 있는지 살피는 일을 하자고 생각했습니다. 결식아동을 위한 기금을 마련하려고, 북한동포돕기와 아프가니스탄난민돕기를 하려고 글을 쓰고 모금을 했습니다. 수돗물불소화반대운동, 유전자조작식품반대운동을 펼쳤습니다. 그리고 일본군 '위안부' 할머니들의 문제를 들여다본 일은 평화는 평화로울 때 지켜야 함을 일깨워 주었습니다. 그래서 수요시위에 함께하였고, 사람과 모든 생명과의 평화를 꿈꾸었습니다.

의식주衣食住 아닌 심식주의心食住衣

무엇보다 내가 큰사람으로, 넓은 마음으로 세상을 보고 아이를 키울 수 있었던 것은 한살림을 했기 때문입니다. '내 아이'라는 틀에서 벗어나 '내 아이, 네 아이가 아닌 우리 아이'로 생각하게 된 것입니다. '우리' 모두가 건강하게 되지 않으면 안 된다는 데 눈이 뜨였습니다.

인물이 없던 터라 회원 가입하자 바로 이사로 활동하라는 재촉을 받았습니다. 저어하며 교육위원회에서 공부하다가 1991년 초, 이사가 되었습니다. 근 10년 이사로 활동하다가 소비자 조합원 대표인 부회장으로, 이사로, 조합원으로 순환했습니다. 순환은 한살림에서 처음 있는 일이었지요. 오랫동안 앞장서다가 남 뒤에 서서 빛을 죽이는 것이 일을 하기보다 어렵더군요. 평조합원이 되어 또 다른 길을 놓았습니다. '음식 먹기'보다 앞서는 '마음먹기' 이야기입니다.

신명 나게 먹을거리 활동을 소개해 왔는데, 아이들이 자라면서 제대로 된 교육을 이야기하자는 요구도 많아졌습니다. 그간 "의식주가 아닌 식주의 순서가 맞다."라고 이야기해 왔습니다. 옷도 집도 벗어 버리면 그만이지만, 입으로 들어가는 것은 그럴 수가 없지요. 온몸으로 아프고 병들고 죽기도 합니다. 그러니 '식주의'입니다. 그런데 좋은 것 먹으려고 화내고 욕심내고 ……. 그래선 얻는 게 없습니다. 마음이 우선입니다. 심식주의. 마음만 먹으면 누구나 열어 갈 수 있는 세상, 지금 당장 돈이 없어도, 학식이 없어도, 인생을 포기하지 않아도 누구나 할 수 있는 일을 한 이야기를 책으로 써서 들려주고 싶었습니다. 공감하는 엄마들 사랑 덕에 《엄마 학교》가 나왔습니다. 그것도 한살림을 했기에 가능한 일이었습니다. 아이들과 엄마들의 몸과 마음이 모두 행복한 세상, 우리 한살림이 만들어 가고 있습니다.

내가 내게 선물을 주다

27년을 한살림에 빠져 살았어요. 아버지께서 훗날 행사 때마다 너무도 활동에 열중인 딸을 보시더니 한살림 해서 아이도 남편도 가정도 세상도 잘 키운다며 흡족해하셨어요. 어느 해인가 제 생일 카드에 이렇게 쓰셨더군요.

"석가탄신일 조계사에 달린 연등 가운데 남을 위해 단 사람이 한 명이라도 있을까 살피게 되었는데 없더구나. 너라면, 한살림을 하는 형숙이라면 능히 남을 위해 달고도 남을 거라 생각했다. 세상을 더 기쁘게 하려 태어난 걸 축하한다." '한살림처럼' 했기에 받을 수 있는 상이었습니다.

한살림을 하며 혼자 자축하기도 했습니다. 내 조합원 번호인 1530번의 열 배가 되는 15,300번째 조합원이 가입하던 날, 처음 출자액의 열 배인 30만 원을 증자하고, 조합원이 된 지 10주년을 기념하여 10만 원을, 20주년에는 20만 원을 증자했습니다. 한살림에서 활동한 지 10년을 기념하는 선물을 내게 주기도 했지요.

내가 내게 선물을 줄 만큼 살았습니다. 한살림이 모두에게 선물이고, 한살림을 하는 서로가 서로에게 선물이 아닌가요? 나는 지금 그 선물을 여러분들과 함께 풀어 보려고 합니다.

* 일러두기

1. 맞춤법과 띄어쓰기는 국립국어원 표준국어대사전을 따랐습니다.
2. 단체명과 한살림에서 주로 쓰는 용어인 '밥상살림', '농업살림', '생명살림' 등은 붙여 썼습니다.
3. 책 이름은 '《 》' 안에, 문서, 신문, 잡지, 텔레비전 프로그램 등의 이름은 '〈 〉' 안에 넣었습니다.

1장

생활협동조합은 뭐 하는 곳이에요?

한살림 1세대 조합원들의 밥상살림

1986년 서울 제기동의 작은 쌀가게 '한살림농산'에서 시작한 생활협동조합 한살림. 건강한 밥상을 차리고 싶은 소박한 꿈을 품은 소비자 조합원들이 스스로 한살림 조합원의 활동을 만들어 냈습니다. 조합원 가입서와 소식지를 만드는 것부터 물품·환경·홍보위원회 활동, 지역별 회원 생협을 일구어 내는 일까지 어느 하나 조합원들의 손길이 닿지 않은 시작이 없습니다.

1986년 12월 4일
한살림 시작한 날

- 윤 선 주 -

한살림운동의 산실, 한살림농산

한살림의 생일은? 1986년 12월 4일.

　서울 제기동 붉은 벽돌 건물 1층 한 모퉁이에 별로 특별할 것도 없는 자그마한 간판의 쌀가게가 문을 열었다. '한살림농산'. 여느 동네 쌀가게와 똑같았다. 한구석에 돌을 골라내는 석발기가 자리를 차지하고, 쌀 몇 포대, 달걀과 참기름, 들기름이 나란히 놓여 있었다. 작은 방이 하나 딸려 있는 스무 평 남짓한 이 가게가 바로 훗날 한살림운동이 태어나고 자라게 될 둥지라는 걸 그때 누가 알았을까?

　쌀가게라니 쌀이 가장 중요하지! 한살림농산이 문을 열기 하루 전날, 충북 음성 성미마을에서 농사꾼 최재명, 최재영 형제가 농사지은 쌀을 싣고 왔다. 동생 최재영 씨는 여느 사람들처럼 농사를 짓다가 농약 중독으로 사경을 헤매다 살아났다. 이걸 옆에서 지켜본 형 최재명 씨는 '농약이 이렇게 무섭구나. 안 되겠다. 농약 없이 농사를 지어 보자.' 하고 결심했다. 그렇게 형제가 무농약으로 농사를 짓기 시작한 게 1978년의 일이었다. 그러나 세상이 유기농의 가치를 미처 모르던 때라, 품이 훨씬 많이 들어가는 무농약 농사를 지으면서도 달리 팔 방법이 없었다. 쌀은 그저 정부 수매에 내놓는 수밖에 없었다. 그 쌀이 한살림농산에서는 제대로 대접받게 된다.

달걀은 강원도 횡성 공근마을에서 왔다. 오랫동안 가톨릭농민회 활동을 해 온 정현수 씨는 마당에 그물로 울타리를 치고 닭을 풀어 키웠다. 암탉과 수탉이 자연스레 어울리며 낳은 유정란이었다. 마당에 풀어 키우니 스스로 땅을 헤집어 먹이를 찾고 풀을 먹으면서 건강하게 자라 다른 양계장에서 쓰는 항생제, 성장 호르몬제 등을 먹일 필요가 없었다.

설핏 보면 다른 가게와 똑같이 보이는 물품들이 이렇게나 달랐다. 개업을 축하하러 모인 사람들도 특별했다. 재야 운동가로 동서양의 철학과 사상에 막힘이 없는 서예가로 알려진 장일순 씨, 《전환시대의 논리》, 《우상과 이성》으로 널리 알려진 한양대학교 해직 교수 리영희 씨, 한국노동조합총연맹 위원장을 지낸 노동운동가 김규벽 씨, 뒤에 국회의원이 된 가톨릭농민회 사무국장 이길재 씨 등 당시 민주화 운동에 열정적으로 참여하고 있던 사람들이 이 작은 쌀가게의 개업을 축하하기 위해 모여 환한 얼굴로 덕담을 주고받았다. 쌀가게 주인 박재일 씨도 특이한 이력을 지닌 이였다.

가게를 연 지 얼마 지나지 않은 1987년 정초, 한살림은 〈한살림을 시작하면서〉라는 책자를 내어 세상 사람들에게 말을 걸었다.

"오늘의 세상은 너무나 많은 물건을 대량으로 만들고 써 버립니다. 많고 높고 빠르면 좋고, 편리하면 더욱 좋은 것으로 생각합니다. 이처럼 좋은 듯 보이는 것이 우리로 하여금 안심하고 믿고 도우며 건강하고 만족스런 삶을 살게 하고 있는지요?"

그때 공해추방시민운동협의회를 주도하던 환경 운동가 최열 씨가 편집을 도왔는데, 현재 우리가 사는 세상은 숨 쉬는 공기, 마시는 물, 농사짓는 땅이 제 모습을 잃고 있으며 생산자와 소비자가 서로 믿지 못하게 되었다고 했다. 그래서 도시와 농촌 모두 건강하고 행복한 삶을 살 수 없게 되었다고. 이 문제를 풀기 위해서 생산자와 소비자의 신뢰와 협동 관계가 필요하다는 이야기였다.

"한살림은 생산자와 소비자가 만나 친한 사이가 되도록 하여, 생산자는 소비자의 생명을 보호하고 소비자는 생산자의 생활을 보장하는 사이가 되는 일을 하고자 합니다. (중략) 그래서 땅도 살리고 건강하고 안전한 농산물이 생산되고 서로가 믿고 돕는 관계가 되고 모두의 건강과 생명이 보호될 수 있는 일을 하고자 합니다."

여기에서 한살림 사람들이 외우다시피 하는 그 유명한 말이 나온다. "생산자는 소비자의 생명을 보호하고 소비자는 생산자의 생활을 보장한다." 나도 이 말에 반해 기꺼이 한살림에 동참하겠다며 조합원으로 가입했다.

격동의 1980년대, 석발기를 돌리던 박재일

알고 보면 대단한 쌀가게, 한살림농산을 시작하던 그때는 어떤 시대였을까? 1986~1987년은 한국 사회의 격동기였다. 쿠데타로 집권한 전두환 정권은 가속도가 붙은 경제 성장을 과시하며 아시안 게임과 올림픽 등 국제 스포츠 대회를 유치하여 정권의 정당성을 주장하려 했다. 하지만 군사 정권에 저항하며 민주화를 요구하는 목소리 또한 커져 갔다. 편파 방송을 하던 방송국에 맞서 'TV 시청료 거부 운동'이 시민들의 열광적인 호응을 받으며 진행되고, 5월 인천 시위, 10월 건대 항쟁 등 민주화를 열망하는 학생, 노동자, 시민들의 열기는 1987년 6월 민주 항쟁을 예고하고 있었다.

이때 시작한 한살림에 대해 사회 운동 내부에서는 공감하는 사람도 있었지만 비판하는 사람도 적지 않았다. "이런 중차대한 시국에 어찌 한가하게 농약 타령이나 먹을거리 운동을 할 수 있느냐!" 어쩌면 사회 운동에 큰 힘이 될 만한 '데모꾼 박재일'이 쌀가게를 차린 데 대한 원망이었을지도 모른다.

스스로 '살림꾼'이라고 부르던 쌀가게 주인 박재일 씨는 1964년 한일 회담을 반대하는 6·3 운동의 주역으로 학생 운동에 뛰어들었다. 서울대 문리대를 졸업한 뒤 강원도 원주에서 쭉 농민 운동, 협동조합 운동, 지역 사회 개발 운동을 주도하고 가톨릭농민회 회장을 역임했다. 그러니 그에게 쌀가게에만 처박혀 있지 말고 당장 거리로 나와 민주화 운동에 합류하라는 요구와 압박이 클 수밖에. 박재일 씨는 몇 번 거리로 나서기도 했지만 다른 방법의 혁명, 한살림운동이 더 필요하다는 생각에 다시 돌아와 묵묵히 석발기를 돌렸다.

남들이 뭐라 하건 그는 더 큰 꿈을 그리고 있었다. 우리 사회를 사람이 살 만한 곳으로 바꾸려면 당장 독재 정권을 타도하는 것도 중요하다. 하지만 좀 더 긴 안목으로 어떤 사회를 만들 것인지 내다보고 준비하는 사람도 있어야 한다. 모두가 행복하고 안전한 삶을 위해서는 우리를 둘러싼 자연환경을 살리고 사람들 사이의 무너진 믿음을 다시 찾아야 한다. 사람과 자연, 사람과 사람이 믿음을 회복하는 것이 민주주의의 밑바탕이 된다. 이것이 그가 오랜 세월 학생 운동과 농민 운동을 하며 굳게 다져 온 신념이었다.

그때 우리 사회는 개발 독재가 가져온 성장의 열매로 대량 생산과 그에 따른 대량 소비가 일반화되면서 본격적인 대중 소비 사회로 들어서고 있었다. 컬러TV를 비롯하여 각종 가전제품, 프로 씨름, 프로 야구, 자동차 문화, 놀이 문화, 인스턴트식품 등을 소비하며 비판 없이 편리와 풍요를 만끽하게 되었다. 그렇게 물들어 가면서 우리가 수천 년 지켜 온 아름다운 모습이 사라지는 줄도 몰랐다. 전에 없던 풍족한 물자와 생활의 편리를 누리면서 그 이면에 늘고 있는 무수한 존재의 죽음과 희생은 보지 못했고 보려고도 하지 않았다. 아름다운 금수강산으로 일컬어 왔던 우리의 산과, 바다, 계곡과 강이 더럽혀지고, 그 속에 깃들어 살던 무수한 생명이 사라졌다. 흙 속의 미생물, 제2의 농사꾼이라는 지렁이, 땅강아지들이 사라지고, 강남 갔던 제비는 다시 돌아오지 않았다.

그와 함께 농촌과 마을 공동체가 해체되었다. 함께 아이를 키울 마을이 없어지고 이웃이 사라져도 사람들은 잘 알아차리지 못했다. 산업 사회가 키운 물질만능주의, 황금만능주의가 사람보다 더 높은 가치를 부여받으면서 인명 경시의 어두운 그늘도 이때 생겼다. 결국 그런 모든 일은 절제하지 못하는 인간의 욕망 때문이기도 했다.

한살림은 농약, 제초제, 방부제, 착색제, 감미료 등 각종 첨가물로 뒤범벅된 식품들이 이런 사회적인 환경에서 나왔다고 보았다. 그런 일을 잘 들여다보고 물품 하나하나를 통해 생산자와 소비자가 서로 믿는 관계를 회복하자고 했다. 그러면 땅도 살고 사람들도 함께 잘 살게 된다. 아직 환경에 대한 인식의 폭이 그리 넓지 않은 때에 대량 생산과 소비가 미덕이라는 절제 없는 삶에 문제를 제기하고 이 위기를 극복할 구체적인 대안을 내놓은 것은 놀랄 만했다. 그만큼 시대를 앞서가고 있어 사람들을 설득하기 쉽지 않았다.

첫 사람들

그렇지만 그때 한살림에 공감하고 지원을 아끼지 않는 사람들도 많았다.

지학순 주교가 교구장이던 천주교 원주교구에서는 한살림이 독일 가톨릭 미제레올 선교회로부터 재정 지원을 받도록 주선했다. 미제레올은 1972년 남한강 유역 홍수 피해에 대해 긴급 지원해 주면서 원주교구와 인연을 맺게 되었는데, 원주교구를 통해 한살림농산의 사업 자금을 지원했다. 그리고 한살림의 정신적 지주 역할을 했던 장일순 선생. 한살림의 주춧돌이 되어 준 생산지 성미마을과 공근마을, 안성 등에서 아무 계산 없이 선뜻 농산물을 공급한 농민들이 있었다.

1985년에 창립된 원주소비자협동조합(현 한살림원주소비자생활협동조합)에서는 참기름, 들기름을 공급하고 공근마을의 달걀과 두부를 직접 가져다주기도 하며 한 해 앞선 경험으로 쌀가게 운영에 많은 도움을 주었다.

누구보다 헌신한 사람들은 생활비에도 못 미치는 월급을 받으면서도 함께 힘을 모은 '살림꾼(실무자)'들이었다. 한살림의 실무자들은 남들이 30~40만 원을 받을 때 12만 원 남짓을 받으면서 한살림이 꿈꾸는 세상을 위해 기꺼이 1인 다역을 해냈다. 이런 격차는 1990년대 초·중반까지도 좁혀지지 않고 한살림 이사회에서는 실무자 급여에 대해 참 많이 고민했다.

쌀 중개상을 하던 서용식, 최상순 씨는 쌀가게를 열기까지 박재일 씨와 함께 준비했고 가게를 연 뒤에는 공급 업무를 맡았다. 이후 한두 달 사이로 몇 명의 실무자들이 더 들어와 제법 든든한 모양새를 갖췄다. 그해 겨울, 대학 졸업시험을 본 다음 날부터 출근한 윤희진 씨는 회계 업무를 새로 배워 가며 몇 년 동안 일했고 나중에 조합원 조직 활동을 맡았다. 가톨릭농민회 홍보부장을 그만두고 귀농하려다 박재일 씨의 권유로 한살림에 합류한 이상국 씨는 농민회 경험을 바탕으로 다음 해 2월부터 생산 지원과 홍보를 맡았다. 조합원 교육은 가톨릭 관련 복지 사업을 공부한 민혜숙 씨가 맡았다가, 여성 운동에 깊이 관여하고 신용협동조합에서 일하던 서혜란 씨가 뒤를 이었다.

소박한 가게 안에는 전화 받고 사무 보는 책상 두 개와 석발기 한 대, 경동시장 곡물 도매상에서 사다가 작은 단위로 포장해서 파는 보리를 비롯한 잡곡 몇 종류와 쌀자루가 놓여 있었다. 그때는 곡물을 파는 곳이라면 반드시 정부미를 함께 팔아야 했기 때문에 한구석에 정부미도 갖추었다.

쌀은 성미마을과 안성의 무농약 쌀뿐 아니라 안성과 여주의 일반 경기미도 함께 팔았다. 그때는 "참기름, 메주, 경기미, 꿀은 부자지간에도 믿을 수 없다."라는 말이 공공연하게 나돌 만큼 가짜가 판치던 시절이었다. 경기미를 취급한 이유는, 무농약 유기 농산물은 아니지만, 직거래를 통해 소비자와 생산자가 서로 믿음을 회복하는 것이 중요하다는 생각 때문이었다. 박재일 씨는 우선 이런 과정을 거치며 믿음의 토대가 마련되어야 어렵지만 땅을 살리는 유기 농업으로 전환할 수 있으리라고 생각했다. 한 가마에 약 10만 원가량 하던 안성과 여주의 경기미를 시중보다 2,000원 정도 싸게 팔았다. 처음에는 일반미가 80%, 무농약 쌀이 20% 정도 비율이었다.

원래 쉽겠다고 생각해서 시작하지는 않았지만, 쌀가게의 운영은 여간 힘든 것이 아니었다. 무농약 쌀 한 말이나 유정란 열 알이라도 전화 주문만 오면 서울 끝에서 끝까지라도 달려갔다. 심지어 경기도 김포까지 트럭에 물품을 싣고 서용식 씨, 최상순 씨 두 사람이 함께 타고 나가 갖다 주곤 했다고 한다. 사실 인건비와 기름값을 따진다면 도저히 답이 안 나오는, 심하게 말하면 '미친 짓'이었다. 그래도 소비자를 만나 한살림 이야기를 나눌 수 있으니 힘든 줄 모르고 달려갔다.

　한살림농산은 처음에는 가까운 식당과 공장, 가정집에서 이용하는 동네 쌀가게였다. 그러다가 일주일 만에 쌀 한 말을 배달해 달라는 최초의 주문 전화를 받았으니 얼마나 기뻤을지 상상이 간다. 그러면서 알음알음 한살림을 알게 된 사람들에게서 쌀과 유정란을 배달해 달라는 주문 전화가 오기 시작했다.

열정으로 밀고 나간 악전고투의 세월

원주교구의 지원으로 쌀가게를 열었기에 처음에는 주로 성당을 통해 많이 알려졌다. 특히 원주교구 사회사업국 책임자였던 최기식 신부는 서울에 와서 강론할 때마다 한살림의 도농 직거래 운동이 얼마나 중요한지 강조했다. 유네스코에서 일하던 강선미 씨는 신문 기자들에게 홍보해서 초창기 한살림을 사회에 알리는 데 큰 공을 세웠다. 성당의 특별 강론이나 지학순 주교가 담당하던 인성회, 주부 아카데미와 같은 여러 모임에 참여해 한살림을 알리는 일이 계속되면서 한살림의 직거래 활동을 이해하고 어려운 농민들을 돕고 싶어 하는 소비자들의 주문이 조금씩 늘어났다. 그래도 한참 동안은 어쩌다 걸려 오는 주문 전화에 모두 기뻐 어쩔 줄 몰랐고 워낙 주문하는 사람이 적어 전화 목소리를 일일이 다 알 정도였다.

　일 자체가 많은 것은 아니었지만 일하는 방식이 직거래인지라 실무자들의 몸은 늘 고달팠다. 직거래의 이점을 최대한 살려 신선한 물품을 전달하려면 달리 방법이 없었다. 소비자들에게 공급을 마친 후인 한밤중에도 생산지에 내려가 밤새 물품을 싣고 돌아오는 일이 흔했고 생산자들이 직접 싣고 오기도 했다. 80kg짜리 쌀 40가마를 차에서 내리고 나면 새벽이 부옇게 밝

앉다. 그러면 그냥 가게에 딸린 작은 방에서 잠시 눈을 붙이고는 다시 일어나 소비자에게 공급하러 나가거나 생산지로 되돌아갔다.

나는 지금도 버릇이 되어 밥 지을 때 꼭 조리로 쌀을 일어 혹시나 돌이 있나 고르고는 한다. 이제 정미 기술이 발달해 필요 없는 일이 되었고 '씻어 나온 쌀'도 있어 정말 손에 물 한 방울 묻히지 않고도 밥을 하는 세상이지만, 그때는 쌀에 돌이나 뉘가 많았다. 그래서 쌀가게마다 석발기로 돌과 뉘를 골라야 했다. 석발기를 이용해 대략 한 가마니의 쌀에서 돌과 뉘를 고르는 데 한 시간이 걸렸다. 아침에 우선 나갈 쌀은 석발을 해서 나가고 그동안 공급을 안 나가는 사람이 석발기를 돌리고는 했다. 작업 속도가 느리니 온종일 석발기가 돌아갔다.

이상국 씨는 일하는 틈틈이 물품 개발을 위해 농촌을 돌아다녔다. 서너 차례 버스를 갈아타고 또 한참을 걸어 지역의 생산자를 찾아가서 막걸리 잔을 앞에 놓고 밤새 한살림 이야기를 나누었다. 하지만 한살림에서 취급할 수 있는 양이 너무 적어 생산자에게 같이 한살림 하자고 권하는 것이 미안할 지경이었다. 농산물 직거래는 무척 품과 힘이 들어가는 일이었다. 물품이 운반 차량을 가득 채울 만한 양이 되지 않으면 운송비가 더 많이 들기 때문이었다.

한살림에서도 소비자의 요구에 맞추어 일일채소 등 많은 물품을 취급하고 싶었지만 이런 현실 때문에 선뜻 물품을 늘릴 수 없었다. 초창기에 한살림에 물품을 내던 생산자는 모두 가톨릭농민회 활동을 통해 박재일 씨나 이상국 씨와 뜻을 같이하는 동지들이었다. 한살림의 높은 뜻에 공감하고 그런 세상을 위해서는 손해도 감수하겠다는 동질감으로 똘똘 뭉친 귀한 사람들이었다.

다행이라고 해야 할지는 잘 모르겠지만, 부인이 대구에서 직장을 다녀 '딴살림'을 하던 이상국 씨는 출장이 없는 날은 대개 사무실에 딸린 방에서 잠을 잤다. 그런데 먹을거리를 파는 가게답게 유난히도 쥐가 들끓어 잠을 설칠 때가 많았다. 견디다 못하면 일주일에 한 번쯤 친분이 있는 성북동의 글라렛 수도원으로 잠자러 가기도 했다. 이런 인연으로 1988년 처음으로 열린 한살림 가족 잔치를 글라렛 수도원에서 열었다.

모든 일을 오로지 열정 하나로, 자신의 몸으로 밀고 나가던 시간이었다. 그런 험한 시절을 별로 험난하다는 생각을 할 사이도 없이 지낸 그때를 윤희진 씨는 훗날 "자본과 기술이 아닌 몸과 시간과 경험과 마음으로 일을 풀어 가야 했던 한살림의 원시적 축적기"였다고 이야기했다.

세상을 바꾸는 주부
한살림의 주인공은 조합원

- 윤 선 주 -

그래, 나는 솥뚜껑 운전수다!

한살림이 처음 세상에 나와 겨우 걸음마를 할 1980~1990년대 무렵, 우리나라 전업주부 대부분은 '솥뚜껑 운전수'라고 불렸다. 집에서 살림하랴 애들 키우랴 남편 뒷바라지하랴 온종일 쉴 틈 없이 동동거리면서도 누군가 뭐하냐고 물으면 스스로 "집에서 논다."라고 대답하던 시절이었다. 이뿐인가. 시부모님을 모시고 사는 이들도 많았고, 남편이 맏이라면 시동생이나 시누이 한둘은 키우고 혼인까지 시켰다. 지금 생각하면 어떻게 견디고 살았을까 싶다. 그때는 가사 노동에 대한 사회적 인식도 낮았고 그러다 보니 주부 스스로 자기도 모르게 자존감이 낮았다.

집안 대소사를 챙기느라 하는 일이 엄청나게 많은데도 나가서 돈을 벌지 않는 게 미안하다고 생각하기 일쑤였다. 어쩌다 부부 동반 모임에서 남편이 아내를 '우리 집 솥뚜껑 운전수'라고 소개해도 서운하지도 않았다. 사실이라고 생각했으니까. 혼인하면 집에서 애 낳고 살림하는 것이 정해진 순서라고 알았다. 잘 다니던 직장도 혼인 앞두고 그만두거나 설사 혼인하고 나서까지 어렵사리 다녀도 애를 낳으면 그만두곤 했다. 사회에서도 그걸 당연하게 여겼다.

나도 마찬가지여서 결혼을 앞두고 직장을 그만둔 뒤로는 아이들을 낳고 키우느라 집 밖으로 나갈 엄두를 못 냈다. 문득 '이렇게 사는 것이 맞나?'라는 의문이 들어도 생각을 길게 할 여유도 없었다. 해도 티가 나지 않지만 안 하면 표시가 나는 집안일에 금방 묻혀 버렸다. 살림에 어느 정도 익숙해지고 애들도 제법 커서 내 시간이 생기자, '무언가 보람 있고 잘할 수 있는 일이 있을 텐데······.' 하는 생각이 늘 머릿속을 맴돌았다. 나처럼 그럴 때, 한살림과 만난 주부들도 많으리라 생각한다.

나는 남쪽 지역에서 살다 서울살이를 시작하며 탁한 대도시의 공기 때문인지 아이들 건강에 문제가 생겨 한살림과 인연을 맺었다. 그러나 아마도 한살림이 그저 건강한 먹을거리를 직거래하는 단체이기만 했다면 이렇게 오래도록 활동하지 않았을 게다. 내 나이 마흔 즈음, 신문에서 내 또래에 사회적으로 중요한 일을 한 사람을 볼 때마다 나는 뭘 이뤘나 하는 생각에 가슴이 따끔거릴 때였다. 그런 때 만난 한살림이 좋은 식품을 파는 일만 하는 곳이었다면 그때그때 필요한 물품만 주문하고 말았겠지.

마을 모임에 나가서, 공급 실무자를 통해서, 소식지를 보면서 한살림을 만날 때마다 세상을 보는 눈이 달라졌다. 그러면서 주부야말로 국가 경영의 기초가 되는 가정의 온갖 일을 처리하는 막중한 책임자라는 생각이 들었다. 주부의 교육관이 어떠냐에 따라 나라의 교육관이 결정되고 주부가 소비하는 방식이 우리나라의 모든 곳에 영향을 끼친다는 것을 알았다. 만약 온 나라의 주부가 장을 볼 때 기준을 우리나라 농산물에 둔다면 아무리 수입 농산물이 넘쳐 나도 우리 농업이 무너지지는 않을 테니까. 합성 세제 대신 비누나 친환경 세제를 쓰면 강이 덜 더럽혀질 테고 기업에서도 그런 물품 개발에 힘쓸 테니까. 그렇게 생각하면 '밥상살림, 농업살림, 생명살림'이라는 우리의 목표가 그리 어렵게 생각되지 않았다.

'솥뚜껑 운전수? 좋아, 업신여길 테면 업신여기라지! 이왕이면 제대로 된 운전수가 되자.' 이런 마음으로, 우리 주부들의 살림을 통해 농업과 생명을 살리자는 생각을 차츰 조합원과 함께 나누기 시작했다. 하면 당연하고 안 하면 용납이 안 되는 가사 노동에 지치고, 사회나 가족으로부터도 정당한 대우를 받지 못해 의기소침해져 있던 대부분의 주부는 우리 힘으로 세상을 바꿀 수 있다고 말하면 처음에는 의아해한다. 그러다 자신들이 의식하지 않고 해 왔던 많은 일이 얼마나 중요한 일인가를 알아 가기 시작했다.

식구들을 위해 장을 보러 가서 어느 물품을 고르느냐에 따라 세상을 바꿀 수 있다니. 세상에나! 스스로 아무런 하는 일이 없다고 여기던 주부들을 만나 보니 얼마나 아름답고 기운이 빛나는지! 야, 이 사람은 보석이구나, 잘 닦으면 눈부시겠구나 하는 생각이 드는 사람들도 많았다. 그런 주부들이 마을 모임에 나오고, 마을지기가 되어 자신의 의견을 거침없고 조리 있게 전하고, 지역의 리더가 되는 과정을 많이 보았다. 꽃만 이름을 불러 주어 꽃이 되는 게 아니라, 누구 엄마, 누구 부인을 벗고 스스로 이름을 찾는 모든 이들이 세상을 수놓는 꽃 같은 사람이었다. 서로 그런 변화를 보면서 또 얼마나 즐거워하고 격려하며 같이 성장하는지, 활동이 절로 재미있었다.

아는 게 힘

밥상을 바꾸는 일부터 시작했다. 생각해 보면 우리나라 평균 밥상, 즉 밥과 국이나 찌개 하나, 나물 반찬 한두 가지, 생선 한 토막에 밑반찬 두세 가지와 김치를 차리려면 장보기와 김치·밑반찬 마련에 들어가는 시간을 빼도 매번 두 시간쯤은 거뜬하게 들어간다. 그렇게 두 시간 내내 서서 정성스레 마련한 밥상이 온갖 농약과 제초제로 키워 낸 농산물로 만든 것이라면 비록 모르고 차린 것일지라도 얼마나 억울하고 미안할까?

어떤 때는 힘주어 강조하느라 "먹을거리에 대한 무지는 엄마로서 직무 유기"라고 말하기도 했다. 조금 먼저 깨달은 우리가 주위에 권해서 너도나도 우리 농부가 지은 안전한 농산물로 밥상을 차린다면 그 일이 바로 스러져 가는 우리 농업을 일으켜 세우는 일이라고. 이쯤 이야기하면 한탄과 한숨 후에 여기저기서 고개를 끄덕이고 우리가 하는 일이 대단한 일이라는 말들이 오고 갔다. 그때는 그런 일을 알려 주는 곳이 한살림이 아니면 별로 없었다. 식구들과 밥상머리에서 자연스럽게 하루 일들을 나누다가 먹을거리의 중요성에 관해 이야기하게 된다. 맛이 없다는 투정에도 조미료를 치지 않는 이유나 까다롭게 골라 먹어야 하는 이유를 설명하기도 한다. 바깥일이나 정치·사회 문제에 말을 거들기라도 할라치면 퉁명스럽게 "집에서 살림이나 하는 사람이 뭘 안다고?" 하던 고지식한 남편에게 우리 농업의 미래를 이야기할 수 있으니 얼마나 멋지고 신나는 일인가?

자연히 온 가족이 농산물을 바라보는 시각이 달라진다. 아이들은 공부하는 엄마를 자랑스러워했다. 사춘기 지나면서 툭하면 "엄마가 뭘 안다고." 하며 무시하던 아이들이 공해 문제에 관해 물어보고 관심을 나타냈다. 동네 가게에서 무언가를 살 때도 성분 표시를 꼼꼼하게 읽으면서 얼마나 많은 인공 화학 물질을 그동안 모르고 먹어 왔는지 알게 된다. 그러면 또 아이들을 앉혀 놓고 알려 주고. 아이들은 그런 놀라운 사실을 자기 친구들에게 이야기하니 친구들의 엄마가 한살림에 가입하는 경우도 많았다.

배워서 남 주자

TV 코미디 프로그램에서 한참 "배워서 남 주나?" 하는 말이 유행하던 때였다. "배워서 남 주지!" 정말 좋은 사람은 배워서 될수록 많은 사람과 나누는 사람이라고 말하며 주위에 적극적으로 우리 지식을 알리자고 했다. 한살림 사람은 어디를 가나 한살림 이야기를 해서 이상한 종교에 빠졌거나 다단계 판매 조직에 포섭된 줄 아는 사람도 있었다. 우리 스스로 농담 반 진담 반으로 '한살림교 신도 혹은 전도사'라고 이야기했으니까.

그러나 듣기 좋은 꽃노래도 한두 번이지. 제발 한살림 이야기 좀 그만하라는 온갖 압박과 설움을 받은 적도 많았다. 명절에 친척들이 모이는 자리에서 이번에는 한살림 이야기는 하지 말라는 사전 주문도 받았고, 동창 모임에서는 한살림 얘기만 계속하려면 나오지 말라는 엄포도 들었다. 학창 시절의 첫사랑을 만나러 가면서 '어떻게 한살림을 전할까' 궁리했다가 함께하던 활동가들이 "제발 그러지 마라."고 말린 적도 있었다.

있는지 없는지 존재조차 희미하여 '그림자 노동'이라 불리는 살림살이를 새롭게 바라본 것은 한살림운동이 해낸 많은 일 중에서도 아주 뛰어난 일이라고 생각한다. 우리나라 주부들이 일상적으로 가장 잘하고 있는 일을 핵심 가치로 삼았으니까. 지금도 늘 잘하고 있는 일의 가치를 다시 들여다보게 하고 그렇게 하면서 농업과 온 생명, 심지어 아직 오지 않은 미래 세대까지 보살피게 된다는 것을 알려 줬으니까.

농사지은 사람과 사 먹는 사람이 같이 정해요
쌀값 결정 회의

- 윤 선 주 -

지고도 기쁜 논쟁

감질나게 내리는 비 덕분에 어느 정도 해갈은 되었다지만, 이번 가뭄은 도시에 사는 사람에게도 속이 타들어 가는 느낌이었다. 비 올 바람이 스치기만 해도, 먹구름이 끼기만 해도 '비님이 오시려나?' 손 내밀어 보기도 했다. 바깥 사정이야 어떻든 여전히 집 안의 수도만 틀면 시원스레 물줄기가 쏟아져도 삼가는 마음으로 아껴 썼다. 메마른 논과 밭, 그 옆에서 근심 가득한 농부가 남 같지 않았기에 화초에 물 주기도 어려웠다.

사실은 남의 일이 아니라 내 일이라는 말이 더 맞다. 작물이 잘 자라 우리에게 자기를 내주지 않으면, 해와 달과 별, 바람과 비가 그들에게 제때 골고루 자신을 나누어 주지 않으면 우리는 어떻게 살까? 사람이 만든 적 없는 흙과 그 흙 속의 미생물이 각자 제 일을 하지 않으면, 벌과 나비, 온갖 곤충과 벌레가 우리가 뿌린 제초제나 농약으로 갑자기 모두 사라져 버리면 우리는 건재할까? 또, 쌀 한 톨을 키우기 위해 땀 일곱 근을 흘리는 농부의 지극한 정성이 없어도 여전히 우리가 밥상을 받을 수 있을까?

나는 한살림의 '쌀값 결정 회의'를 지켜보면서 상식을 뛰어넘는 세상을 알았다.

1994년쯤일까? 정확한 때는 기억나지 않는데 내가 조합원이 되고 처음 참석한 가격 결정 회의였다.

한살림은 생산자 회원과 소비자 조합원이 실무자와 함께 정하는 세 가지 약속이 있다. 첫째, 농사를 시작하기 전에 미리 생산량을 정한다. 지난해를 참고하여 새해의 소비량을 소비자인 조합원이 내놓으면 그에 맞추어 생산량을 정한다. 둘째, 그렇게 약속한 농산물을 어떻게 키울지 농사 방법을 결정한다. 유기농, 무농약, 또는 저농약으로 할지, 저농약이라면 허용하는 농약은 어떤 것으로 몇 번 방제할지 등을 같이 정한다. 그리고 마지막으로, 그렇게 약속대로 생산한 농산물의 값을 미리 정한다. 한살림의 물품값은 앞으로도 이런 방식으로 계속 농사지을 수 있도록 적정하게 매긴다. 물론 그 뜻을 이해하는 조합원들이 기꺼이 그 값을 치를 수 있는지도 함께 고려한다. 이런 가격 결정 회의 가운데 가장 중요한 것이 바로 쌀값 결정 회의이다.

그날의 회의는 몇 시간이 지나도 끝나지 않았다. 내가 보기에 소비자와 생산자가 자신의 주장을 계속 되풀이하는 듯 보여 속으로 '참, 고집들이 만만치 않구나.' 생각했다. 언뜻 봐서는 조합원과 생산자가 구별이 되지 않는데 듣다 보니 좀 이상했다. 쌀값을 내리자는 사람이 조합원인가 했더니 생산자이고, 값을 올리자는 사람이 조합원이었다. 잘못 들었나 싶어 옆자리에 앉은 실무자에게 물어보니 내가 제대로 들었단다. '바깥세상과는 완전히 다르네! 정말 이렇게 생각하는 걸까? 이런 모임이 가능하기는 할까?' 계속 고개를 갸우뚱거리는데 한 생산자가 일어서더니 이렇게 말했다.

"우리에게는 꿈이 있습니다. 그 꿈을 이루려면 이번에 쌀값을 내리는 것이 중요합니다."

꿈? 꿈이라니! 내가 꿈이라는 말을 들어 본 지 얼마나 되었을까? 아니, 내 꿈에 대해 생각한 적은 언제였지? 이 나이에도 꿈을 갖고 있다는 것이 말이 되나? 어떻게 저런 농사꾼이 꿈을 얘기하지? 놀라움 반, 감탄 반인 내 귀에 계속 이런 말이 들렸다.

"우리 꿈은 여기 있는 여러분 같은 활동가들이 우리 쌀을 먹는 게 아닙니다. 일반 조합원이 먹기에는 우리 물품 중에서 쌀이 시중에 비해 가격 차이가 제일 커요. 그래서 조합원이면서도 가장 중요한 밥을 다른 쌀로 짓는 분들이 있습니다. 더군다나 우리의 꿈은 한살림 조합원만 우리 쌀을 먹는 게 아니에요. 이 나라의 모든 사람이 우리처럼 생명이 깃든 쌀로 지은 밥을 언제 어디에서나 먹는 것이에요. 올해 다행히 농사가 잘됐습니다. 값 좀 내려도 살 만하단 소리예요. 우리가 언제 또 가격을 내리자고 말할 수 있을지 아무도 몰라요. 그러니 우리의 의견을 받아 올해만이라도 값을 내립시다."

내가 제대로 들은 것이 맞는지 잠시 생각하고 다시 확인했다. 생산자가 값을 내리자고 저토록 열정적으로 조합원들을 설득한 것이다. 조합원 대표 쪽도 지지 않았다.

"모든 물가가 오르고 농사짓는 비용도 오르는데 값을 올리는 게 맞지요. 조합원 설득은 우리가 하겠습니다."

눈물이 났다. 가슴이 뜨거웠다. 아, 한살림이 이런 곳이었구나! 그전까지 머리로만 받아들였던 '생산과 소비는 하나'라는 말이 비로소 가슴으로 들어왔다. 이렇게 한살림의 쌀값 결정 회의는 어떤 때는 값을 올리고, 어떤 때는 전년도 가격으로, 혹은 내리기도 하면서 매번 서로의 형편과 처지를 살피는 우애의 시간이다. 생산자가 값을 내리면서 좋아하고 소비자가 값을 올리면서 이겼다고 말하는, 그야말로 서로를 보듬는 회의이다. 긴 회의가 마무리되고 "애 많이 쓰셨습니다. 고맙습니다." 하고 밖으로 나오니 초겨울 맑은 바람에 마치 날아갈 듯 마음이 가벼웠다. 이기든 지든 이렇게 값을 정하다니!

그 쌀값 결정 회의가 내 삶을 바꾸었다. 말하자면 눈이 번쩍 뜨이는, 전혀 다른 세계로 들어가는 입구였다. 생산자와 소비자가 머리를 맞대고 다 함께 잘 살 수 있도록 값을 정한다는 것은 너와 내가 다르지 않은 한 몸, 한 공동체라고 스스로 깨닫고서야 가능하다. '내가 소비자라면 나는 이 물품을 이 값에 흔쾌히 살 수 있을까?' 하는 생산자의 생각과 '내가 생산자라면 이 값을 받고 내년에도 같은 방식으로 만들 수 있을까?' 하는 소비자의 생각, 서로서로 챙기는 마음이 한살림 물품값에 녹아 있다.

집에 와서 늘 하던 대로 저녁상을 차리며 밥을 푸기 전에 오늘 한살림에서 내가 겪은 일을 이야기했다. 대개 밥상 앞에서 밥을 기다리는 동안 식구들은 웬만하면 어깃장을 놓거나 딴죽을 걸 생각을 못 하고 조용히 잘 듣는다. 그날은 특히나 한살림을 이상한 곳, 즉 값은 좀 비싼 것 같은데 맛은 없고 벌레 먹은 자국이 숭숭 뚫린 채소나 주는 곳이라고 생각하던 남편을 향해 가슴을 펴며 말했다. "이처럼 아름다운 사람들이 만들고 일하는 곳을 하나라도 말하면 내가 한살림 그만두고 그곳으로 가겠다. 그렇지만 그런 곳이 없다면 앞으로 죽을 때까지 한살림 하는 나를 말리지 마라." 나의 서슬이 퍼렜는지, 자신도 감동하였는지 그다음부터는 남편이 잘 도와주어서 여기까지 왔다.

우리가 남이가?

1997년 국제 통화 기금(IMF) 사태로 기억되는 외환 위기 때, 구조조정의 칼바람이 도시 소비자의 가정을 훑고 지나갔다. 너나없이 모두가 어려움을 겪던 시절, 물품이 잘 나가지 않아 우리 조합원 활동가들은 모이면 걱정이었다. 물품 재고가 쌓여 가는 것을 줄여 보려고 궁리를 해도 워낙 국가적인 경제 침체라 뾰족한 수가 떠오르지 않았다. 생산자를 만난 자리에서 "소비가 잘 안 되어 어려우시지요?" 하고 물으니 걱정하지 말란다. 마치 죄라도 지은 것처럼 풀이 죽은 우리를 향해 하시는 말씀. "아, 우리는 나가면 천지가 맨 먹는 것투성이인데 여기(도시)는 전부 시멘트를 처발라 놨으니 풀 한 가닥 날 틈이 있겠습니까. 우리는 도시 소비자들이 더 걱정됩니다."

정말 그렇구나, 풀 한 포기 자라지 않는 척박한 곳에 살고 있구나. 마치 거칠지만 따스한 손으로 어루만지는 듯해서 마음이 가벼워졌다. 오히려 우리가 위로를 받으리라고는 생각도 못 했으니까. 비록 사는 곳, 방식이 달라도 서로를 생각하며 챙기려는 마음이 손으로 만져지는 듯했다. 한살림을 하는 즐거움, 우리는 남이 아니고 한 몸이라는 생각, 바로 이 맛이다.

함께하자는 약속
협동조합의 출자금이란

- 서 형 숙 -

"엄마도 조합원이 되어야 한살림 물품 드실 수 있어요."
하루는 아파트 옆 단지에 사는 딸의 친구 엄마에게서 느닷없는 전화를 받았다. 내일이 한살림의 김장 채소 주문 마감이라며 좀 해 달라고 했다. 그동안은 같은 단지에 살던 한살림 조합원 언니에게 부탁하여 같이 이용했는데 그 언니가 이사하자 이제부터는 내게 부탁해 물품을 받으려는 거였다. 말하자면 그 엄마는 수년간 비조합원 이용자였다.

   내 김장을 포기하고 그 집에 주어야 하는데 그럴 마음은 없었다. 아니 넓게 생각해서 이번 겨울 내 김장을 포기할 수는 있다. 하지만 그렇게 하면 그이가 앞으로 한살림 조합원으로서 출하되는 물품을 계속 책임질 소비자 노릇을 할 수 없을 테니 포기하려야 할 수가 없다. 그래서 "지금 조합원에 가입해서 김장도 받고 계속 생명살림을 해 보자."고 권했다.

   "한살림 참 장사 못한다. 그게 아니지, 많이 팔면 되지. 뭘 그렇게 빡빡

하게 해요?"

"한살림은 장사하는 곳이 아닐 뿐만 아니라 조합원이 된다는 것은 한살림에서 공급되는 물품으로 온 식탁을 차리겠다는 약속이에요. 그래서 한살림에서는 지속적으로 한살림 물품을 이용할 조합원이 필요해요."

한살림은 누구 한 사람의 회사가 아니라 조합원들이 각각 출자하여 모은 출자금으로 스스로 운영하는 협동조합이란 것을 이해하지 못한 그 엄마에게 한살림에 대한 핀잔을 바가지로 들으며 전화 통화를 거기서 끝냈다.

한번은 단오잔치를 하러 조합원들이 함께 버스를 타고 강원도 횡성의 공근마을로 가는 길에 한 휴게소에 들렀다. 그때 단오잔치에 참가하는 조합원 모두가 이름표를 달고 있었다. 화장실에서 만난 어떤 사람이 우리보고 어디 가느냐고 물으며 자기도 한살림 조합원이라 소개했다. 반가워 이런저런 이야기를 나누었는데 이런 행사가 있는 줄은 까맣게 모르고 있었다. 알고 보니 그 사람도 정식 조합원이 아니라 소식지를 받지 못하는 '곁다리' 조합원이었다.

이런 어처구니없는 비조합원 이용 이야기는 한살림이 생긴 후 계속되는 고민거리 중 하나였다. 그런 고민 끝에 '한살림 조합원 소개 카드'를 만들었다. 그런 이웃을 조합원으로 가입시키는, 출자금을 내고 당당한 한살림 조합원으로 활동하게 하는 소개 카드.

남의 집 얘기만도 아니었다. 1990년에 한살림 쌀이 남아돈다는 얘기를 전해 들은 어머니께서 좋은 마음으로 쌀을 사 드시겠다고 했다. 그때 가까이 사는 어머니께 나는 조합원이 아니면 드실 수 없다고 말했다. 결국, 어머니는 쌀 선수금(당시에는 생산지에 미리 보낼 1가마 분 돈을 먼저 내야 쌀을 먹을 수 있었다.), 세 명의 출자금, 가입비까지 31만 9,000원을 내고야 겨우 조합원이 되어 공동체가 꾸려질 때까지 몇 달 동안 쌀만 드셨다. 지금 생각하면 좀 미안한 일이었지만, 그때 이후로 지금껏 어머니도 나도 조합원만 물품을 이용해야 한다는 원칙을 당연하게 받아들인다.

출자금은 함께 살림하자는 조합원의 약속

간혹 이런 말을 하는 이들이 있다. 좋은 물품이라면서 조합원만 먹고 조합원 아닌 사람은 먹지 말라고 하면 너무 야박하다고. 그래서 어떤 공동체는 비조합원이 조합원 수만큼 되는 곳도 있다. 그러나 이건 야박한가, 인심이 좋은가 하는 문제가 아니다.

    한살림은 우리가 내는 출자금으로 운영된다. 그리고 대부분 한살림 물품은 조합원 수에 따라 소비될 양이 계획되고 그에 맞추어 미리 생산량을 결정한다. 내 먹을 것을 포기하고 이웃을 위해 희생하는 것은 좋으나 익명의 다른 조합원들이 누려야 할 권리를 안면 있는 비조합원 이용자에게 준다면 그런 그림자 수요 때문에 계획적으로 계속해서 운영하는 데 곤란을 겪을 수 있다. 한살림은 우리 모두의 것이라기보다는 '한살림 조합원 모두의 것'이기 때문이다.

    개인이야 제 돈을 이렇게 저렇게 제 맘대로 해도 된다. 한데 조직이면 이야기가 달라진다. 전체가 서로에게 해롭지 않게 꾸려야 한다. 한살림은 일반 유통 기업들처럼 상품을 일방적으로 거래하고 끝나는 곳이 아니라 생산자와 소비자가 서로를 책임지기로 약속하고 관계를 맺어 가는 곳이기 때문에 우리는 모두 각자의 이름을 걸고 물품을 주고받는다.

    앞에서도 밝혔듯이 한살림은 조합원 출자금으로 운영된다. 그 출자금으로 사무실도 얻고, 매장도 내고, 공급차량도 산다. 또 출자금은 우리 생산지에 먼저 가야 할 돈이다. 그러니까 한살림 조합원으로 가입할 때 최초 출자금으로 3만 원(지역에 따라 조금씩 다를 수 있다.)가량을 내고 물품을 이용하는 만큼 차차 늘려 간다. 그런데 물품값과 달리 이 출자금은 조합에 내서 사라지는 게 아니라 조합원 계정에 차곡차곡 쌓인다. 일정 정도 모이면 조합원이 되찾아 갈 수도 있다.

그런데 비용으로 사라지는 돈이 아닌 출자금이 아까워 조합원 가입을 꺼리는 이들도 있다. 그렇다면 이렇게 한번 생각해 보자. 유정란 반 판을 시중 마트 같은 곳에서 매주 사 먹고 있다면 오히려 한살림 조합원이 되는 편이 이익이다. 시중 유명 유정란보다 한살림 유정란이 월등히 싸기 때문에 일 년이 되기 전에 그 차액이 출자금을 넘는다.

또 공동체 공급을 이용해 보는 것도 좋은 방법이다. 세 명 이상으로 구성된 공동체가 석 달에 200만 원어치 정도씩 꾸준히 이용한다면 공급액의 2%가 할인되니까 그 돈으로 일 년에 10만 원 이상을 거뜬히 모을 수 있다. 말하자면 밥상살림, 농업살림, 생명살림을 하고도 세 사람 몫의 출자금 액수보다 많은 돈이 남는 셈이다. 그리고 이 어리석은 숫자 셈으로 생기는 이익 말고도 엄청난 자연의 가르침을 선물로 받게 되는 것이다.

어려운 때에 그래도 한살림이 변함없이 서 있는 것은 묵묵히 한살림에 동참하는 많은 조합원 덕분이다. 또 어쩌면 그냥 물품만 이용했던 비조합원의 도움이 있었을지도 모를 일이다.

이 좋은 일을 이제는 더 계획 있게 해 나가야 할 때이다. 이왕 좋은 물품인 줄 안다면, 또 좋은 일인 줄 안다면 조합원이 되어 떳떳하게 함께하면 어떨까? 이웃에 다시 한번 권해 보자. 같이하자고.

우리가 만들어 우리가 써요
조합원 가입서와 소개 카드

- 서 형 숙 -

우리 조합원들이 직접 고쳐 만든 가입서

1990년대 초반부터 조합원들이 직접 조합원을 교육하곤 했다. 1995년 어느 날 조합원 교육을 하러 갔는데 조합원 가입서를 쓰며 한 엄마가 왠지 한참 망설이고 있었다. 별 어려운 내용도 없는데 왜 그러나 싶어 눈여겨보니 학력 칸에서 손이 멈춰 있었다. 그제야 깨달았다. 한살림이 조합원에게 월급을 주는 곳도 아니고 이게 무슨 입사 원서도 아닌데 웬 학력 기입인가? 분명 잘못된 조합원 가입서였다.

바로 다음 날 뜯어고쳤다. 한살림, 참 좋기도 좋다. 뭐든 '이게 아니다.' 하면 '그럼 어떻게 하면 좋을까?' 하는 식이다. 여기저기 의견을 내어 우리 맘껏 바꾸었다.

우선 조합원 세부 사항을 아주 단순하게 했다. 그리고 이왕 만드는데 우리가 조합원들에게 알리고자 하는 이야기도 담았다. 말하자면 조합원 가입

원서인데 내용을 쓰다 보면 한살림 활동이 눈에 들어온다. 교육이 된다. 한살림이 먹기만 하는 곳이 아니라 운동도 하는 곳, 조합원이란 모름지기 물품 이용은 당연하고 그에 따른 활동도 해야 한다고 조합원 가입을 하면서 자신도 모르게 깨치게 하는 장치를 넣었다. 조합원이 된 동기에다 조합원이 되어서 하고 싶은 활동을 묻는 칸을 넣었다. 위원회(물품, 환경, 조직, 편집)와 지역 모임으로 구분했다. 이런저런 것이 있으니 오늘 당장은 고르지 않더라도 염두에 두라는 뜻이었다. '아, 위원회도 있구나. 지역 모임은 어디서 어떻게 모이나? 무엇을 할까? 장차 어디에 들어갈까?' 고민하게 하는 가입서다. 물론 희망에 부푼 고민이다.

이어서 한살림 조합원 소개 카드도 만들었다. 조합원들이 부끄러워서 직접 가입 권유는 못 하더라도 소개할 수는 있었다. 그때 사용하는 소개 카드였다. 누구에게 소개하느냐고? 이웃이나 친구들, 이미 조합원들 곁에서 한살림을 보고 들은 게 많은 데다 곁다리 이용객인 경우도 있어 조합비만 안 냈지 한살림 조합원이나 다름없는 사람들이 꽤 있었다. 그런 사람들에게 소개하고 조합원으로 가입하게 했다.

위원회를 만들어요
물품위원회 · 환경위원회 · 홍보위원회

- 서 형 숙 -

물품 모니터부터 다시 시작, 물품위원회

1993년에 우리 가족이 네덜란드에 가게 되어 잠시 한살림을 쉬었다. 1994년 가을 한국에 돌아와 아이를 적응시키고 바로 한살림 활동을 다시 시작했다. 그사이 위원회들이 다 사라지고 없었다. 전국 조직의 편집위원회가 꾸려져 한살림 소식지만큼은 열성적으로 만들고 있었다. 하지만 서울에서 도봉·강남·양천·강동구에 몇몇 조합원들이 공동체를 꾸리고 있을 뿐 그 외에는 조합원이 움직이는 조직이라고는 온데간데없었다. 이국에서 간혹 마주한 한살림 소식지를 보면 마을 모임이 잘된다고 해서 기대했는데 이게 웬일인지 작은 모임조차 귀했다. 이때 잠시 서울 강북지부는 별도의 조직체였다. 독일의 미제레올 재단에서 강북 조직화 사업을 지원하고 있어서 그 안에서만 활동이 집중되었다.

    조합원 활동이 약해지니 더불어 물품 이용률도 저조했다. 다시 지역의 불씨를 찾아내어 불붙이려 힘을 쏟았다. 서울 전체를 통틀어 본부에 활동 보고를 하거나 나와서 힘을 보탤 조합원들은 서너 명이 고작이었다. 무슨 일이든 둘만 되면 해 볼 만하다. 소비자 활동을 되살리려 실무자인 박영천 씨와 함께 물품 모니터부터 새로 시작했다.

우선 물품 모니터지를 만들어 다시 한다는 마음으로 임했다. 조직활동부 실무자와 조합원들이 자주 모여 조합원 공동체 명단을 놓고 몇 장씩 분량을 나누어 책임지고 전화를 돌렸다. 되겠다 싶은 곳에는 실무자를 통해 시식 물품과 물품 모니터지를 보냈다. 우리가 한 전화 모니터 내용과 조합원들로부터 받은 물품 모니터지를 바탕으로 평가하고, 계획하고, 또 활동을 확대하고. 물품을 이용하도록 안내하고 독려하기도 했지만, 조합원 공동체가 안 되어 이용하는 데 어려움을 겪는 곳, 공동체 활동이 안 되는 곳은 한살림 조합원 소개 카드를 활용하여 공동체가 구성되도록 돕기도 했다.

1995년에도 꾸준히 활동했다. 1996년에 물품 모니터 모임을 물품위원회로 구성하고 하선주 조합원을 초대 위원장에 추대했다. 오래전부터 있던 물품위원회가 새 옷을 입고 다시 탄생했다. 물품위원회는 먹을거리 모임답게 언제나 조합원 집중도 최고였다. 조합원이 몰려들고 물품위원회는 활발하게 활동을 펼쳤다. 물품위원회는 《한살림댁 밥상차림》이란 요리책도 냈고, 나중에 한살림서울생협 이사장과 한살림연합 대표를 배출하기도 했다.

자전거 타고 여의도로 간다, 환경위원회

1996년 봄 서울시에서 사업비를 지원받아 폐유 재생비누 운동을 벌이던 몇몇 조합원들이 모여 1997년 명실공히 환경위원회를 꾸렸다.

그때 일 년간 약속했던 비누 사업이 끝나자 한살림 실무자들은 '비누위원회'를 만들자고 했다. 그런데 좀 다른 생각이 들었다. 연속성 있는 사업은 좋지만 '비누위원회'는 아니다. 명색이 위원회인데 내용이 너무 협소하잖아? 비누로 한정하지 말고 우리가 그동안 해 온 비누 재생뿐 아니라 여러 가지 자원 재활용, 재사용은 물론 다각도의 환경 문제를 아우르는 위원회, 환경위원회를 만들기로 했다. 내가 초대 환경위원장을 맡았다. 그동안 실무자 최효숙 씨가 아주 잘 꾸려서 비누에 대한 일가견도 있고, 환경에 대한 시각도 있었다. 깨끗한 환경 만들기에 골몰하던 우리는 마치 보물찾기 하듯 한살림 내에서 연관된 활동들을 찾아내어 정리하고 실천했다.

합성 세제를 거부하고 자연 세제를 고집하는 우리에겐 협성이라는 좋은 생산 공동체가 있었지만 이용자가 몇 안 되어 생산자들의 생활이 말이 아니었다. 이렇게 좋은 걸 두고도 몰라서 못 쓰다니. 환경위원회에서 나서서 적극적인 홍보 전략을 짜기에 이르렀다. 소비자 관점에서 제목은 무조건 선정적이어야 한다는 판단 아래 '싼 데다 품질은 최고!'라는 내용을 담았다. 처음으로 우리 조합원이 만든 한살림 물품 홍보 전단이 나왔다. 색지에 그림까지 보태어 만든 전단이었다. 홍보 전단과 비누를 들고 동네를 돌았다. 어느 날은 서울 잠원동 우리 집에 모여 밥을 먹고 기운을 차려 잠원성당 주변에서 홍보지를 돌렸다.

　"대형 백화점에서 5,000원에 판매되고 있는 투명비누가
　우리 한살림에서는 3개에 4,800원에 공급되고 있습니다.
　세숫비누는 팜유·야자유 등 최고급 천연 유지와
　자연향·글리세린으로 만들었습니다.
　한살림에서 공급하는 '물사랑 비누'
　기본 원료나 첨가물, 제조 과정 모든 면에서 최고의 것입니다."

소식지 만드는 홍보위원회

1991년 중반부터 실무자 윤희진 씨와 둘이서 소식지를 만들었다. 네 쪽, 여덟 쪽짜리여도 글을 쓰는 양이 엄청났다. 취재하고, 틀 짜고, 정리하고. 물론 이상국 상무가 거들었지만 결국 둘의 몫이었다. 하다 지쳐 주저앉았다가도 윤희진 씨 혼자 하고 있다 생각하면 발딱 일어났다.

나중에 내가 좋아하는 서정록 씨가 합류했다. 한껏 기대했는데 솔직히 일이 더 많아졌다. 서정록 씨는 전문가라 소식지가 마음에 들 때까지 자꾸 틀을 바꾸어 댔다. 익숙할 만하면 또 새로운 걸 시도하고 또 개량하고. 덕분에 익숙한 틀에 안주하지 않고, 여러 방향으로 살펴보며 새로운 틀을 많이 배울 수 있었다. 여하튼 셋이서 머리 맞대고 잘 꾸려 갔다. 교정, 교열까지 우리가 직접 봐야 해서 청계천에 있는 신문사 인쇄소에도 드나들었다. 오래잖아 서정록 씨가 손을 떼고 다시 윤희진 씨와 둘이 이어 나가다 1993년 나도 손을 놓았다. 봉사로 하기엔 너무나 지독한 일감이었다.

후에 운송신문사에서 맡다가 실무자 김명용 씨가 거드는 전국 편집위원회 체계로도 이어 갔다. 한살림서울생협에서 지역 소식지를 내면서 조합원 중심으로 구성된 홍보위원회가 편집위원회 역할을 하게 되었다. 그래도 소식지 특성상 실무자들이 이끌어 나가야 했다. 김태연 홍보위원장이 많은 역할을 했다. 박항률 화백의 아내이며 서울대 미대 출신인 김태연 씨는 한동안 소식지 표지에 생산자 얼굴을 그려 넣기도 했다. 그때 선택된 생산자들은 근사한 초상화를 갖게 되는 호사를 누렸다.

앞에서부터 가져가세요
공동체 공급

- 서 형 숙 -

다섯 명이 모여야 가입이 됩니다

초창기에 한살림은 다섯 명이 공동체로 묶여야만 조합원 가입이 되고 물품 공급도 받을 수 있었다. 처음에는 공동체를 꾸리는 게 무척 불편했다. 정해진 날 같이 주문하고 모여서 함께 받아야 하니까. 혹시 누가 제때 받으러 못 오면 대신 누군가 받아 챙겨 두어야 하고. 그중에 냉장 보관해야 하는 물품이라도 있으면 냉장고에 일일이 넣어 놓아야 한다. 이렇게 공동체 공급이 불편하기도 했으나 오히려 장 보러 가는 시간을 줄여 주는 데다가 충동구매도 막아 주니까 실제론 득이 많았다. 매일 생각날 때마다 필요한 물품을 기록해 두었다가 주문하니까 깜빡 잊고 빠뜨리는 일도 없었다.

물품 주문하는 날은 분위기가 우아하다. 오전에 공동체 식구들이 모여 차 마시며 공부도 하고, 맛깔나게 얘기하며 같이 식단도 짠다. 쪽지에 써 온 물품 주문 내용을 장부에 받아쓰고 대표가 모아서 한꺼번에 주문한다. 한

달 두 달 점점 대표 노릇에 이력이 나면 다음 대표에게 장부 인수인계도 잘했다.

반면 물품 받는 날은 북새통이다.

"한살림 왔어요!"

우리 공동체는 모두 아파트 경비실 앞에 모여 물건을 나누었는데 저마다 보자기나 큰 바구니를 가지고 나와 담아 가서 사과 싸개 망과 상자 등 포장재는 공급차 편에 고스란히 다시 생산지로 보내어 재사용했다. 허투루 쓰는 게 하나도 없는 시절이었다. 두부는 여섯 모 분량의 커다란 판으로 오니까 그것도 칼로 나누어야 한다. 자가 있는 것도 아니고 있더라도 야박하게 대고 자를 수도 없으니 적당히 가르면 꼭 크기가 크고 작게 나누어졌다. 그럴 때마다 자연스럽게 두부 좋아하는 집, 식구 많은 집에 큰 것을 주게 된다. 무도 큰 것 작은 것 구분 없이 같은 값에 오니 욕심이 날 수 있는데도 참잘 나누었다.

처음에는 누구나 크고 좋은 것 갖고 싶은 마음이 굴뚝같았다. 다 빠듯한 살림을 사는 젊은 주부들이라 좋은 것 갖고 싶은 마음은 빤했다. 일단 눈치를 본다. 욕심 있는 사람이 먼저 고르고 나면 오히려 남은 사람들이 이제 해결됐다는 듯 나누어 가졌다. 나중에는 작은 것부터 가져가서 맨 나중에 갖는 사람이 큰 것을 갖게도 되었다.

늘 잘하는 것은 아니었다. 우리 공동체 다섯 가족, 동네에 새로 생긴 다른 공동체 다섯 가족 것까지 모두 열 가족의 김장 배추를 아파트 입구에 쌓아 놓았는데 우리 공동체원 가운데 한 사람이 그걸 한 통씩 다 들춰 보고는 큰 배추만 골라 갔다. 오래 함께해 온 우리 공동체원들은 모두 그이를 다 이해하는 터였지만 다른 공동체와 엮이니 바로 큰소리가 났다. 대신 무던한 우리 공동체원들 넷이 다른 공동체에 우선 골라 가게 하고 나머지 우거지 가득한 배추를 가져다 김치를 담갔다. 아파트 마당에 해체되어 널브러진 배추가 지금도 눈에 선하다. 우리 공동체원들이 난감해하던 표정도 아직 기억에 생생하다. 동네 사람들에게 누가 되지 않게 비질도 잊지 않았다. 이런 일이 계속되면 마지막에 남은 것만 가져가는 대표의 한 사람으로 '한살림의 나눔 방식이 도대체 맞는 건가?' 하는 생각이 들기도 했다. 꿈은 좋지만, 너무 편차가 심하면, 예를 들어 무 한 개 값에 두 개만큼 큰 것을 가져갈 수 있게 되면 마음의 동요가 인다. '그냥 내 바구니에 넣을까?' 하고.

그때 우리 공동체원들은 그래도 서로 양보하는 편이니 다행이었는데 크고 작고 구분 없이 오는 물품들을 과연 다른 공동체에서는 어떻게 꾸리는지 궁금했다. 꼭 이런 물건 주고 우리를 시험하는 것 아닌가 하는 생각마저 들었다. 물품을 나누는 과정 자체가 '한살림 하기'였다. 물품값도 공동체 대표가 모아서 냈다. 셈도 해야 하고 이웃과 매주 돈거래를 하는 등 여간 번거로운 것이 아니었다. 그래서 꼭 대표를 돌아가며 했다. 그래야 대표의 어려움을 알게 되어 조금씩 배려하고 양보하게 되었다. 번거로워도 다섯 명이 일 년에 두어 번만 하면 좋은 것 먹는다는 생각으로 꾹 참고 잘 해냈다.

공동체를 하며 어느새 너나없이 변했어요

경비실 앞에서 받다 보니 지나가는 사람들도 참견한다.

"이거 팔아서 얼마 남아요?"

"남는 거 없어요. 장사하는 것 아니에요. 같이 사서 나누는 거예요."

처음엔 망설임 없이 그렇게 대답했다.

그런데 시간이 지나며 차츰 알게 되었다. 돈은 생기지 않지만, 돈으로 살 수 없는 더 좋은 세상이 온다는 걸. 물품을 공동체로 나누며 너무나 많은 걸 얻게 되었다. 얼마가 지난 다음부턴 누가 "이거 팔아서 얼마 남아요?" 하고 물으면 바로 대답한다.

"좋은 세상이 와요. 돈으로 살 수 없는 세상!"

이미 우리는 공동체를 하며 돈으로는 살 수 없는 그런 세상을 맛봤다.

1991년인가 큰 사상가인 조한알 장일순 선생이 우리 소비자 조합원들을 불러 놓고 "여러분이 생산자의 '주님'이 되세요." 하셨다.

무슨 말씀인가 어리둥절하였는데 "주님이 누구입니까? 살게 해 주고, 먹게 해 주고, 기쁘게 해 주는 분 아닙니까?" 하시는 거다. 그러면서 "여러 소비자께서 생산자를 살게 하고 웃게 하는 주님이 되세요." 하셨다.

그래서 우리 공동체는 열심히 이용하고, 공부하고, 책임소비 하느라 남는 물품은 더 받아다가 이웃과 나누고, 좀 더 많으면 길에 나가 팔기도 했다. 나의 직업 경력은 대학 조교 일 년이 고작이고 다른 조합원들도 직접 돈 벌어 본 적 없는 전업주부들인데 주님 노릇 하겠다고, 또 물품이 산지에서 남아도니 당장 그것이 아까워서 앞뒤 따질 경황도 없이 모두 두 팔 걷고 열무를 팔았다. 아파트 입구에서 물품을 나누었기 때문에 한살림은 동네에서 이미 알아주는 물품이었고 인심을 잃지 않아서 쉽게 팔 수 있었다. 그렇더라도 주부들에게 김치 담그는 일은 보통 번거로운 일이 아니어서 미리 날을 잡아 하게 마련인데 이렇듯 갑자기 나온 열무를 선뜻 사 가니 여간 고맙지 않았다. 팔러 나선 우리끼리 서로 대견해하고 사 준 이웃에게 고마워하며 생산지로 돈을 보내면서 얼마나 뿌듯하던지. 주님 노릇 했다 싶어서.

그런데 얼마 뒤 우리가 알아낸 것은 우리가 주님이 아니라 정말 우리 밥상을 차려 주고 우리를 살게 해 주는 분들이 생산자들이란 사실이었다. 그걸 깨우치고 나니 그분들을 하느님처럼 섬기게 되었다. 생산자들 역시 우리를 하느님 대하듯 하시니 서로 주님으로 모시게 되었다.

혼자서 하면 뭐 나만 천년만년 살겠다고 이 일을 이리 힘들게 하나 싶어 그만둘 수도 있었을 거다. 그만하고 싶을 때가 한두 번이 아니었다. 날마다 결품이 나고 모양도 그렇고 초기에는 맛도 형편없을 때가 많았다. 늘 기다리고 이해하고 참아 내야 하니 힘 빠질 때가 종종 있었다. 정말 원시적으로 살았다.

그때는 말 그대로 '소비자가 왕'인 시대였다. 좀 과하게 말하면 이쑤시개 한 통도 얼른 배달해 주는 시대였다. 그런데 다 물리치고 일주일을 꼬박 기다려 대표가 모아 주문하고 물품을 나눈다고 난리니. 힘들어 그만둘까 하면 공동체 식구들이 "서형숙 씨가 그러면 우리 아이 어떻게 해?" 하며 용기를 주어 다시 하고, 또 싫증을 내는 다른 조합원에게 주문하라고 졸라서 일으켜 세우기도 했다. 누가 더 나을 것도 없이 공동체는 서로에게 힘이 되었던 거다. 그 힘으로 오늘, 한살림이 있다.

1989년 10월 26일 만들어진 우리 공동체

한살림 초창기에 다섯 집이 모여 공동체 공급을 받았다고 하면 요즘 조합원들은 그게 어떤가 궁금해하기도 한다. 지금도 공동체 공급이 있긴 하지만 대개는 집집마다 따로 공급을 받곤 하니까. 1989년 10월, 나와 함께 처음 한살림 했던 우리 공동체 이야기를 좀 해 볼까 한다.

나는 우리 공동체를 '뱃고동'이라고 불렀다. 한강 변에 있는 우리 동네 옆을 유람선이 뱃고동 소리를 내며 지나갔다. 105동이 얼핏 뱃고동 발음과 비슷하여 그리하자 했는데, 몇몇이 별로 마음에 안 든다고 하는 틈에 한살림에서는 '반포 105동 공동체'라고 불렀다. 그래도 우리 조합원 이름까지 그렇게 불러서는 안 된다. 아파트에 살아 보니 모두 서로를 집 호수로 부른다. 706호니 111호니. 무슨 죄수 번호도 아니고. 물품 받을 때, 706호 무 2개, 705호 유정란 10개 등등 날마다 죄수 번호 같은 숫자를 되뇌고 다닌다.

"우리 가입 증서대로 이름 부릅시다."

물품을 주문하고, 나눌 때마다 의도적으로 이름을 불렀다. 처음엔 서로 어색했지만, 자꾸 부르니 곧 우리는 누구 엄마도 아닌 김혜숙, 이혜영, 이은선, 장정애, 서형숙이라는 이름을 다시 찾았다.

김혜숙 씨는 우리 옆집에 살았다. 태욱, 하영 남매를 두었는데 남편은 리비아에서 일했다. 김혜숙 씨는 얼굴도 치아도 희고 맑다. 초등학교 학생인 아들이 엄마 얼굴 크고 못났다 해서 상처받고 있었다. 엄마가 최고라더니 어느새 자랐다고 엄마 외모를 가지고 평하다니. 나는 오히려 희고 맑은 그이 얼굴을 부러워하고, 김혜숙 씨는 작고 까무잡잡한 내 얼굴을 부러워했다. 사람이란 다 그런가 보다. 하영이는 우리 태경이보다 한 살이 많은데 우리 아이들과 아주 사이좋게 잘 놀았다. 나는 그 집 아버지가 외국에 가 있어서 신경이 쓰였다. 말하자면 그분이 외화벌이를 해서 우리나라 사람들이 잘 살게 되니 이들은 국가의 산업 역군 가족이라고 생각했다. '내가 아니면 누가 도우랴.' 하는 생각으로 목욕하러 갈 때도 우리 아이들과 같이 데려가고 한살림 산지에도, 용인 자연농원에도 함께 다녔다. 혜숙 씨는 "참 귀찮은 줄 모르고 어린 제 자녀에다 우리 하영이까지 데리고 다닌다."라고 고마워했다. 그렇게 난 외화벌이를 도왔다.

111호에 사는 김혜숙 씨 동창 이혜영 씨는 키가 크고 늘씬하다. 말소리는 곱고 잔잔한데 일찍 결혼하여 중학생인 아들 일이가 있다. 일이는 어찌나 덩치가 큰지 내가 반말이 나오지 않아 존대하니 제가 늘 송구스러워했다. 이혜영 씨는 나쁜 마음은 꿈도 안 꾸는 사람 같다. 아마 맞을 거다. 아들이 통풍 때문에 고생하여 판으로 오는 달걀을 될 수 있으면 초란으로 고르는 것 이외에는 어떤 물건, 어떤 내용도 다 이해하고 받아들이는 사람이다. 그 집에는 늘 그런 평화의 기운이 흐른다. 훗날 10년쯤 뒤에 한살림 서초매장에서 매장 활동가로 봉사도 한다.

712호에 사는 이은선 씨는 예쁜 영경, 연수 두 딸이 있다. 가족 모두 우리와 동갑이었다. 1991년 초 싱가포르로 이사가 길게 사귀어 보지 못하고 헤어졌다. 이은선 씨는 자주 물품에 대해 왈가왈부하면서 꼭 골라 갔다. 또 군식구 것까지 부탁하여 대표가 필요 이상으로 수고하게 해서 문제가 되기도 했다.

우리 공동체 식구들은 대표를 돌아가며 맡았는데 다 돌고 나니 그 사정을 모두 알았다. 그래도 입 밖으로 그이 얘기를 하지 않았다. 성격들이 좋아서 다들 양보를 했다. 언젠가는 변하겠지 하는 심정일까. 우리 공동체는 처음에 서로가 가입한 덕분에 꾸려질 수 있었던 것만으로도 서로에게 감사하게 생각하여 늘 함께하고 양보했다. 양념처럼 은선 씨가 있어서 우리는 재미있었다. 다 똑같은 사람들만 있으면 무슨 맛이 있을까. 은선 씨는 요리 솜씨가 좋았다. 대강 해 먹는 우리와 달리 들어갈 것 다 넣고 모양과 색을 다 내야 했다. 아마 그래서 한살림 하기가 제일 고되었을 거다.

며칠 늦게 공동체원이 된 1211호에 사는 장정애 씨는 아주 멋쟁이다. 이사 오기 전에 나와 친하게 지내던, 홍원이 젖먹이 때 친구 오단해의 엄마 이행남 씨의 사돈이다. 이행남 씨도 훗날 한살림 조합원이 되었는데, 몇 년 동안 '단해 엄마'라고 부르다가 조합원이 되고 그제야 이름을 알고 부르게 되었다. 장정애 씨네는 은행원 남편이 외식을 많이 해 아들과 먹자고 시키는 물품은 얼마 되지 않았지만, 한살림에 대한 의욕은 최고였다. 바빠서 물품을 찾아가지 않으면 우리 아이들이 배달을 갔다. 두 아이가 자전거에 물품을 실어 위층으로 배달하면 아이들에게 사탕도 주고 "아기들이 처녀 총각 다 되어 심부름까지 왔다."라며 한껏 치켜세우니 그 배달은 언제라도 좋았다. 장정애 씨는 본인 말대로 손톱을 '매 발톱'처럼 해 다녔다. 거기다가 꼭 야하게 새빨갛거나 진한 색으로 칠했다. 내 취향은 아니지만 화려한 옷과 잘 어울려 멋스럽다. 그렇게 차리고 장정애 씨는 호스피스 활동을 하러 다녔다. 거기 가면 죽음을 기다리는 우울한 사람들만 만나는데, 운동화를 신고 일을 하다 보니 자연히 옷도 수수해진다. 그러면 모든 게 추레해지는데, 그래서는 안 된단다. 환자들의 생기를 위해 화려한 차림이 더 좋다는 것이다. 〈여성신문〉을 정기 구독했는데 내 기사가 날 때마다 거르지 않고 꼭 오려다 주었다. 나도 구독하고 있는 걸 알면서도 주는 것은 무한한 관심의 표현이리라. 얼마 뒤 〈녹색평론〉이 발행되자 다른 조합원들은 돌려 읽었지만 장정애 씨는 얼른 정기 구독을 신청했다. 그러고도 좋은 책 소개해 줘 고맙다는 말을 정말 오래도록 두고두고 들었다. 나도 고마워서 두고두고 인사해 줘서 고맙다고 전했다.

식구 같은 외간 남자
공급 실무자

- 윤 선 주 -

식구인 듯, 아닌 듯, 식구 같은 사람

요즘에는 한살림 매장이 많아졌지만, 나는 여전히 '주문 공급'을 애용한다. 지역에 따라 일주일에 1~2회 정해진 공급일 사흘 전까지 전화나 인터넷으로 주문하면 그에 따라 공급해 주는 방법이다. 내가 가입하던 1990년 초에는 매장이 없었고 주문 공급뿐이었기 때문에 버릇이 들었나 보다.

1990년대 초 공동체 주문일 때는 공급 차량이 아파트 현관 가까운 데 서서 "한살림 왔어요!" 하고 크게 소리쳐 불러 내리곤 했다. 그러면 아이들이 먼저 반기며 뛰어나가고 모여 있던 공동체 식구들이 우르르 나가 반갑게 인사 나누느라 동네가 시끌벅적, 조용하던 아파트가 금세 활기를 띠고는 했다. 보행로에 보자기를 펼치고 물품을 받으랴, 나누랴, 지난주 물품 대금을 건네랴 바쁜 어른들 사이에서 애들은 자기가 좋아하는 과자라도 있나 하고 열심히 두리번거리거나 친숙한 실무자의 바짓가랑이를 붙들고 늘어지고는 했다. 아저씨, 오빠 또는 형으로 불리면서 한 녀석씩 안아 주고 토닥여 주느라 실무자는 실무자대로 바쁘고. 그사이 생산지 소식, 결품이나 남는 물품 안내도 주고받느라 정말 잠깐 시장이 열리는 듯했다. 어쩌면 일부러 더 소란스레 소식과 안부를 나누었던 것 같다. 누군가 들여다보며 무슨 일인가 싶어 묻기를 기다리면서. 그러다 정말 동네 주부가 무슨 일이냐고 물어 오기라도 하면 저마다 한살림에 관해 설명하느라 열에 들뜨기도 했다.

몇 년 후에는 김장 공급 외에 공동체 공급일 때도 실무자들이 물품을 집 안까지 들어다 주었는데, 어느 집에선 음료를 주거나, 누군가는 화장실을 편히 쓰게 하거나, 밥때가 되면 조합원이 붙들어 함께 밥을 먹고는 했다. 더운 여름, 땀을 뻘뻘 흘리며 들어오는 실무자에게 한사코 시원하게 샤워라도 하고 가라고 붙잡는 엄마 같은 조합원이 있는가 하면, 아예 현관문의 비밀번호를 알려주고 자신이 없을 때 물품을 집 안에 들여놓아 달라고 부탁하는 경우도 있다. 한살림 식품을 먹고 싶은 소비자가 외출할 일이 있을 때도, 보냉 시설이 지금처럼 잘 갖춰지지 않아 물품이 상할까 봐 그런 부탁을 하는데, 이런 경우 실무자가 각각 상온에 둘 것과 냉동할 것, 냉장 물품을 냉장고에 구별해 넣어 주고 가기도 했다.

그중 늘 공급 시간에 집을 비우는 어느 조합원이 화제가 된 적이 있다. 공급 실무자가 물품을 냉장고에 넣으려고 문을 열면 텅텅 비어 있다고 했다. 그런 일이 어쩌다 있는 것이 아니라 매주, 누가 와서 몽땅 가져가기라도 한 것처럼 몇 가지 밑반찬 외에는 아무것도 없다는 거다. 같은 주부의 입장에서, 그것도 매일 외출하는 주부가 그렇게 식단을 계획적으로 짜고 실행에 옮기는 일이 얼마나 어려운지 아니까 너무 신기했다. 공급 실무자가 말하길, 네 식구 사는데 주문량도 만만치 않고 자기가 가면 집에 있던 아이들이 산타 할아버지라도 온 듯 반긴다고 했다. 야무진 살림 계획을 배우고 싶어서 소식지에서 인터뷰하러 찾아가니 오히려 그런 일이 무슨 화제가 되느냐고, 다 나처럼 하지 않느냐고 했다. 이 집 말고도 아이들이 공급 실무자를 산타 할아버지 같다고 여기는 경우가 꽤 있는데 아마 자신들의 모든 먹을거리를 가져다주기 때문인 것 같다.

그런가 하면 공급 실무자들은 노부부만 사시는 집에 공급을 가면, 부탁하지도 않았는데 냉장고에 물품을 넣어 주고 집 안의 재활용 쓰레기를 분리해서 아파트에 마련된 수거함에 넣기도 했다. 자식들이 모두 외국에 있어 혼자 사시는 할머니 댁에 공급하던 실무자는 갈 때마다 외국에서 소식은 왔는지, 요즘 건강은 어떠신지 물으며 다정하게 옆에 앉아 시간을 보내고는 했다. 바쁜 시간을 쪼개어 어르신 옆에 단정하게 앉아 이것저것을 묻고 챙기는 모습을 우연히 본 이웃 주민이 감동해서 한살림에 편지를 보내 왔고, 그 계기로 소식지에도 실렸다.

꽃보다 공급 실무자

실무자 중에서 일상적으로 조합원을 제일 많이 만나니까 공급 실무자를 '한살림의 꽃'이라고 부르기도 했다. 지금처럼 한살림이 사회적으로 잘 알려지기 전에는 공급 차량이 움직이는 광고판이었고 홍보물이었다. 한살림 차량에 쓰인 전화번호를 기억했다가 가입을 하는 경우도 있었고, 물품 내릴 때를 기다렸다가 자세히 듣고 가입하기도 했다. 그래서 공급 실무자들은 항상 소식지와 홍보물을 갖고 다녔다.

그 시절에는 한살림을 알리려고 작은 장터를 자주 열었다. 공급 차량에 상온 물품을 싣고 공급 실무자와 조합원 활동가가 함께 새로 조성되는 아파트 단지나 미개척지를 찾아 장을 여는 것이다. 2~3주 전부터 전단을 돌리고, 아파트에 허가를 받아 전단을 현관에 부착하고, 부녀회의 동의도 얻어 주민 출입이 많은 시간과 장소에서 한살림을 알리고, 시식을 권하고, 물품을 파는 일을 참 많이도 했다. 몇 시간 동안이나 쉬지 않고 이야기를 하다 보면 그날의 조합원 가입 건수에 따라 허무하기도 하고 보람 있기도 했다. 그래도 결과가 어떻든 서로 등 두드려 격려하며 다음 계획을 세우는 일은 늘 재미있었다. 그때는 조합원 대부분이 집에서 물품을 기다리는 일이 많아 모임 소식 전달이나 의향 조사, 긴급한 동의가 필요한 경우에는 조합원 활동가가 공급 차량에 함께 타고 가 방문하기도 했다.

　공급 실무자들끼리 모여서 점심을 먹으려고 서로 어디쯤 왔나 확인하며 시간을 맞추는데, 가는 곳마다 값은 비싸지 않으면서 정갈하고 맛있는 곳을 찾은 덕분에 단골 식당이 생기기도 했다. 또 어떤 실무자는 평소에 잠잠하던 아토피가 조미료가 들어간 음식만 먹으면 금방 솟아올라서, 그이의 반응을 식당을 선택하는 기준으로 삼았다. 파주 근처에 줄을 길게 서서 기다렸다 먹는 유명한 해물 찌개 식당이 단번에 선택 목록에서 제외되는 일도 있었고, 지금의 집밥 같은 음식을 내는 곳이 수시로 추가되기도 했다. 식당 주인도 모르는 사이에 엄격한 심사가 이루어지고 있었던 것이다. 그 친구한테는 미안한 일이지만 새로운 식당을 갈 때마다 다음 날 피부 상태가 어떤지 궁금했다.

크리스마스카드로 인기투표

초창기에 실무자들이 받는 급여는 사회 평균 소득에 못 미쳤다. 그런 사실을 아는 우리로서는 늘 미안하고 안쓰러워 자취하는 실무자에게 밑반찬을 만들어 주거나 같이 밥을 먹자고 종종 권하곤 했다. 그래서 새로운 공급 실무자에게 인수인계를 할 때 선배가 알려 주는 정보에는 특별한 도움이 필요한 집과 함께, 물을 청할 수 있는 집, 화장실을 사용할 수 있는 집, 갖고 간 도시락을 먹을 수 있는 집, 아예 점심을 마련해 함께 먹는 집 등의 정보가 들어 있었다. 그러면서 조합원과 이야기도 나누고 정보도 교환하면서 서로를 아끼는 마음들이 커졌다.

늘 조합원을 만나고 일주일 먹을 식량을 친절하게 현관 안까지 갖다 주니 평소에 고마운 마음을 명절에 표시하는 일이 잦았다. 정성 어린 선물과 함께 건네는 카드에 쓰인 문구를 함께 보며 자신들의 노고를 인정받았다는 생각에 공급 실무자들의 얼굴이 환해진다. 카드를 벽에 붙여 놓고 인기투표도 하고 자신이 받은 카드가 최고라고 서로 우기며 결과에 상관없이 모두 즐거워했다. 특히 맞춤법도 틀린 삐뚤빼뚤한 글씨로 쓴 아이들이 직접 만든 카드는 정말 사랑스러웠고 감동을 주었다. 간혹 나중에 꼭 자기랑 결혼하자거나 자기도 나중에 크면 아저씨처럼 아이들에게 과자를 갖다 주는 착한 사람이 되겠다는 내용도 있었다. 아마도 공급 실무자들이 무거운 짐을 들어야 하고 때로는 승강기가 없거나 차를 세울 곳이 없어 멀리서부터 들고 가야 했던 고단함이 그 순간에 한꺼번에 사라지지 않았을까 싶다.

공급 실무자들이 하는 일은 여러 가지다. 새로 나온 물품을 소상하게 조합원들에게 소개하거나 그날그날의 물품 정보를 알려 준다. 결품이 되는 경우, 이유를 잘 설명해야 하고 반품은 직접 조합원을 찾아가 이유를 듣고 사무실과 연결하든가 직접 반품 여부와 보상 정도를 결정해야 한다. 사무실로 돌아와서는 홍보가 필요한 곳을 선정하고 어떻게 홍보할지를 정하고 그 내용에 따라 전단을 부착하고 홍보 장터를 열거나 주문이 뜸한 조합원에게 전화를 걸어 안부를 묻기도 한다. 물품을 받고도 돈을 내지 않는 조합원에게 물품 대금이 생산자에게 약속한 날짜에 전해지도록 사정을 설명한다. 이쪽 매장에서 남는데 저쪽 매장에서는 물품이 없어 도움을 요청하면 갖다 주고, 청소, 물품 시식, 생산자의 매장 방문 등 특별한 일이 있을 때는 지원을 나간다. 거의 동에 번쩍, 서에 번쩍, 홍길동 수준이다.

워낙 무거운 짐을 들고 다니는 공급 업무의 특성상 부상, 특히 허리를 다치는 경우가 많다. 부상 예방을 위해서 아침마다 아무리 바빠도 함께 아침 체조를 한다. 또 틈틈이 함께 책을 읽고 토론하면서 조합원과 같이 성장하려고 노력하고, 필요한 공부를 하기도 한다. 이런 공급 실무자들을 '택배 아저씨'라고 부르거나 그렇게 대우하면 내가 좀 서운하다. 단지 주문받은 물품을 가져다주는 택배 기사가 아니기 때문이다. 다른 조합원과 마찬가지로 출자금을 내고 열심히 물품을 소비하는 한살림의 조합원이고 주인이기도 하다.

그러면서 생산지 방문에 차량 운전을 지원하거나 단오, 대보름, 가을걷이 잔치 때나 야외 행사가 있을 때는 주차 요원, 진행 요원, 안내 요원 등 못 해내는 일이 없다. 다른 실무자와 함께 행사를 다 마친 후 사용했던 장소를 원래보다 더 깔끔하게 정리하는 일도 그들 몫이고 끝까지 남아 뒷정리를 하는 것도 그들이다. 형이라고 불리든, 아저씨라고 불리든, 간혹 택배 기사라고 불리는 경우에도 그들은 여전히 한살림에서 조합원들과 제일 많이 만나는 사람들이다. 그만큼 친숙하고 거리감이 없어 '한살림의 꽃'이라 불리는 남자들, 그들이 바로 공급 실무자들이다.

사는 사람, 파는 사람 모두 조합원
한살림 매장

- 윤 선 주 -

사람이 그리울 때 산책하듯 찾는 곳

오랜 세월 부지런히 주문 공급을 이용해 왔지만, 가끔 매장에 간다. 주문하고 사흘을 기다리는 동안 급하게 필요한 물품이 생겨서? 물론 그럴 때도 있지만, 실은 그냥 매장 사람들이 보고 싶어 가는 때도 있다. 특정한 누군가를 만나러 가는 것은 아니고 그저 한살림 매장의 활발함, 따스한 인사, 미소 띤 얼굴을 보러 간다.

겉으로 보기에 한살림 매장은 문을 열었는지, 닫았는지 잘 구별하기가 어렵게 조명이 어둡다. 그렇더라도 문을 열고 들어가면 웃는 얼굴에 상냥한 인사가 뒤따른다. '바로 이 맛이야!' 하며 혼자 씩 웃게 되는 순간이다. 새로 나온 물품이 있는지, 어떻게 먹는지, 어디에 쓰는지를 직접 보며 알아 가는 것도 좋지만, 조합원끼리 주고받는 정보도 꽤 도움이 된다.

한동안 한살림 매장을 어떻게 부를까 고민한 적이 있다. 한때 '먹을거리

나눔터'라고 부르기도 했지만, 어느덧 익숙한 '매장'으로 돌아가고는 했다. 물품을 사고파는 곳이니 매장이란 이름이 이상하진 않지만, 한살림의 특성을 잘 살린 다른 말이 없을까 하는 궁리는 지금도 진행 중이다.

한살림 매장의 목적은 물건을 파는 것이 아니다. 보이는 물품을 팔면서 잘 보이지 않는 '밥상살림, 농업살림, 생명살림, 지역살림' 등 살림 운동을 펼쳐 나가는 곳이다. 살림 세상을 만들되 밥상으로부터 출발한다는 뜻이다. 우리 한 사람 한 사람이 제대로 키운 농산물을 제값을 주고 사서 밥상을 차리면 위기에 몰린 우리 농업을 살릴 수 있다. 논과 밭에 제초제와 농약 살포를 그치면 땅과 하늘에 깃든 뭇 생명과 공기, 물, 토양이 살아나는 생명살림을 이룰 수 있다. 그리고 자신이 사는 지역을 좀 더 살기 좋은 곳으로, 후손에게 물려주고 싶은 곳으로 만들려고 고민하는 사람들과 함께 힘을 모아 지역을 살릴 수 있다. 그리고 이 모든 일이 이루어지는 중심에 매장이 있다.

동네 사람 사는 정보가 오가는 매장

우리 매장에는 다양한 정보가 있다. 겉모양만으로는 다 전할 수 없는 정보를 매장 활동가들은 열심히 입으로 전한다. 그래서 한살림 매장은 언제나 바쁘다. 결품이 있으면 "오늘 안 들어왔어요."라고 간단히 끝내는 것이 아니라 생산지에서 무슨 사정으로 물품을 보내지 못했는지 사연이 따라온다. 태풍으로 농작물이 유실되어 그런지, 지난 가뭄으로 제대로 자라지 못해 작황이 나빠서인지, 갑작스러운 병충해로 약을 뿌리지 않으면 안 될 지경인데 농약 없이 짓느라 이리되었는지 자세히 설명한다.

매장 활동가와 물품을 사러 온 조합원 둘 중 어느 한 사람이라도 마침 그 산지에 가 봤거나 생산자를 만난 적이 있으면 이야기는 더 길어지기 마련이다. 그렇게 생산자와 소비자가 직접 만나지 않아도 소식을 알게 된다. 소식지에서 격주로 생산지 소식을 보지만, 말로 전해 듣는 일이 훨씬 가깝게 느껴진다. 그래서 우리는 하나라는 생각이 들어 비록 물품을 다 담지는 못했어도 매장을 나서는 발걸음이 가볍다. 그러는 사이 매장 활동가는 물품 좀 찾아 달라는 요구, 요리법을 알려 달라는 부탁, 아예 메모지를 주며 바구니에 담아 달라는 청까지 일일이 친절하게 답하고는 했다.

그런가 하면 다른 동네에서 이사 온 조합원은 새 동네에 대한 거의 모든 정보를 매장을 통해 얻는다. 믿을 만한 음식점은 어딘지, 머리 손질을 잘하는 미용실이 근처에 있는지, 병원은 어디로 가는 게 좋은지 등의 정보 말이다.

이사가 잦은 나는, 새로 이사 가는 곳에 한살림은 있는지, 집 근처에 매장은 있는지를 먼저 따져 본다. 그리고는 이삿짐만 풀면 가까운 매장으로 달려가 필요한 물품도 사고, 생활의 중요한 정보를 함께 담아 온다. 당장 밥을 하기 어려우므로 근처의 깔끔하고 맛있는 식당을 소개받는다. 요즘은 아이가 어린이집을 다니는 이들이 제일 많이 묻는 말이 한살림 식재료를 사용하는 어린이집의 위치라고 한다. 아는 사람 하나 없는 곳에 이사를 가도 거기에 한살림이 있다면 안심한다. 다양한 모임 안내를 받고 다니다 보면 비슷한 취향의 친구를 사귈 수도 있고 생산지 방문 행사나 지역 행사에 대해 자세히 물어볼 수도 있으니 말이다.

살림이 궁했던 예전에는 좁은 매장 안에서 복닥거렸다. 대개 임대 공간이 $50m^2$(약 15평) 정도인데 한쪽은 매장, 한쪽은 활동실로 운영하기도 했다. 그러니 좁은 매장에 물품을 사는 조합원과 활동에 참여하는 조합원에 그 아이들까지 엉켜 하루 종일 붐볐다. 그러다 보니 물품만 이용하던 조합원이 활동에 오기도 하고, 요리 교실이라도 하는 날은 미리 넉넉히 준비한다고 해도 물품이 동나기도 했다. 그래서 이웃 가게에서 도대체 뭐하는 곳인데 이렇게 사람이 온종일 들락거리느냐고, 저 가게 사장님은 금방 부자 되겠다고 부러워했다.

너도 조합원, 나도 조합원

매장에서 일하는 활동가들도 모두 조합원이다. 조합원 가운데 좀 더 시간을 들이고 책임 있게 활동하겠다고 지원한 조합원 활동가이다. 그중에 활동하는 곳에 따라 조직에서 활동하는 사람, 매장에서 활동하는 사람 등으로 나뉜다. 활동가들은 모두 자신의 활동이 한살림의 성장, 더 나아가 한살림이 끝내 가서 닿고자 하는 살림 세상을 앞당기기를 바라는 마음을 품고 있다. 그러니 매장은 조합원이 조합원에게 물품과 함께 한살림의 꿈과 가치를 건네는 곳이다.

건강한 먹을거리를 취급하는 한살림의 특성상, 매장을 자주 찾는 이들 가운데에는 환자나 그 가족이 많다. 병을 이기기 위해 좀 더 신선한 재료를 사러 오면서, 혹은 병원이 아닌 세상과 만나는 유일한 장소여서 특별히 찾게 된다는 환자들이 있다. 잠시라도 환대를 받고 이런저런 이야기를 나누다 보면 자신이 환자라는 암울한 현실을 잊는다고 했다. 앓아누운 환자는 못 오고 가족이 메모지를 들고 대신 오는 경우도 많다. 나이 드신 분이 "우리 각시가 아파 대신 왔는데 몹시 약하니 같은 세제라도 아주 순한 것으로 달라."라는 말과 함께 메모지를 내밀면 아무리 바빠도 함께 장바구니에 물품을 골라 담는다. 그러다 거의 매일 드나들던 조합원이 오랫동안 발길이 뜸

하면 모두 궁금해하는데 어느 날 환자의 가족이 다시 찾아와 그사이 세상을 떠났다는 말을 전해 줄 때가 있다. 말하는 이나 듣는 이나 모두 눈물이 글썽이는데 "덕분에 잘 지냈다고, 고맙다는 인사를 전하러 왔다."라고 한다. 다 나았다고, 앞으로는 더 자주 오겠다는 인사를 받는 일이 월등히 많아도 가슴 아픈 기억은 더 오래 남아 가끔 생각난다.

그런데 조합원이 조합원을 대하다 보니 서로 감사하는 일도 많지만, 성에 차지 않아 하는 경우도 있다. 백화점이나 마트 등의 서비스를 경험한 소비자들은 무조건 왜 그런 곳만큼 친절하지 않으냐고 못마땅해하고, 활동가들은 같은 조합원들끼리 너무 대접받기를 바라는 게 아니냐고 서운해한다. 한살림이 협동조합이라는 것을 아는 조합원들도 자칫 다른 곳에서 하는 소비자의 모습을 드러내기도 한다.

물론 규모가 커지고 매장이 좁고 복잡하다 보니 일일이 응대하기에 부족한 면도 있다. 게다가 요즘은 물품도 다양해 아무리 활동가라도 미처 이용해 보지 못한 채 물품을 소개하는 일도 있다. 또 전업주부로 살다가 일터에 나와 간혹 일이 서툴거나 계산이 조금 느리기도 하다. 대부분의 조합원은 참고 기다려 서로 정이 들기 마련인데 간혹 아주 막무가내인 사람도 있다. 아무리 생산지 사정과 재배 방법에 관해 설명해도 전혀 귀 기울이지 않고 자신의 주장만 되풀이하는 것이다. 그런 조합원은 아예 노련한 팀장 몫이지만, 심한 경우 팀장조차 목소리만 들어도 가슴이 떨린다는 조합원은 어디에나 있다.

딴살림하는 즐거움
지부가 지역 생협으로

- 윤 선 주 -

무식이 용기로!

요즘에는 '협동조합'이란 말이 무척 친근하다. 마치 옛날부터 그랬던 것 같다. 그러나 그렇지 않다. '소비자생활협동조합법(생협법)'이 제정된 때가 1999년이니, 그전에도 한살림은 줄곧 협동조합 방식으로 운영해 왔지만, 법적 지위가 없어 곤란을 겪고는 했다.

조합원 수가 늘고 물품 사업 규모가 커지면서 1994년 한살림은 '사단법인 한살림'으로 조직 체계를 바꾸고 전국 조직의 성격을 띠게 되었다. 그때부터 조합원 활동이 체계를 잡아 가고 조합원들의 위원회 활동이 활성화되기 시작했다. 조합원은 활동 내용을 스스로 만들어 가기 위해 '소비자 활동 위원회'를 만들고 모임을 계속했다. '한살림서울의 규모가 너무 커져 각 지역에 따라 조합원의 필요와 요구가 다양한데 이를 충족시키지 못하지 않느냐?' 하는 논의가 시작되었다. 당시 한살림서울은 서울뿐 아니라 과천시, 성남시, 고양시 등 경기 수도권을 모두 포괄하고 있었다.

 실무자, 조합원 등이 함께 일 년이 넘게 공부 모임을 했지만 정작 한살림서울의 지부 가운데 지역 생협으로 독립해 나가겠다는 곳이 없었다. 독자 활동이 매력적이기는 했지만, 사업에 대한 무지와 불안 때문에 서로 눈치만 보고 있었다. 2002년 어느 날 지금은 돌아가신 박재일 한살림 회장의 눈길이 내게로 왔다.

 "언제까지 의논만 하고 있겠어요? 어딘가 먼저 나서서 해 보는 것이 좋지 않을까요?"

 그래도 모두 가만히 있으니 그때 고양지부장이던 나를 지목하면서 "고양지부가 조직 규모나 활동 동력, 구성원의 열성 등으로 볼 때 잘할 수 있을 테니 먼저 시작하면 좋겠습니다." 하는 게 아닌가? 매일 쓰는 가계부도 틀리기 일쑤인 나인지라 손사래를 쳤지만, "필요한 일은 무엇이든 도울 테니 한번 나서 보세요." 하고 거듭 권했다.

 '무식이 용기'라고 그 순간 갑자기 '그래, 해 보지 뭐.' 하는 생각이 들어 고개를 끄덕였다. 그리고는 '아차!' 싶어서 정말로 필요한 일은 무엇이든 도와줄 거냐고 몇 번을 물었다. 재차 다짐을 받고 '회장님이 저리 말씀하시니 전 조직이 돕는다는 뜻이겠지.'라고 알아듣고 겨우 걱정스러운 마음을 달랬다.

 마치 이미 지역 생협이 되기라도 한 듯 모두의 격려를 받으며 지부 사무실로 돌아오는 내내 내 마음에는 '이크, 내가 일을 저질렀구나, 우리 활동가들에게 뭐라고 하지?' 하는 생각이 떠돌았다. 무를 수도 없어 곰곰이 생각해 보니, 부모님께 용돈이나 학비를 받던 시절도 있었고, 내가 벌어 쓴 적도 있고, 지금은 남편의 월급으로 생활하고 있는데 가장 속 편하고 자유로웠던 때는 내가 벌어 쓰던 시절이었다.

'그래, 한살림서울에서 활동비를 받아 그동안 편하게는 살았지만 좀 재미는 없었는데, 어려우면 허리띠 졸라매며 내 살림 한번 꾸려 보자.'

이렇게 생각하니 좀 안심이 되었다. 일 저지르고 왔다며 두 활동가에게 말하니 뜻밖에 선뜻이 재미있게 해 보자며 오히려 나를 격려하는 게 아닌가. 그때부터 운영위원회, 마을 모임 등으로 모일 때마다 조합원을 설득하고, 조합원 모두에게 편지를 보내느라 시간이 어떻게 지나가는지 몰랐다. 편지를 받은 조합원 중에는 왜 그런 위험한 일을 하느냐고 걱정하는 사람부터 재미있겠다, 잘해 보자는 사람까지 참 다양했다. 걱정하며 주저하는 그들을 설득하면서 우리도 차츰 확신하게 되었고 점점 자신이 붙었다.

소수 정예로 새살림 시작

지역 생협으로 독립하려면 이사회뿐 아니라 종일 일해 줄 실무자들과 실무 책임자가 있어야 한다. 한살림서울에 부탁도 해 보고 '적극적으로 도와주마 해 놓고 실무자 한 사람 못 구해 주느냐!' 하고 원망도 해 봤지만, 사람을 찾는 게 참 어려웠다. 끝내 우리 활동가 중의 한 명이 조직 담당 실무자, 다른 한 명이 회계 담당 실무자를 맡고, 서울에서 공급 실무자 셋이 왔다. 이렇게 실무자 다섯 명에 주문 상담 활동가 한 명이 합류하여 살림을 시작했다.

한살림서울에 공고를 내면서 공급 실무자는 두 명이면 족하다고 했는데 굳이 세 명이 함께 오겠다고 했다. "두 명 월급 줄 여력밖에 안 됩니다." 했더니, 그럼 두 명분을 세 명이 나누어 받고라도 오겠단다. 새로 시작하는 작은 조직에서 지역 활동의 꿈을 이루고 싶다는 무모한 세 젊은이가 얼마나 고마웠는지 모른다.

나중에 생각해 보니, 크고 안정된 곳에 있다가 이제 출발하는 불안한 조직에 선뜻 오려면 많은 용기가 필요했겠다. 더군다나 가정을 이룬 사람은 여러 가지 걸리는 것이 많아 혼자만의 마음으로 실무 책임자로 자리를 옮기기 어려웠을 것이다. 우리에게 온 공급 실무자 세 명이 총각이었던 이유도 크지 않았나 싶다.

그렇게 소수 정예 인원이 아파트 한 채에 사무실과 활동실을 마련하고 새살림을 시작했다. 매장 한쪽에서 복작거리며 활동하다 비록 아파트이기는 하지만 독립된 사무실로 옮기려고 참 많은 노력을 했다. 구구절절 사연을 적어 출자금을 더 내자고 조합원들에게 편지를 띄우고, 매장 앞에서 떡, 부침개, 햄버거 패티 등을 만들어 나누고, 심지어 꽃 도매 시장에서 화분을 떼어다 팔기도 했다. 역시 한살림은 음식이라며 물품위원회에서 기꺼이 마련해 준 일이 참 많은 도움이 되었는데, 자금 마련보다 우리가 하는 일을 알리는 데 더 중심을 두었다.

2003년 1월 17일, 한살림고양생협 창립총회를 열어 정식으로 지역 생협을 시작했다. 사업 성과에 따라 활동 규모가 달라지니 모두 한마음으로 한살림을 지역에 알리려고 노력했다. 우리 활동가들은 모임을 많이 만들고 이웃을 초청하고 자기 집을 반상회 장소로 제공하면서 호시탐탐 언제 한살림 이야기를 꺼낼까 궁리했다.

공급 실무자들은 공급 실무자들대로 공급하는 지역의 마을 모임에 참석해서 생산지 소식을 전하고 공급 차량에 소식지나 홍보지를 갖고 다니며 사람들을 만났다. 경비원의 눈치를 보며 공급하는 집 이외에도 우편함에 소식지를 넣기도 했다. 몇 주 동안 주문하지 않는 조합원에게 안부를 묻고 불평불만도 들어 주면서 오해를 풀고 다시 주문하게 하였다.

그때만 해도 어려웠던 지역 소식지를 창립 이후 매달 발행했고, 생산지 방문이나, 일손 돕기, 지역의 어린이날, 대보름, 지구의 날 행사 등에 똘똘 뭉쳐 다니니 일이 겹쳐 힘들기도 했으련만 투덜거리는 사람도 없었다. 그래서 지역 단체들은 모두 한살림이 와야 비로소 잔치 같다고 좋아했다.

지부 시절부터 자체적으로 모여 꾸준히 연습을 계속한 풍물패 '한마루'는 어느 자리에서나 흥을 돋우었고 가을걷이 잔치 등 한살림의 중앙 무대에서도 빛을 발했다. 연관 단체와 함께 고양시의 가장 번화한 거리를 '차 없는 날'로 만들어 2년 동안 행사를 했다. 난폭하게 달리던 차 대신 넓은 도로를 가득 메우고 신나게 걷고 뛰던 시민들의 기뻐하던 모습이 잊히지 않는다. 일상적으로는 위원회가 돌아가며 무언가를 만들어 팔면서 물품 홍보에 나서기도 했고 환경에 대한 공부, 숲 보존 운동, 서명 운동을 열심히 했다.

일 년에 두 번 매장 대청소 때는 모두 달려가 함께 땀 흘리며 쓸고 닦느라 해 지는 줄 몰랐고, 명절에는 매장 활동가의 일손을 도우려고 남편들까지 불러 같이 일하기도 했다. 지역에 한살림을 알리느라 구청 대회의실을 빌려 일반인 상대로 공개강좌도 여러 번 열었는데 처음엔 장소를 섭외하기 힘들었지만, 청중도 많고 워낙 뒷정리를 깔끔하게 하니 두 번째부터는 쉬웠다. 언젠가 장소가 좁을 정도로 많이 온 수강생을 보고 담당 공무원이 "어떻게 이리 많은 사람을 동원했어요?"라고 묻기도 했다. 동원된 것이 아니라 모두 강의를 듣고 싶어 스스로 온 조합원들이라고 해도 잘 믿지 못하는 눈치였다.

경영도 활동도 날개를 달다

생협 경영에 대한 불안 때문에 조합원 이사들 스스로 공부 모임을 꾸리고 전문가를 모셔다 강의도 들으면서 차츰 안정기에 접어들 무렵, 드디어 경영 실무를 책임질 실무자를 만났다.

그때 실무 책임자 없이 꾸려 나가는 모습이 안쓰럽기도 하고 미안하기도 했는지 박재일 회장이 사단법인 한살림 이사회가 끝난 뒤 "안양바른생협 상무로 일하던 김재겸 씨가 지금 집에 있으니 연락해 보세요." 하고 넌지시 알려 주었다. 김재겸 씨라면 한때 우리 집에 공급하러도 왔었고 오랫동안 한살림에서 일한 경험이 풍부한 사람이라 '이게 웬일이냐!' 싶어 당장 전화를 하여 사정을 이야기했다. 그랬더니 "작은 조직에서 신나게 활동하고 싶었습니다. 가겠습니다." 하고 마치 기다렸다는 듯이 수락하는 것이 아닌가. '역시 나는 인복이 많구나.' 하고 좋아하며 실무자들에게 말하니 다들 환호성을 질렀다.

경영을 믿고 맡기고 원래 우리가 잘하는 조합원 활동에 전념할 수 있어 너무 기뻤다. 실무자들도 경험 풍부한 선배가 오니 심리적으로 안정되었고 함께 의논하는 조직 문화가 자리 잡아 좋아했다. 그야말로 좌충우돌, 한마음으로 열심히 하기는 했고 별 탈 없이 지내왔지만 역시 실무 책임자가 오니 "와 이리 좋노!" 하는 말이 절로 나왔다.

경영은 물론 활동도 더욱 힘을 받아 고양시뿐 아니라 가까운 파주에 생산지도 가꾸고 정착을 위해 직접 가서 만나고 함께 행사도 치르면서 서로에 대한 이해를 키웠다. 지역의 자체적인 생산지가 있다는 것이 책임감만큼 보람도 있어 흐뭇했다.

한살림연합 물류를 통해 받던 세련된 전국 물품과 달리 이제 막 유기농을 시작한 지역 물품에 대해 조합원들의 불만이 많아 이사회에서 고민하며 의논했던 기억도 새롭다. 한살림연합의 당근을 달라는 조합원을 설득하느라 주문 상담 활동가도 애쓰는데, 어떤 때는 내가 봐도 이건 먹기 힘들다 싶어 마음의 갈등도 느끼고. 그러나 그때마다 우리를 붙잡아 준 것은 한살림의 "생산자는 소비자의 생명을, 소비자는 생산자의 생활을 책임진다."라는 다짐이었다.

작으면 작은 대로 더 좋아요

어느 정도 자리가 잡힌 2005년에 한살림고양생협만의 나눔 잔치를 열었다. 기획부터 실행까지 몇 달을 의논하고 준비하면서 힘은 들었지만 재미있었다. 무슨 일이든 함께하느라 우르르 몰려다니면서 소녀 때 저랬을까 싶게 까르르 잘도 웃으면서 힘든 일을 해냈다. 생산자들의 도움으로 가격을 인하해서 물품을 팔고, 직접 물건을 가지고 와 홍보도 하고, 멀리 경북 상주에서부터 최병수, 조성용 생산자가 떡메를 싣고 와 '떡메치기'를 주민과 함께했다. 매장에서 가까운 초등학교 운동장에서 열린 이 잔치에 온종일 어린이부터 어르신까지 주민들의 발길이 이어졌다.

근처에 아파트 단지가 있어도 풍물 소리가 시끄럽다 구박하는 주민이 없었다. 오히려 무슨 일인가 싶어 구경 나온 사람들 덕분에 제대로 치른 행사였다. 천연 염색, 전래 놀이, 지렁이 화분 만들기, 어린이 요리 교실 등에는 손님이 넘쳤고, 파전, 김밥, 국밥 등 준비한 음식이 금세 동났다. 잔치 수익금이 목표했던 500만 원을 거뜬히 넘었는데 그 돈은 어려운 이웃을 돕는 데 소중하게 쓰였다.

그러나 어찌나 힘들던지 다음에 또 할 엄두를 못 냈다. 그래도 그 일은 우리 모두의 자랑이 되었다. 초기부터 시작한 생산자, 조합원, 실무자가 함께하는 송년 모임도 작은 조직이라서 더 정감 있고 모두 하나임을 느끼는 시간이었다. 평소에 물품으로만 만나던 생산자와 소비자가 한자리에 모여

서로 덕담하고 고충을 나누고 저마다 장기 자랑을 하며 내내 웃음소리가 끊이지 않았다.

작은 조직으로서 우리가 해낸 큰일이 또 하나 있다. 바로 조합원 가입 방식을 '선교육 후가입'으로 바꾸어 낸 것이다.

한살림은 출자금을 내고 가입한 조합원들의 조직이다. 상품을 사고 혜택만 받는 시중 상업 브랜드의 '멤버십'과 다르다. 그래서 조합원 교육이 중요하다고 늘 이야기하고는 했다. 그전까지는 우선 출자금과 가입비를 내고 조합원으로 가입한 다음에 교육을 받는 '선가입 후교육' 방식이었다. 그런데 가입 후 교육에 대한 참여도가 낮았다. 돈을 냈으니까 이용에 대한 자격증을 딴 셈이라고 여기고 오로지 물품에만 신경 쓰는 조합원이 많았기 때문이다. 조합원인 내가 생협의 주인이라고 생각하며 활동에 참여하여 스스로 문제를 바꾸어 가기보다 마치 제삼자인 양 밖에서 비판하고 다른 사람이 해 주기를 기대하며 팔짱 끼고 바라보는 조합원이 늘어났다.

'우리 한살림고양생협은 작은 조직이니까 새로 가입하는 조합원이 줄어 손해가 난다고 해도 그 정도는 참을 수 있을 거야.'

가입하기 전에 더 자세하게 교육을 해 보자고 했다. 시간 내기 어렵다고 돌아가는 사람도 있지만, 다행히 대부분은 진지하게 설명을 듣고 질문도 했다. 어떤 사람은 두세 시간 동안 아이를 품에 안고 듣기도 했다. 덕분에 주변의 시민 단체로부터 자기네는 맨발로 뛰어가서 모셔 들일 회원을 먼저 30분 이상 교육을 받게 한다며 '오만, 불손, 방자한 조직'이라는 말을 농담처럼 들었다.

선교육 덕분인지 한살림고양생협의 조합원들은 무슨 일이든 열심히 했다. 고양시민의 요구에 동참해 러브호텔 건립 반대나 고봉산과 개명산 지키기, 호수공원 노래하는 분수대의 예산 삭감에 이어 시민 참여 예산 수립을 이끌어 낸 것 등 주민의 호응을 받으며 부지런히 성장해 왔다. 릴레이 단식, 1인 시위, 수없는 서명 운동과 거리 캠페인을 통해 전쟁 대신 평화를, 난개발 대신 생태계 보전을, 수입 농산물 대신 우리 농업과 농토를 보존해 후손에게 떳떳한 어른이 되자고 호소해 왔다. 때로는 다른 단체와 같이, 때로는 우리끼리만 전철역, 광장, 공원, 아파트 밀집 지역을 가리지 않고 다녔다. 때에 따라서는 주민 설득을 위해 집집마다 방문하기도 했다. 이렇게 해서 학교급식지원조례를 제정했으며, 고양시의 난개발을 막았고, 생태 숲을 보전했으며, 미루고 있던 중학교 건립을 시작하게도 했다.

늘어 가는 판살림

이렇게 한살림 고양지부가 수도권에서 처음으로 지역 생협으로 창립한 이후, 과천지부는 한살림경기남부생협으로, 서울은 한살림서울생협으로, 성남지부는 한살림성남용인생협으로 차례차례 분화했다. 비슷한 시기에 분화하면서 비록 규모에는 차이가 있어도, 조합원들의 자긍심과 열의, 자립과 자치에 대한 열정이 한결 높아졌다. 물론 저마다 성장통을 겪었지만, 세상에 고통 없는 분만이 어디 있으며, 아픔 없는 성장이 어디 있으랴. 그런 시행착오를 통해 옮겨 심은 묘목 같았던 조직들이 지역에 굳건히 뿌리내렸다.

처음에는 지역에 우리 존재를 알리고 싶어 내 발로 물불 가리지 않고 뛰어다녔다. 그러나 지금은 무슨 지역 현안이든 한살림과 함께 상의하고 동참을 요구하는데 우리 힘과 수준에 맞게 수위를 조절하며 일한다. 많은 경우, 지역 생협이나 연관 단체들이 먼저 제안해서 함께 움직이는 것을 보면 스스로 참 많이 컸다 싶고 자부심도 든다. 물론 혼자 큰 것은 아니고 언제나 든든한 55만 세대 조합원이 함께 이루었다.

　지금은 지역 생협도 활동 범위를 지부 단위로 조절하고 있다. 지부란 조합원들이 모임이나 강의, 활동을 쉽게 할 수 있는 작은 지역 단위 범위로 나눈 것이다. 예를 들어, 한살림서울생협은 북부·북동·남서·동부·서부·중서·남부·경인지부 등 8개 지부, 한살림고양파주생협은 일산·덕양·파주지부 등 3개 지부를 두고 있다(2016년 1월 기준). 하고 싶은 활동이 있어도 아이들 때문에 거리가 먼 곳까지 갈 마음을 내기 어려웠던 조합원들이 꾸준히 자립과 자치를 준비하고 조직과 오랜 논의를 거친 후에 지부를 만든다. 예산도 세우고, 요리 교실, 생명학교, 공부 모임 등을 만들어 진행해 보면서 가꾼 실력이 눈에 뜨이게 달라지고, 조합원들도 즐겁게 활동한다. 살아 움직이는 조직이 되는 것이다. 모이기 쉬운 사람들끼리 방학을 이용한 아이들 프로그램이나 일손 돕기, 산지 방문, 품앗이 등을 함께하며 스스로 재미있게 자신들의 영역을 넓히고 있다.

　"재미있게 해 보세요. 잘할 수 있을 겁니다." 하며 등 떠밀고 격려해 준 많은 사람들 덕분에 서울지부에서 최초로 독립한 지역 생협을 해 보면서 어려움보다는 보람과 재미가 더 많았다. 동기 부여를 해 준 모든 이들이 한 식구처럼 서로를 격려하고 응원하면서 조합원과 지역 스스로의 성장은 물론 한살림의 성장을 이루었다. 또 감히 말하건대 고양시와 파주시를 조금이라도 더 살기 좋은 곳으로, 정말 우리 아이들의 따뜻한 고향으로 만드는 데 큰 몫을 했다고 생각한다. 너와 나, 생산자와 소비자, 실무자와 활동가가 서로 경계 없이 모두 힘을 모을 수밖에 없었던 그 시절은 언제 생각해도 가슴 벅차다.

| 한살림 사람들 |

"믿음이 우리 자산"
수도권 첫 지부를 만든 지역 일꾼들

- 윤 선 주 -

조직을 새로 만드는 데는 사람 걱정이 제일 크다. 2003년 고양지부가 한살림서울에서 독립하려고 준비하면서 사무국을 어떻게 꾸릴까 의논했다. 경영에 대한 책임을 질 사람들을 외부에서 불러들이는 게 좋을까? 아니면 실무에는 좀 미숙해도 같이 활동해 온 사람끼리 하는 것이 좋을까?

  한살림서울의 실무자, 활동가들과 이야기를 나누면서 한살림의 큰 자산이 바로 믿음에 의한 관계라는 데 의견이 모였다. 회계를 비롯하여 경영이나 살림은 전문가는 아니지만 함께 활동하던 진명숙 활동가, 조직은 여태껏 잘해 온 박연주 활동가, 주문은 일산에 살면서 서울에서 주문 상담을 하던 마희옥 조합원이 맡기로 했다. 뭐 하나 빠뜨리는 법 없이 꼼꼼한 회계 담당자와 특유의 친화력을 자랑하는 조직 담당자, 그리고 목소리가 고운 상냥한 주문 상담 활동가까지 일은 순풍에 돛 단 듯했다. 여기에 서울에서 세 명의 공급 실무자까지 오니 '좋아, 해 보자!' 하는 마음이 더 강해졌다. 비록 실무를 총괄해서 책임질 사람이 없어도 각자 자기 일을 최선을 다해 하면 될 거 아니냐는 마음도 있었다.

거기에 약간 비현실적인 바람잡이인 나까지 일곱 명. 행운의 숫자라고 우기며 첫발을 디뎠다. 공급부 실무자 세 명 중 나이가 좀 많은 김상채 씨를 비롯해서 박도선 씨, 유명섭 씨, 이 세 명은 어찌나 성실한지 무슨 일이든 먼저 나섰다. 공급하기 전에 꼭 준비 운동을 하여 혹 있을지 모르는 부상을 예방하고 항상 만나서 함께 점심을 먹고 책을 읽거나 토론을 하면서 아주 진지하게 일했다. 그러면서 팀장인 김상채 씨를 형이라 부르며 우애를 자랑했다. 아하, 저래서 두 명의 월급이라도 좋다, 우린 함께 움직인다고 했구나 싶었다.

그들이 공급을 끝내고 돌아오면 그때부터 사무실은 웃음이 끊이지 않는데 나이 많은 '아줌마'들이 반색을 하며 따듯하게 맞아 주었기 때문이다. 밥은 잘 먹었느냐, 옷은 춥거나 덥지 않으냐, 애인은 잘 있느냐 등등 기본적인 안부를 묻는 것에서부터 마치 오랜만에 만난 가족처럼 반겼다. 조용하던 사무실이 왁자지껄 떠들썩해지며 금세 분주하게 차를 끓이거나 먹을 것을 내온다. 새벽부터 힘든 일을 하고 왔다는 것을 잘 알기에 한창 먹을 나이에 얼마나 힘들까 싶은 생각이 절로 났다.

조직 규모는 작아도 할 일은 많아 전부 몇 사람 몫의 일을 했던 우리는 지금도 한살림연합 총회 등 큰 행사가 있을 때 간혹 만나면 반가워서 함께 모이고는 한다. 한솥밥을 먹으며 모든 일을 함께한 사람들이 갖는 유대감은 각별하다. 그래서 그럴 때 우리를 보는 사람들이 하는 말, '고양 마피아', '의리의 고양'이다. 지금도 한살림의 곳곳에서 각자의 몫을 하는 우리에게는 더없는 칭찬이다. 눈에 보이지 않아도 형제애, 동지애가 끊인 적이 없으니까.

2장

뭐 하나
그냥 나온 게
아니에요

·

물품에 담긴 마음

한살림 물품은 생산자와 소비자가 함께 만듭니다. 생산자들의 든든한 동반자가 되어 어려운 유기농사의 결과를 함께 기다려 준 소비자 조합원들. 제철 먹을거리를 더 잘 먹기 위해 궁리하고 아까운 생산물이 버려지지 않도록 가공식품 개발에도 앞장섰습니다.

내일이 아이 소풍인데 당근이 없다니!
제철에만 나는 한살림 채소

- 윤 선 주 -

봄·여름·가을·겨울 제철 음식을 찾아라

지금은 꼭 제철이 아니어도 일 년 내내 모든 채소와 과일이 싱싱하게 가게에 진열되어 있다. 게다가 이름도 낯선 다른 나라의 농작물이 하루가 멀다 하고 들어온다. 음식 문화도 유행이 있어 한때 우리가 즐겨 먹던 여러 가지 채소가 식탁에서 슬그머니 사라졌다.

    조선 시대만 해도 땅에서 나는 웬만한 것은 그냥 먹거나 독성이 있으면 데쳐서 물에 우려먹었다. 거짓말같이 들릴지 모르지만 어떤 연구자들은 그때 우리 조상들이 500여 종의 채소를 철에 따라 바꿔 먹었다고 한다. 그런데 지금은 정월 대보름에 먹는 아홉 가지 묵나물을 생각해 내는 사람도 드물다. 현재 우리가 먹는 채소는 대략 50여 종밖에 안 된다는데 하루에 남아서 버리는 음식물의 양이 어마어마하다. 양은 많이 늘었지만, 내용은 빈약해진 셈이다.

흔히 요새 사람들이 늦도록 철들지 못하는 원인이 철이 없는 음식을 먹어서라고 재미있게 말하기도 한다. 제철이 언제인지도 모르게 사시사철 구할 수 없는 먹을거리가 없으니 시험 문제에 제철 음식에 대한 부분은 아예 빼야 한다는 주장도 있다. 아무리 세태가 그렇다 해도 엄연히 우리 땅에는 사철이 뚜렷하고, 절기에 따라 맛과 영양이 극대화되는 것이 제철에 나는 먹을거리임에는 틀림이 없다.

한살림식 갈무리의 발견

한살림을 하면서 제철에만 딱 한시적으로 나오고 마는 채소를 어떻게 하면 필요할 때 쓸 수 있을지 궁리를 많이 했다. 우리 아이들이 중학교 다닐 무렵의 이야기다. 지금처럼 저장 시설이 잘되어 있지 않고 생산지가 많지 않은 채소는 정말 주는 대로 먹어야 하는 품목이었다. 애호박은 나왔다 하면 금세 공급이 끊기거나 꼭 필요한 명절에는 더욱 없었다. 한살림 말고 다른 데서 사자니 께름칙하고 그렇다고 애호박 없이 전이고 만두를 빚자니 성에 안 차서 얼마나 갈등을 많이 겪었는지. 그래서 어떤 때는 없이도 지내보고 어떤 때는 일반 마트에 가서 사다 했는데, 대신할 만한 다른 채소도 없어 항상 불편했다. 나중에는 머리를 써서 미리 애호박을 말려 두었다가 물에 불려 만두를 빚었다.

시금치는 아주 어린 것에서부터 억센 것까지 모두 공급했다. 그때마다 나물로 무치거나 국으로 끓여 먹는데, 하필 아이들 소풍 철에는 한 다발에 세 포기 들면 꽉 찰 만큼 억센 것이 온다. 전 품목 전량 먹겠다는 애초의 약속이 있어 자연스러운 일이었다. 그러나 시중에 지천으로 깔린 보드라운 시금치를 보면 사람인지라 욕심이 생기는 것은 당연하다. 최상의 상태에 있는 것만을 공급하려면 산지에서 겪어야 하는 손해도 손해지만 앞뒤 자른 나머지는 또 어찌할 것인가? 자라는 것을 막을 수는 없고, 오래 저장할 수도 없는 농작물이어서 어찌 되었든 소비자가 이해하고 먹을 수밖에 없다. 이걸 어떻게 먹느냐고 따지는 조합원들에게 이파리 하나로 김밥 한 줄을 쌀 수 있어 아주 편하다며 설득하기도 했다. 그러면 또, 정말 쉽겠다고 감탄하며 가져가는 조합원들도 있었다.

겨울에만 나오던 당근은 거의 모든 조합원에게 꼭 필요한 때가 있다. 바로 학교의 소풍 철인데 김밥에 넣는, 볶은 당근의 그 예쁜 색과 고소한 맛은 다른 어떤 채소로도 흉내 낼 수가 없다. 시금치는 다른 잎채소로, 아이가 냄새에 그리 예민하지만 않다면, 쑥갓을 쓰기도 하고 오이를 절여 대신하기도 하는데 당근은 답이 없었다. 조합원들 몇몇이 고민하다가 다른 나물처럼 말려 볼까 하는 생각을 냈다. 그때 아파트는 바닥 난방이 아니라 라디에이터로 덥히는 것이 보통이었는데 시험 삼아 당근을 채 썰어 하룻밤 거실의 라디에이터 위에 늘어놓았다. 뜻밖에 잘 말라서 물에 불려 볶아 보니 거의 똑같은 맛이 났다. 그렇게 말린 당근은 잡채에 넣어도 제맛을 내어 다음에 당근이 다시 공급될 때까지 두고 명절에 아주 요긴하게 썼다. 우리는 신이 나서 만나는 사람마다 알려 주고 소식지를 통해서도 알렸다. 원하는 크기로 채 썰어 하루나 이틀 잘 말렸다가 밀봉해 두고 필요할 때마다 꺼내 쓰면 된다고. 잘 말라서 과자처럼 먹어도 맛있다. 당근이 워낙 단 채소인 데다 말리면서 당도가 더 높아지기 때문이다. 그렇게 해서 제철에 나는 채소를 꼭 필요할 때 먹는 방법을 찾아냈다. 거의 일 년 내내 당근이 공급되는 요즘으로서는 상상이 가지 않는 일이다.

어느 겨울에 제주도에 일손 돕기를 가서 생산자들을 만났는데 감귤을 껍질째 먹는 게 아닌가. 나도 웬만한 채소나 과일은 껍질째, 뿌리까지 온전히 먹는 편인데도 감귤 껍질을 생으로 먹을 생각은 못 해 봤다. 몇 번 망설이다가 "아, 안 죽어요!" 하는 호통에 겨우 귤 4분의 1쪽을 껍질과 함께 먹었다. 웬걸, 짙은 향기와 함께 약간 쌉쌀한 맛이 났지만 다른 한편으로는 귤의 깊은 맛이 느껴졌다. 그래도 온전히 하나를 껍질과 함께 다 먹자니 지금 이 귤을 맛으로 먹는 게 맞나 싶기도 했다. 그런데 그때부터 귤껍질을 버리자니 무슨 못할 짓을 하는 기분이 들었다. 그래서 귤껍질을 말려 차로 끓여 마시기 시작했다. 너무 많이 모여 미처 다 먹지 못하면 빨래 삶을 때 같이 넣어 주면 정말 뽀얗게 삶아지고 은은하게 귤 냄새도 나서 기분이 좋다. 그도 아니라면 부엌의 잡냄새를 없애는 데 아주 좋다.

또 다른 겨울, 제주도에서 대파 포장하는 일을 도왔는데 한살림으로 나가는 것과 함께 다른 생협으로 나가는 것을 중량에 맞게 포장하는 일이었다. 우리한테 공급되는 것은 뿌리에 묻은 흙을 털고 마른 겉잎만 좀 떼어 내는데 다른 곳으로 나가는 파는 뿌리를 자르고 지저분한 겉잎은 모두 떼어 내 뽀얗고 깨끗했다. 물론 인건비가 더 들고 중량이 빠지는 만큼 가격이 비쌌다. 한살림에 오는 대파는 조합원들이 마당이나 화분에 심어 두고 먹거나 뿌리를 기침감기에 약으로 잘 말려 쓸 수 있게 실한 뿌리가 달린 채로 공급한다. 시원한 국물을 낼 때 뿌리와 함께 떼어 낸 겉잎을 쓰는 조합원도 많다. 이 대파나 쪽파도 공급될 때에 잘게 썰어 냉동실에 두었다가 양념으로 쓰면 은은한 파 냄새와 함께 색도 예뻐서 고명으로 얹기 좋다.

초겨울 한살림이 들썩들썩
생산자·실무자·조합원이 함께하는 김장 공급

- 윤 선 주 -

우리 재료로 주고 싶고 먹고 싶고

아마 우리 밥상에 제일 자주 오르는 채소는 배추가 아닐까? 친근한 만큼 쓰임새가 다양해서 속이 덜 찬 배추는 가을에 겉절이로 먹고, 솎아 낸 어린 배추는 무치거나 얼갈이김치를 담근다. 억센 겉잎은 우거지로, 속잎은 생으로도 먹지만, 어른들은 부드럽게 데쳐서 무쳐 먹기도 한다. 이파리를 전으로 부치면 맛이 시원하면서도 담백하고, 해파리냉채를 만들 때 줄기를 채 썰어 함께 무치면 아삭하고 맛있다. 각종 전골이나 찌개에 들어가면 시원한 맛을 내고 뿌리는 매우면서도 고소해 간식으로, 반찬으로 맛있게 먹는다. 무엇 하나 버릴 게 없는 기특한 채소이다.

한살림의 김장 공급은 1992년에 시작했다. 배추와 무, 대파, 청갓, 적갓 등 김장 채소를 정해진 기간에 미리 주문을 받았다가 김장철에 공급한다. 한 집안의 김장도 일 년 내내 계획을 세우고 세심하게 준비해도 막상 김장철이 되면 뜻대로 되지 않고는 한다. 그런데 김장 공급을 하자고 나선 이유는 김장이 그만큼 중요하고 겨우내 먹을 기본 반찬이니 우리 재료로 주고 싶고 받고 싶은 마음이 모인 까닭이었다. 며칠 전부터 공급망을 짜고 확인 전화를 하고 일일이 안내를 하느라 그야말로 실무자들이 공급하기도 전에 녹초가 된다. 공급하는 날에는 양재천 변에 새벽같이 올라온 산지의 배추가 부려지면 공급 트럭에 싣고 수량 확인하느라 마치 전쟁을 치르는 것 같았다. 이날은 공급 실무자뿐 아니라 전산·총무·회계·홍보 등 모든 실무자가 지원을 나와 공급 트럭의 조수석에 앉아 수량을 확인하거나 내리고 옮기는 작업을 돕는다.

때로는 생산자들도 와서 거드는데 조합원들은 또 고생하는데 보고만 있을 수 없다며 아침도 대충 먹었을 그들에게 주려고 따뜻한 차나 어묵국, 떡 등을 챙겨 양재천으로 나갔다. 아예 공급에 동행해서 조수 노릇도 했고. 그러다 물량이 늘어나면서 조합원 자녀들을 시간제로 고용하거나 알음알음으로 보조 역할을 할 사람을 구한다. 김장 공급이 끝나면 집으로 돌아가지 못하고 근처에서 합숙하며 다음 날 공급을 준비했다. 미처 날이 밝기도 전부터 시작해 허리 한 번 못 펴고 일을 해도 돌아오는 것은 물품에 대한 타박이 더 많았다. 좋은 일은 적극적으로 말하지 않지만 불편하거나 불만스러운 일은 꼭 해결하고 싶은 마음이 많기 때문이리라.

올해도 우여곡절 끝에 김장 공급이 마무리되었다. 그런데 갈수록 주문량이 줄어들어 생산지의 걱정도 늘어 간다. 김장을 안 하면 덩달아 마늘, 고춧가루 등 부재료도 주문이 줄어드니 농가로서는 묘수를 내지 않으면 농사짓기가 더욱 어려워진다.

김치 자체를 안 먹는 게 아니라면 우리 농산물의 자리를 점점 값싸고 안전성이 보장되지 않는 수입 농산물이 차지하고 있다. 이렇게 계속 자리를 내주다가 우리 농업의 미래가 어찌 될 것인지 김치를 버무리는 내내 마음이 편치 않았다. 세계에서 유례가 없는 독특한 음식 문화일 뿐 아니라 아름다운 공동체 정신이 고스란히 남아 있어 유네스코 세계 문화유산으로 지정된 우리의 김장 문화를 이어 가려는 노력, 우리가 할 일이다. 나중에 아이들이 전설처럼 김장에 대해서 백과사전을 찾아보는 일이 없도록, 내년에도 쉽지 않겠지만 한살림의 김장 공급은 계속될 것이다.

쩍쩍 갈라지는 수박이 애처로워
가공식품 1호 서과당

- 서 형 숙 -

책을 뒤져 가며 발견한 수박 가공법

1990년대 초, 날마다 우리는 더 많은 종류의 물품이 필요하다고 타령을 했다. 그 당시 충북 충주 노은면 신효리에서 서원석 생산자가 중심이 되었던 공동체가 공급한 수박은 일 년에 한두 번 받으면 끝이 났다. 사정을 알아보니 생산량은 많은데 날씨가 조금만 궂으면 물을 먹어 금방 터진다는 거다. 또 잘 익은 것은 이동 과정에서 살짝 닿기만 해도 쩍쩍 갈라지니 소비자에게 오는 양은 극히 일부분일 수밖에 없었다. 생산자도 소비자도 목이 타는 안타까운 시간을 보내고 있었다.

수박을 기르는 것을 보면 아까워서 덥석 한자리에 앉아 먹어 치울 수 없다. 조금씩 음미하며 나누어 먹게 된다. 수분할 때는 특히 밤잠 못 자고 어린 자식 돌보듯 안고 키운 그것들이다. 우리는 한 줄기에 하나만 남기고 솎아 낸 터라 수박밭을 뒹굴고 있는 어른 주먹만 한 수박들도 아까워 마음이 아팠다.

생산지 걱정에 답답하여 뒤적이던 책, 홍문화 박사의 《무엇을 어떻게 먹어야 하나》에서 '서과당'이란 걸 찾았다. 수박 살을 조청처럼 곤 것인데 급성 신장병에 특효일 뿐 아니라 약을 쓸 수 없는 임산부나 환자에게는 그만이라고 되어 있었다. 수박을 먹을 수 없는 겨울에도 긴요하게 쓰인다. 3년 정도는 보관할 수 있고 만드는 법도 정말 간단하다. 수박 속살을 긁어내어 센 불에서 끓으면 뭉근한 불에 익힌다. 살이 어느 정도 녹으면 체에 밭쳐 씨앗과 살 찌꺼기를 빼고 다시 졸인다. 조청 농도가 되면 불을 끄고 병에 담아 보관한다. 필요량을 찬물이나 뜨거운 물에 타서 하루에 한두 번 마시면 된다. 잼으로 먹어도 맛있다.

홍문화 박사에게 전화했더니 그걸 어떻게 찾았느냐며 대견해했다. 그리고 효험에 대해 확신한다고 말했다. 더 꼼꼼히 물어보아 책에서 서과당 면을 복사하고 내가 쉬운 설명과 그림을 그려 우편으로 서원석 생산자에게 보냈다. 먼저 전화로 만들 수 있겠느냐고 양해를 구한 다음이다. 바쁜 생산지에 일을 또 보태나 염려가 되어 미리 여쭌 거였다.

생산자들은 금방 뚝딱 파손되는 수박을 쓸모 있는 것으로 만들어 냈다. 가마솥에 장작불로 곤 진짜 약이 탄생하였다. 홍문화 박사 책에서 소개한 것보다 더 양질의 물품이 나왔다. 유기농에, 가마솥에, 장작불이니 이보다 더 좋은 조건의 물품일 수가 없다. 생산자의 고운 마음과 정성이 보태졌으니 더 말할 나위도 없다. 알음알음 아는 이들이 생겨났고 애용자도 있었다. 효과가 아주 좋다고 한살림으로 감사 전화가 오기도 했다. 윤선주 씨도 장기 애용자 중 하나였다.

부지런한 서원석 생산자는 물 좋고 터 좋은 그곳에 콩나물 공장을 차렸다. 콩나물은 인천 소래 공장에서 오던 것을 '산지에서 가공하자.'라는 원칙에 따라 충주로 옮겼다. 1995년 봄 모내기와 공장 준공을 준비하던 바쁜 어느 날, 서원석 씨는 밤늦게까지 일하고 돌아오는 길에 자동차 사고로 돌아가셨다. 모내기하던 장화를 신은 채 저녁도 거른, 늦은 밤이었다. 무엇이 그분을 그토록 일하게 했을까. 언제나 웃는 낯에 긍정적이던 서원석 씨의 좋은 음성을 다시는 들을 수 없게 되었다. 그길로 부인 곽길연 생산자가 콩나물을 맡아 길렀다.

자리를 잡고 콩나물이 제대로 나오기 시작했다. 그러던 어느 때부터인지 이번에는 자꾸 결품이 되었다. 전화해 알아보니 자금이 부족하여 나물콩을 한 번에 수매하지 못하고 때마다 사니까 내용이 좋지 않아 싹을 잘 내지 못했던 거다. 그때그때 다른 콩이라. 담당 실무자였던 조완형 과장에게 의뢰하여 농소정 기금(농민-소비자-정부 협력사업 기금)으로 추수 때 콩 수매를 했다. 그렇게 안정을 찾아갈 무렵 곽길연 씨 역시 밤중에 교통사고로 남편을 따라갔다.

떠나기 달포 전 가을걷이 한마당에서 만나 손을 잡으며 그해 가을 콩 수매를 걱정하던 분이었다. 갈 때까지 한살림을 걱정하고 있었다. 문상을 가서, 그래도 씩씩하게 자란 아이들을 보며 부모님이 한살림을 위해 이룬 업적을 우리는 오래도록 기억하겠다고 전했다. 한살림에서 조합원 활동을 하며 이런 일들이 제일 어려웠다. 문상을 다니는 것.

아직도 나는 전화번호부를 옮겨 적을 때마다 쓰는 이름이 있다. 서예원. 당당하게 잘 살아가고 있을 따님 이름이다. 필요할 때는 언제나 날 찾아오라고 당부했었다. 열심히 정말 최선을 다해 살았던 분들이기에 자녀들도 잘 살 거다.

나중에는 충주의 다른 생산자들이 뒤를 이어 서과당을 만들다가 후에는 영동 옥잠화공동체에서 만들었다. 좋은 것이 넘치는 지금 소비자가 제안해서 개발된 1호 가공식품이 이제 이름만 남았다.

오랜 시간이 흐른 2014년 10월 이탈리아 토리노에서 열린 슬로푸드 국제 대회에서 미국 제품으로 워터멜론 잼을 만나게 되었다. 그것을 보고 어찌나 반갑던지……. 고향 친구 만난 듯, 신효리의 서원석, 곽길연 부부를 만난 듯 좋았다. 맛도 좋았다. 감히 우리 서과당에는 비길 수 없지만.

한살림에서 관행 농사도 해요?
우리 안의 관행 농산물, 잡곡

- 윤선주 -

땅이 건강해야 밥상이 건강해

가끔 한살림에서 오래 활동하거나 물품을 이용하는 사람들이 마치 생전 처음 듣는 듯 "정말요?" 하는 소리를 할 때가 있다. 잡곡이 유기농이나 무농약으로 재배한 것이 아니라 '국산'이라고만 적힌 것을 보는 경우이다. 대개 조합원으로 가입할 때 물품 이야기를 하면서 알리는데도 바빠서 미처 설명을 듣지 않았거나 흘려들어서 그런 것 같다. 하기는 하나하나 꼼꼼히 엄마들의 의견을 받고 조건을 만족시켜야만 물품으로 나오는 한살림에서 관행 농법으로 농사지은 것은 비록 일부분이지만 잡곡 외에는 없으니 으레 한살림은 유기농, 친환경 농산물만 있다고 생각하는 것도 이해가 간다.

한살림은 생명이 살아 있는, 좋은 먹을거리를 먹고 건강하게 사는 것만이 목적이 아니다. 우리가 선택하는 먹을거리로 우리 농업을 살리고 논과 밭에 제초제와 농약통이 사라져 모든 생명체가 함께 사는 세상을 만드는 것이 꿈이다. 그러다 보면 자연히 나와 내 가족의 건강이 따라올 것이다. 물론 가족의 건강이 염려스러워 한살림에 가입하는 조합원이 많다. 그러나 그런 이유로 가입해도 안전하고 정직한 한살림 물품으로 밥상을 차리는 일이 곧 우리 농부와 농토를 지키는 일이 된다.

지금 식량 자급 기반인 농촌이 위태롭다. 계속 농지는 줄고 농부는 나이 들어 농사를 포기하는데 그 빈자리를 메워 줄 젊은이들이 모자란다. 한살림에서는 열심히 평생을 바쳐 고집스럽게 생명의 땅으로 가꾼 곳이 이어받아 농사지을 사람이 없어서 버려지거나 관행농(농약이나 제초제, 화학 비료 등을 쓰는 보통 농사)으로 돌아서는 일을 막기 위해 애쓰고 있다. 농약의 독성이 어찌나 강하고 오래가는지 10년 동안 유기농사 지은 땅에서도 때때로 그 전에 썼던 농약 성분이 나올 정도이다. 어쩌면 내 아이의 밥상을 건강하게 차리는 가장 든든한 방법은 건강한 농지를 지키는 게 아닐까?

할머니 농부와 함께 줄어드는 잡곡

그런데 농지를 지키는 일 외에 또 하나의 문제가 있다. 잔손이 많이 가고 소득은 별로 없는 '잡곡(이렇게 부를 때마다 미안하다. 그러나 종류가 많아 일일이 열거할 수 없으니 계속 이렇게 뭉뚱그려 쓸 수밖에.)'을 점점 키우려 하지 않는 것이다. 지금의 노인들, 특히 할머니들이 다 돌아가시고 나면 우리 농업에서 잡곡이 사라지는 것 아니냐고 우려하는 사람들이 많다.

벼처럼 기계로 심거나 수확할 수 없는 잡곡의 특성상, 쭈그려 앉아 심고 가꾸고 베어 말려서 털고 하는 모든 작업이 손으로만 이루어지기 때문이다. 게다가 어떻게 키웠는지 알려진 바 없는, 상대적으로 값싼 수입 잡곡이 우리 밥상 위에 오른 지 이미 오래다. 콩이나 옥수수는 말할 것도 없고 몸에 좋다는 이유로 들여온 듣도 보도 못한 잡곡이 수십 종이다. 가격 차이가 크다 보니 소비자는 비싼 국산 잡곡에 선뜻 손이 안 가고, 제값을 못 받으니 농부는 제 먹을 정도만 심는 악순환이 되풀이되면서 머지않아 우리 밥상에서 국산 잡곡이 아예 사라지는 날이 올 것이라는 예측도 나온다. 이런 어려움을 의논하다가 유기농을 목표로 하지만 국내산이라도 귀중하니 살려 내자는 마음이 앞섰다.

처음 한살림이 시작할 때는 농약 친 쌀도 무농약 쌀과 함께 취급했었다. 온 나라에서 일 년 내내 경기미라고 팔리는 쌀을 정직하게 강원도 쌀, 충청도 쌀이라고 원산지를 밝히고 팔았다. 믿음이 있는 사회를 만들고 싶었기 때문이었다. 그러다가 교육 등을 통해 점점 조합원들의 의식이 높아지고 고생을 무릅쓰고 안전한 농산물을 내겠다는 농부와 제값을 치르겠다는 소비자가 늘면서 자연스레 한살림이 유기 농업의 본거지로 인식되었다. 으레 한살림의 모든 물품은 유기 농산물인 줄 알아 저농약이나 무농약도 있다는 것을 지나치기도 한다. 그러다 보니 자세히 모르는 이들은 물품에서 관행 농산물인 잡곡을 보면 자기 눈을 의심한다.

대개 잡곡은 밭 전체에 심기보다는 논두렁이나 밭두둑, 가장자리나 자투리땅도 하늘이 무서워 놀리지 못하여 울타리 삼아 심는다. 그러니 호미로 구멍을 내어 일일이 심는데 요즘은 허리를 굽히지 않고 쉽게 심는 보조 도구를 이용하기도 한다. 힘들여 심어 놓으면 새나 벌레가 먹어 버려 심할 때는 서너 번씩 다시 심거나 아예 포기하기도 한다.

새들은 주로 콩 종류를 노리는데 맛이 좋아 한 놈이 와서 맛보면 다음에는 떼를 이루어 콩알을 캐 먹는다. 한 번에 세 알을 심어도 소용이 없다고, 당신 먹을 땅콩을 서너 번 심다가 끝내 포기한 분도 많다. 어쩌면 저럴까 하고 얄밉다가도 콕 집어 잘도 찾아 먹는 데다가 꼭 무리를 끌고 다시 오는 놈들이 신통하더란다. 어렵게 싹이 나도 여린 잎을 좋아하는 놈들이 오고, 열매는 또 열매 좋아하는 녀석들이 따로 있다. 개체 수가 많아진 고라니, 멧돼지가 밭을 온통 엉망으로 만들기 일쑤이다. 멧돼지는 요즘 많이 늘어 인가에도 내려오고는 하는데 정히 먹을 것이 없으면 땅을 파헤쳐 굼벵이나 땅강아지나 지렁이를 잡아먹는다.

잡곡의 처지에서 보면 겨우 살아남아 천신만고 끝에 열매를 맺어 익어 가면 이번엔 농부가 바쁘다. 녹두, 팥, 콩 등은 열매가 다 익으면 햇볕에 마른 꼬투리가 열리면서 사방으로 튀기 때문에 햇살이 퍼지기 전에 하나하나 익은 것을 조심스럽게 가려 잘라 내야 한다. 잡곡들로서는 멀리 씨앗을 퍼뜨리기 위한 본능이지만 우리 처지에서는 농부의 손이 많이 가야 비로소 우리 차지가 된다. 그렇게 조심스레 거둔 콩, 참깨, 들깨, 녹두, 팥 등은 튀어 흙으로 가지 못하게 깨끗한 멍석을 깔고 말려야 한다. 조, 수수, 귀리, 기장, 보리 등도 잘 말려 껍질을 벗겨야 비로소 우리에게 온다.

이렇게 잡곡을 생산하는 일이 힘들다 보니 해마다 생산 농가가 줄어들고 그 자리를 수입품이 채우고 있다.

고마운 명태 논쟁

더는 우리 바다에서 명태가 잡히지 않게 되었을 때. 수입 농수산물을 취급하지 않는다는 한살림의 원칙과 제사상에도 오르는 북어의 중요성 사이에서 우리는 엄청나게 고민했다. 2003년부터 2년 가까이 명태 공급을 중단하고 토론회를 열며 전 조합원에게 의견을 물었다.

오랜 세월 조상들이 우리에게 맞는 농산물과 조리법을 찾아 전해 준 음식 문화의 전통이 중요하다는 생각을 모으기까지 일 년이 넘는 시간이 흘렀다. 그동안 바닷물에 무슨 경계가 있는 것도 아닌데 국경이라는 개념을 그대로 적용할 수 있느냐는 물음도 제기되었다. 그러는 동안 한살림에서 명태 관련 모든 물품의 공급이 중단되었다. 명태가 원료인 황태, 황태채는 물론, 동태와 어린이용 반찬으로 인기가 많던 어묵에 이르기까지. 손해도 만만치 않았다. 그 기간을 못 견디고 탈퇴하거나 다른 생협과 함께 이용하는 조합원이 늘어도 속수무책이었다.

그러나 대다수 조합원은 그 기다림의 과정을 통해 한살림에 대한 믿음을 더욱 키웠고, 한살림의 차별성이 드러난다고 환영했다. 예외적으로 황태만은 수입을 허용하기로 결정을 내리기까지 긴 시간 동안 서로의 생각을 내놓고 토론하고 또 묵묵히 기다린 조합원들의 믿음이 지금껏 우리의 귀중한 자산이다.

예나 지금이나 사람들은 오곡밥을 해 먹고, 팥죽과 팥빙수, 팥 시루떡을 해 먹는데 이 팥은 어디서 올까? 건강에 좋다고 선풍적인 인기를 끌고 있는 청국장, 두부, 두유, 콩나물, 여름이면 냉면과 함께 어김없이 등장하는 콩국수를 만드는 콩은 우리 콩으로 다 감당이 될까? 인구는 늘고 재배 면적은 줄었으니 당연하게 드는 의문이다. 아이들이 즐겨 먹는 옥수수는, 전분의 형태로 거의 모든 가공식품에 들어가는 것 말고도 샐러드나 팝콘으로 많이 쓰인다. 그러나 먹는 사람은 대부분 농작물의 국적에는 관심이 없다. 사실, 가공 원료로 들어가면 꼼꼼하게 성분 표시를 읽어도 알 수 없기는 마찬가지이다. 단지 맛이 있는지, 위생적인지만 따질 뿐이다.

그럴더라도 유통되는 콩과 옥수수 거의 다 유전자 조작 식품(GMO)이라는 데에 생각이 미치면 평온한 식사를 즐기기 어렵다. 해충이나 제초제에 내성을 갖도록 식물의 유전자를 조작한 작물은 아직도 그 유해성이 채 밝혀지지 않았다. 보통 3세대, 100년에 걸쳐 안전성 검증을 한 작물이 아니라는 것이다. 만든 측은 위험성이 드러나지 않았으므로 안전하다고 하지만 과연 그럴까? 죽지만 않으면 건강한 거라고 말할 수 있을까? 그런 콩과 옥수수를 식용으로 한 해 동안 228만 톤, 사료를 포함하면 1,000만 톤을 들여온다.

우리가 우리의 식량 주권을 지키지 못하면 이런 일은 모든 농작물로 퍼질 수도 있다. 이미 현재 재배되는 GMO가 18종류 100여 품목에 이르고 돈이 되는 한 계속 개발할 테니까. 그것은 마치 부모가 사랑하는 자식에게 자기는 먹어 보지도 않은 음식을 주는 것처럼 위험한 일이다. 어느 부모가 자기가 먼저 맛을 보지도 않고 안전성이 확인되지 않은 음식을 자기 아이에게 줄까 싶지만, 우리나라 농업을 살리려고 노력하지 않으면 그리 머지않은 어느 날, 우리 밥상은 그런 음식으로 차려질 것이다.

그래서 잡곡은 무농약이 아니어도 유기농이 아니어도 한살림에서 공급한다. 물론 유기농으로, 무농약으로 지은 잡곡이 대부분이라 이들부터 먼저 순서대로 공급한다. 우리 농업이 무너지면서 사라져 가는 농작물들, 그중에서도 언제 사라질지 모르는 잡곡을 우선 살려 내는 일이 더 급하기 때문에 잡곡은 국내산을 모두 취급한다. 우선 살려서 점차 재배 면적을 늘리고 재배 방법도 바꾸어 나가려 한다. 그러다 보면 언젠가는 잡곡의 종류도 다양해지고, 유기농으로 전부 바뀔 것이다. 지금은 국산 잡곡을 먹을 수 있다는 것이 고마워 구별하지 않고 취급하지만, 그날이 오면 당연히 잡곡 모두가 유기 재배 작물이기에 구별하지 않고 사게 될 것이다.

정부 인증? 우리 인증!
아산·당진의 인증 취소 쌀

- 윤 선 주 -

우리는 정부가 아니라 당신을 믿어요!

충남 아산과 당진은 우리 생산지 중에서도 의미가 남다른 곳이다. 우선 아산은 작은 규모로 시작해 한살림 생산자의 거의 25%를 차지하고 2001년 홍천 명동리 마을에 이어 두 번째로 무농약 마을을 선포한 곳이다. 한살림 이전부터 농약과 제초제 없이 농사를 짓던 이호열 생산자와 이웃 분들의 노력으로 일군 곳이다. 그의 열정과 기개에 기꺼이 동의하고 힘을 모은 생산자들이 공동 출자로 두부 공장을 만들어 우리 뜻에 맞게 직접 두부를 생산하고, 또 종합미곡처리장도 만들었다.

당진은 그에 비해 태풍의 중심 같은 곳이다. 어찌나 결속력이 강하고 흔들림이 없는지 그야말로 고요한 중심 같은 생산지이다. 규모는 그리 크지 않지만, 마을 공동체이자 종교 공동체(공동체 구성원 모두 가톨릭 신자이며, 추수 감사제 때 마을에서 자체적으로 기도와 감사를 드린다.)의 색이 짙어 모두가 형제자매처럼 지내는 곳이다. 두 곳 모두 목에 칼을 들이밀어도 "긴 것은 기다, 아닌 것은 아니다."라고 서슴없이 말할 대찬 곳이다. 그러니 2007년 이 두 곳의 쌀이 인증 취소되었다는 소식에 조합원들도 생산자들 못지않게 놀랐다.

사연을 알고 보니 두 곳 다 농업용수로 쓰던 삽교호의 물 때문이었다. 늘 쓰던 물로 농사를 지었는데 아산 지역의 사람들이 갑자기 수질에 대한 문제를 제기하기 시작했다. 조사해 보니 물속의 질소 함량이 높다고 했다. 그런데 사실 질소는 인산, 칼륨과 함께 토양의 3대 영양소로 농사에 없어서는 안 되는 물질이다. 오히려 부족할 경우 수확량이 줄기 때문에 일부러 사다 넣기도 한다. 아산시가 믿음직한 한살림 생산자들에게 편파적으로 지원한다는 불만 때문에 그렇지 않아도 툭하면 세무 조사가 나오고는 했다. 아산시의 처지에서 보면 지원금을 한 푼도 허투루 쓰지 않고 약속한 일은 틀림없이 이루어 내는 곳이니 믿을 수밖에. 그런데도 지원을 못 받은 사람들이 계속 관계 당국에 조사하라고 요구해 수시로 대표가 불려 가거나 가족, 심지어 친인척의 통장까지 조사받았다. 그런데 조사 나왔던 직원들이 "정말 이렇게 털어도 먼지 한 톨 안 나오는 데는 처음 봤다."라며 조합원으로 가입하고 간다고 했다.

당진의 정광영 생산자는 하늘을 우러러 한 점 부끄러움이 없게 사는구나 하는 감동을 우리에게 주는 분인데, 그때는 너무 자존심 상하고 공동체에도 면목이 없어 한살림 농사를 그만두려고도 생각했다. 그런데 사정을 알고 난 조합원들이 "정부 인증이라 한살림 쌀을 먹은 것이 아닌데 무슨 문제가 있나? 거뜬히 해결하겠다."라고 했다. 전산상으로는 구별하기가 어려워 매장에서 소비하기로 하고 소식지, 마을 모임, 전화 등 할 수 있는 모든 방법을 동원해 사연을 알렸다. 약간 값을 내려 받았는데 평소에는 주문 공급을 받던 조합원들도 일부러 매장에 나와 사 가는 등 열띤 호응 끝에 전부 소비되었다. 예약 주문한 사람도 많았고.

그런데 이듬해에도 해석의 차이가 좁혀지지 않아 정부 인증을 받지 못했다. 이번에는 조합원들이 자신감이 붙어 가격 차이를 두지 않고 내기로 했다. 똑같은 정성으로 온 우주와 생산자가 정성을 다해 키운 쌀인데 생산자에게 미안한 일은 하지 말자고, 그분들 자존심 상하는 일은 없어야 한다고 결정했기 때문이었다. 이번에는 힘들여 설명하지 않아도 얼마 지나지 않아 다 팔렸다. 일부러 기다렸다 사거나 예약 주문한 조합원이 많았다. 이 일로 우리 모두는 한살림 하는 보람과 자긍심을 다시 한번 확인했고, 생산자의 손해를 무릅쓰고 시장 출하 등 손쉬운 방법으로 처리한 다른 생협에서는 생산과 소비가 하나인 한살림을 부러워하는 계기가 되었다.

한살림 자주 인증 제도

친환경 농사란 근본적으로 믿음에 관한 이야기이다. 얼마나 기술적으로 완벽하고 우리 몸에 이로운가를 따지는 일은 그다음이 아닐까. 시중에서 영양액으로 물에서 키운 것을 농약을 치지 않았다고 유기농이라 하기도 한다. 어떤 이들은 이런 재배 방법이 점점 흙이 만들어지는 시간보다 없어지는 속도가 매우 빨라서 앞으로 농토가 사라졌을 때의 대안이라고 한다.

그러나 우리는 인위적인 영양제를 주어서 키운 작물에 건강한 생명력이 깃들지 않는다고 생각한다. 온갖 미생물과 수많은 풀벌레가 함께 사는 흙에서 키운 농산물과 영양액으로 키운 수경 작물의 차이는 아마도 건강한 사람과 병실에 누워 링거를 꽂고 연명하는 사람의 차이만큼 커 보인다.

2016년부터 정부에서 '저농약 인증'이 중단되었다. 정부 인증에 의존하여 농사짓는 경우, 한살림뿐 아니라 전국의 저농약 농사를 짓는 사람들이 모두 관행농으로 되돌아가든가 무농약으로 농사를 지어야 한다. 무농약 농사가 쉬운 품목은 그렇게 재배하면 되지만 일부 과일같이 저농약에서 무농약으로 바꾸기가 쉽지 않은 품목은 친환경 농사를 쉽사리 포기할 수도 있다. 그러면 지금까지 온갖 고생을 마다하지 않고 땅을 살려 온 친환경 농사가 설 곳이 점점 좁아지게 된다.

그러한 일을 사전에 준비하여 대처하려고 한살림은 '자주 인증 제도'를 도입했다. 애초에도 한살림은 국가 인증을 받기 전에 '한살림 인증'으로 시작했다. 1990년대 중반 이후 정부에서 국가 인증 제도를 도입할 때 한살림 안에서는 우리가 주는 인증이면 되지 왜 국가 인증을 받느냐며 반발하기도 했다. 생산자와 소비자가 서로 생명과 생활을 책임지는 믿음이 굳건한데 뭐가 더 필요하냐고. 생산자들도 워낙 바쁜 데다가 인증에 필요한 절차가 복잡하고 요구하는 서류가 많아 힘들어했다. 그래서 공동체 대표들이 집집마다 다니며 서류 준비를 돕거나 아예 대신 해 주곤 했다. 국가 인증보다 한살림 인증이 더 낫다는 생각은 물품 이전에 사람에 대한 믿음 때문이다. 생산자에 대한 믿음이 있으면 그이가 만든 물품에 대해서도 믿음을 갖는 게 우리의 마음이었다.

'한살림 자주 인증 제도'와 함께, 생산자는 스스로 관리하고 소비자는 스스로 주축이 되어 꼼꼼하게 살피는 '한살림 자주 관리·점검 제도'를 만들어서 운영해 왔다.

'한살림 자주 점검 제도'는 조합원들이 직접 우리 가족의 입에 들어갈 물품을 누가 어떻게 만드는지 알아보는 것이다. 사전에 점검 나갈 산지와 품목이 정해지고 공고를 통해 관심 있는 조합원으로 점검단을 구성한다. 그렇게 매번 조합원을 새롭게 구성하는 이유는 주인으로서 산지를 가 보고 서로의 마음과 의견을 나누는 조합원을 확대하기 위해서이다. 모임이 구성되면 공부를 하고 산지의 특성과 생산 물품의 어떤 점을 점검해야 하는지 등을 알려 준다. 점검이라고 하니 무슨 감시하러 가는 것처럼 들리지만, 서로 이해의 폭을 넓히기도 하고, 품질 개선에 대해 이야기도 하고, 소비를 잘하는 방안을 함께 나누거나 위생 상태 등을 살펴본다. 조합원이 계속 문제점을 말하는 것은 그 물품을 더 잘 소비하고 싶은 바람이 있기 때문이다. 아예 소속감이나 애정이 없으면 말없이 다른 곳으로 옮기지 이렇게 고치자고 말하지 않는다. 생산자들도 그런 조합원들의 마음을 알기에 긴장하며 준비한다.

소비가 생산을 만들어요

나도 충남 아산 푸른들영농조합의 두유 공장으로 점검을 나가 봤는데, 공장 내부의 위생 상태와 기계 관리, 원재료인 콩의 산지, 수매 방법과 보관 시설, 두유 만드는 과정, 폐수 처리, 직원들의 복지 등에 관해 그야말로 어디로 튈지 모르는 조합원 현장 점검원들의 질문을 받느라 노련한 공장장도 땀을 흘렸다. 물품 점검에 웬 직원 복지냐고 물었더니 직원이 행복한 마음으로 물품을 생산하는 게 마땅한 일 아니냐고, 그래서 복지가 잘되어 있는지가 매우 중요하다고 생각했다는 조합원의 대답이 돌아왔다. 돌아오는 길에 벌써 보고서에 올릴 점검 항목을 확인하고 대표자를 뽑아 취합해서 제출하는 일까지 끝냈다. 몇 번의 회의와 공부를 거치고 현장을 다녀와 점검 보고서를 작성하니 오히려 자부심을 느낀다는 조합원들의 소감이 많았다.

한살림에서는 소비자도 물품을 만드는 일에 함께한다고 말한다. 물품위원회(지금은 농산물위원회와 가공품위원회로 나뉘어 활동한다.)의 제안과 심사를 통해서도 그렇게 하지만, 소비자가 원하는 물품 개발이나 물품에 대한 꼼꼼한 모니터링, 생산되는 모든 품목을 전부 다 소비하겠다는 약속에 근거한 제안도 물품을 만드는 일에 해당한다. "소비가 생산을 만든다."라는 말처럼 똑똑한 소비와 생산은 함께 만드는 것이다. 요즘은 기업들도 소비자에게 공장을 공개하거나 소비자의 의견을 제품 개발에 적극적으로 수용해 소비를 촉진한다. 한살림은 처음부터 해 온 일이니 시대를 앞서갔다고 할 만하다. 단, 소비자가 주인이 되어 횡포를 부리는 것이 아니라 우리가 소중하게 이용할 물품이므로 우리의 생각을 집어넣는 것이다. 이것이 바로 한살림의 생산 과정이다.

이사하면 시루떡 대신 비누 선물
물을 살리려고 비누도 다르게

- 윤 선 주 -

나를 위한 협성 비누 살리기

내가 한살림에 가입하고 얼마 지나지 않아서 환경위원회가 만들어졌다. 첫 환경위원장인 서형숙 씨가 근처에 살고 같이 지역 모임도 하던 사이라 권하는 대로 환경위원으로 활동하게 되었다. 한살림과 '환경과공해연구소'에서 함께 마련한 강의도 같이 들었는데 내 기억으로는 3개월 동안 매주 1번씩, 하루 4시간의 알찬 강의였다. 둘이 같이 다니니까 서로 의지도 되고 버팀목도 되어 빠지지 않고 다녔을 게다. 나는 내심 가기 싫어 꾀가 나다가도 두 어린아이를 데리고 다니는 그이를 보고 마음을 다잡았다. 우리가 살던 서울 반포에서 보라매공원까지 어른 둘, 아이 둘이 차를 함께 타고 매주 다녔다. 덕분에 공부를 마치고 보니 왜 그렇게 해야 할 일이 많은지.

    지금처럼 우리가 계속 쓰고 버리는 삶을 산다면 우리가 사는 동안에 생태계가 무너질 것 같은 조바심이 일었다. 무얼 할 수 있을까 고민하다가 합성세제를 조금이라도 덜 쓰려고 밀가루로 설거지해 보았는데 물이 맑아지지 않고 부영양화로 더 탁해진다는 견해가 우세해서 그만두었다. 그다음에는 비누가 생분해성(물질이 미생물에 의해 분해되는 성질)이 강하니 빨랫비누로 설거지해 봤다. 깨끗하게 씻기고 수질 오염도 덜 시키니 좋았는데 이번에는 비누 냄새가 그릇에서 나는 듯해서 지속하기 어려웠다. 음식을 담아 먹는 그릇이니 냄새에 민감할 수밖에. 세제를 아껴 쓰는 수밖에 없나 하고 고민하는데, 마침 그 무렵 '한국소유지'라는 곳에서 한살림에 '물사랑'이라는 가루비누를 공급하기 시작했다. 덕분에 빨래에 대한 고민이 사라졌다. 그렇지만 빨랫비누나 세숫비누로 머리를 감고 샤워도 세숫비누로 5분 안에 마쳐도 마음 한구석이 찜찜하기는 마찬가지였다.

그러다 1989년에 플라스틱 제조업에 종사하던 5명이 출자금 1,300만 원으로 세운 협성생산공동체를 만났다. 당시에 생활한복을 입으면 사람들 시선이 곱지 않았는데 마음 편하게 드나들 식당이 없어 자체 식당을 운영하기도 했던 사람들이다. 머리 맞대고 의논한 결과 환경에 도움이 되는 사업을 구상했고, 그냥 하수구에 버려지던 폐식용유로 세탁비누를 만들기로 했다. 써 보니 세척력은 좋은데 폐식용유 냄새가 아무리 헹구어도 잘 가시지 않는데다 대부분 가정에서 세탁기를 쓰고 있던 터라 잘 팔리지 않았다. 시중의 세제에는 인공 향이 들어가 세제 냄새가 나지 않는데다 함께 파는 섬유 린스도 향이 강했다. 협성의 세탁비누는 냄새 때문에 판매량이 늘지 않았다. 공장 문을 닫아야 하나 할 정도로 심각해서 한 달 팔 물량은 하루나 이틀만 기계를 돌리면 끝난다고 했다. 한살림 조합원은 느는데 비누 판매량은 제자리걸음이었다. 고집스럽게 늘 쓰는 사람 외에는 확산이 안 되어 한살림은 한살림대로 어떻게 조합원에게 비누의 장점을 알릴지 고민했고 협성은 협성대로 존폐의 갈림길에서 고심했다.

그러다 협성은 비누 사업을 생산 활동이 아닌 환경 활동으로 전환하기에 이른다. 대부분 가정에서 손세탁보다 세탁기를 많이 쓰게 되면서 세탁기용 가루비누가 더 필요했는데, 여러 번의 실패와 연구 끝에 1992년부터 가루비누를 개발해 공급하기 시작했다. 또 거듭된 연구 끝에 비누 제조기를 발명했는데 때마침 환경에 대한 우려와 각성이 일어나면서 지자체나 관공서 등에 이 비누 제조기를 납품했다. 모두 447대의 기계를 만들었는데 그 기계 덕분에 간신히 사업을 계속할 수 있었다. 풍족하지는 않아도 뜻을 모은 곳이기에 계속 연구하면서 이름도 '물살림'으로 바꿨고 생산하는 물품 종류도 많아졌다.

마을 모임에서 폐식용유로 비누를 만들며

한편, 조합원의 손으로 비누에 대한 자료를 만들었는데 일본 그린코프생협의 만화 자료를 받아서 그대로 쓰기도 했다. 설명이 쉽고 만화라서 아이들도 흥미를 보였다.

1990년대 초반에서 2000년대 중반까지 참 열심히도 비누를 만들었다. 한살림 마을 모임이 있는 곳마다 한두 번은 만들었고 어떤 때는 마을 부녀회와 함께 만들기도 했다. 만들기도 간단하다. 폐식용유와 물, 가성소다(수산화나트륨)만 있으면 되는데 양을 잘 지켜 만들면 실외에서 일주일 정도 두면 굳는다.

마을 모임에서 비누를 만들기로 결정하면 며칠 전부터 만나는 사람마다 비누 자료를 나누어 주고 정해진 날 우유갑을 가져와 우리가 직접 만든 비누를 담아 가라고 알린다. 집에 처치 곤란한 폐식용유가 있으면 갖고 오라는 부탁도 했는데 집에서 나오는 폐식용유는 너무 깨끗해 일부러 동네 통닭집에 가서 폐식용유를 얻어다 섞기도 했다. 통닭집 폐식용유를 보면 어찌나 시커먼지 다시는 통닭을 먹고 싶지 않을 정도이다. 그나마 처음에는 반가워하며 그냥 갖다 쓰라고 하더니 여기저기서 비누를 만드니까 나중에는 돈을 받고 주는 곳도 있었다.

 가성소다는 한때 편리한 자살 수단으로 쓰였을 정도로 독성이 강하다. 그래서 아무 데서나 살 수 없고 화공 약품 가게에서 구했다. 분량대로 넣고 물을 부으면 가스가 생기는데, 마시면 위험하므로 마스크를 쓰고, 옷이 상할 우려가 있으니 방수 처리한 앞치마는 필수였다. 어느 정도 가스가 가라앉으면 폐식용유를 넣고 긴 막대로 꾸준히 저어야 한다. 팔이 아파 두세 사람이 번갈아 한다. 시간이 지날수록 걸쭉해지는데 적당하다 싶을 때 용기에 담아 굳히면 된다. 아직도 독성이 남아 있으므로 바람 잘 통하는 곳에서 일주일쯤 말리면 세척력 우수한 세탁비누가 된다.

 큰 통과 긴 막대, 그리고 장갑, 마스크, 앞치마 들을 차에서 내리면 동네 아이들이 몰려오거나 지나가던 사람들이 발길을 멈추는데 일행 중 한 명은 비누 자료를 나누어 주면서 왜 이런 일을 하는지 설명한다. 영락없이 장터 약장수 폼인데 그런 일을 하면서도 우리끼리는 웃고 이야기하느라 미처 부끄럽다는 생각도 못 했다. 아니, 이런 일을 부끄러워하면 오히려 부끄러운 일이라고 생각했다. 나중에 아이가 부어터진 얼굴로 왜 하필 자기네 학교 근처에서 그러고 있었느냐고 따지면 그때서야 쑥스럽게 웃으면 그만이었다. 폐식용유로 비누를 만들며 조금이라도 맑은 물을 만드는 일에 함께한다는 것이 신나기만 했다.

 이 비누를 물에 적신 빨래에 쓱쓱 비빈 후 세탁기에 넣어 빨아도 마치 손으로 한 것처럼 개운하다. 물론 바람 잘 통하는 곳에서 말리면 냄새가 훨씬 잘 빠진다. 골치 아픈 수질 오염의 주범이 자원으로 화려하게 변신하는 것이다. 이 일을 함께했다는 것이 우리의 자랑이고 보람이다. 그전까지는 쓰고 남은 기름을 버리느라 고민깨나 했다. 신문지나 휴지에 흡수시켜 버리거나 화장실 변기에 버리면서도 마음이 편치 않았던 많은 사람이 속으로 안도의 한숨을 내쉬며 우리를 반겼다.

수질에 대해 공부하고 나서 아예 집에서 튀김을 해 먹지 않는 사람도 있었다. 마침 식용유의 산패나 원료가 걱정이던 사람들은 기름 없이 물로 조리하는 방법들을 서로 교환하기도 했다. 감자도 그렇게 볶고, 어묵도 함께 넣는 채소의 물기로 볶는데 확실히 맛은 떨어진다. 그래서 명절 등 꼭 기름을 써야 할 경우엔 들기름을 쓰기도 했다. 그런데 들기름 향을 싫어하는 사람도 있고 부침 등이 웬만한 고수가 아니면 깔끔하게 되지 않아 한살림에서 미강유(현미유)가 나올 때까지 고생 좀 했다.

물 한 숟가락 뜨는 마음으로

물살림의 꾸준한 제안과 우리의 활동으로 폐기물을 자원으로 바꾸고 시민들의 환경 의식을 일깨웠다. 또 우리는 이용률이 오르지 않는 것이 안타까워 물살림을 자주 찾아가서 고충과 조언을 많이 교환했다. 주방 세제 등 물비누를 좀 덜 묽게 할 수 없는지, 가루비누의 뭉침 현상을 개선할 수는 없는지. 소비자의 불편을 해소해야 이용도 늘고 재정도 안정될 터이니 물살림에서도 일본에 가서 배우고 자체 연구소에서 계속 실험하며 끊임없이 연구했다.

언제나 쉬운 방법은 점성제를 넣는 등 화학적인 처리를 하는 것이었다.

조합원에게 이런 사정을 알렸고 아토피 등 피부염을 앓는 사람들 위주로 점점 우리 비누의 안전성이 검증되었다. 가루비누를 미리 물에 풀어 녹여서 쓰기도 하고 거품이 잘 나도록 수세미를 바꾸기도 하면서 물살림 활동을 같이 하느라 조합원들도 힘을 합쳤다. 정말 생산과 소비가 하나임을 몸으로 느끼는 신나는 순간들이었다.

그렇게 노력해도 여전히 어려움을 겪는 물살림을 위해 총회 때는 한동안 선물을 모든 지역 한살림에서 비누 종류로 했다. 써 봐야 좋은 줄 알고 계속 쓰지 않겠느냐는 희망을 품고. 여러 가지 생각들이 나왔는데 이사 가면 이웃집에 인사차 돌리는 시루떡 대신 비누를 돌리기도 했고 값이 좀 싸다는 게 유일한 결점인 비누 종류를 명절 선물로 기획했다. 물살림과 한살림의 이런 활동으로 비누 부분 친환경 마크 1호가 되었고 지자체의 의식이 바뀌면서 지금처럼 아파트마다 폐식용유를 모으는 통이 생겼다. 그 통을 볼 때마다 내가 한 일처럼 자랑스럽고 흐뭇하다.

30년을 이어 온 인기 물품
생명 품은 유정란

- 윤 선 주 -

병아리가 되는 유정란

유정란은 한살림에서 역사적인 물품이다. 한살림농산에서 쌀, 참기름, 들기름, 메주 등과 함께 처음으로 팔았던 물품 중 하나이다. 그때 시중에서 파는 달걀 대부분이 암탉이 저 혼자 낳은 무정란이었다. 밥상을 바꿔 온 생명을 살리려는 한살림에서 생명을 품은 유정란은 상징적인 존재였다.

한살림 유정란을 낳는 닭은 암수 15:1의 비율로 키운다. 햇빛, 온도, 습도, 환기를 충분히 고려하여 햇빛이 모든 곳에 골고루 닿도록 동남향으로 지은 계사에서 평당 15~17마리가 자란다. 모이로는 곡물, 풀, 풀김치 등과 첨가물을 빼도록 특별히 주문한 사료를 먹이고 있다. 자유롭게 바닥을 헤집으며 모이를 찾도록 바닥에 왕겨와 볏짚을 20cm쯤 깔아 부드럽게 하고, 여기에 섞인 계분과 함께 일정 기간 후에 걷어 내어 밭의 퇴비로 쓴다. 닭의 똥은 밭의 거름으로 쓰이고, 밭의 풀은 닭의 모이가 되어 버려지는 것이 없어 환경에 부담을 주지 않는 방법으로 키우고, 홰는 45cm 높이에 만들어 본성대로 살도록 한다. 그래서 계사 특유의 냄새를 맡을 수 없을 정도로 깨끗하고 바닥도 늘 보송보송하다.

한살림이 이제 막 사회에 알려지기 시작할 때쯤, 어느 조합원이 "정말 유정란을 품으면 병아리가 깬다고?" 하는 아들의 질문에 한살림 유정란으로 병아리를 부화시키기로 했다. 열 알을 부화 상자에 넣고 부화 과정을 소식지에 실었다. 이론적으로는 들어서 알던 사실도 직접 해 보면 느낌이 확 다르다. 조합원 엄마와 아들이 온도를 맞추기 위해 골판지 상자를 마련하고 백열등을 켜고 엄마 닭처럼 자주 알을 굴려 주는 과정 등을 생생하게 전해 들으며 우리 모두 마치 눈앞에서 벌어지는 걸 보는 듯했다. 가족 모두의 관심과 보살핌 끝에 병아리가 알을 깨고 나오는 장면, 그 힘겨운 투쟁을 다 마칠 때까지 전해 듣는 우리의 호흡도 멈추게 하는 것 같았다. 그 쾌거로, 우리 모두는 마치 자기가 알을 품어 병아리를 깨어나게 한 것처럼 가슴을 내밀며 "보셨지요? 한살림 유정란은 이렇답니다!" 하고 목에 힘주며 조합원 늘리기에 열을 올리기도 했다.

유정란 하나 때문에 조합원 가입도

예전이나 지금이나 한살림의 유정란은 특히 비린내가 없고 고소해서 인기가 높다. 사람들이 제일 좋아하는 한살림 물품 가운데 하나이다. 워낙 맛있으니까 먹어 본 사람들은 유정란을 안정적으로 공급받으려고 가입하기도 했다. 잠실에 살던 어느 조합원은 이렇게 좋은 한살림을 그때만 해도 모르는 사람이 많은 것이 안타까워 한 주에 유정란 30판을 공급받아 외출할 때마다 쪄서 갖고 다녔다고 한다. 누구를 만나든 고소한 유정란을 나누었는데 그 맛을 보고 어디 가면 이런 유정란을 사느냐고 묻는 사람들이 가입하는 재미로 열심히 했단다. 세상에나, 어떻게 한 주에 30판을 공급받았을까? 짐작컨대 아마 유정란이 적체되는 시기가 아니었을까 싶다. 아까운 유정란은 쌓여 가고 바라보는 소비자, 실무자, 생산자는 애가 닳고. 이런 난감한 상황을 잘 헤쳐 나가려는 생각으로 그러지 않았을까?

유정란은 병아리로 부화한 후에 110일이 지나면 알을 낳을 준비에 들어간다. 그 후 2주 동안은 산란을 위한 예비 사료를 주는데 이때의 산란율은 40%가 된다. 초란이라 부르는 처음 낳는 알은 특별히 크기가 작지만, 영양가가 높다고 일부러 찾는 사람도 있다. 닭은 매우 예민한 동물이라 주변 환경이나 기후에 따라 산란율이 변한다. 그래서 어떤 때는 남는다고 했다가 어떤 때는 모자라서 공급 수량을 제한하기도 한다. 모자랄 때는 덜 먹으면 되니까 괜찮은데 남을 경우엔 유통 기한이 정해져 있는 살아 숨 쉬는 물품인지라 더욱 안타깝다. 그럴 경우 소식지에 마요네즈 만드는 법을 싣기도 하고 유정란을 많이 먹을 수 있는 조리법이 나가기도 한다.

유정란, 한살림을 흔들다

예민한 닭의 성품 때문에 한살림이 크게 동요한 일이 있다.

1990년 한 달 공급액이 1억 원을 넘고 이 때문에 수급 조절에 어려움을 겪던 때였다. 지금으로서는 "에계?" 하고 놀랄 규모이지만 당시로서는 거의 폭발적인 성장이었다. 경기도 이천에서 공급하던 유정란의 노른자가 쉽게 풀어져 품질에 대한 불신으로 소비가 급격하게 줄어들었다. 이 문제의 해결을 위해 생산자와 소비자가 머리를 맞대고 의논을 했다.

이듬해 5월 이사회에 생산자 회장과 유정란 생산자가 참석해 사료를 바꾸기로 했고 며칠 후 늙은 닭이 문제라고 생각한 이천 지역의 생산자들이 모임을 가지고 방법을 궁리했다. 생산지에서 세심하게 여러 노력을 했는데도 유정란의 품질은 계속 떨어졌다. 결국 8월 이사회에서 생산자 교체를 논의했고 9월 이사회에선 이천 지역의 유정란을 받지 않기로 했다. 계속되는 조합원의 문제 제기를 피할 수 없었기 때문인데, 다른 생산지로 바꾸기로 결정한 것에 대해 한살림생산자협의회에서는 유감을 표명했다. 생산자를 바꾸겠다는 결정도 재고를 권했지만 닷새 뒤에 열린 한살림생협 이사회에서는 오히려 생산자협의회와 관계를 끊고 생산자 개인과 관계를 맺기로 했다.

이후 생산자협의회는 사실상 활동을 중지하고 1992년 한살림소비자협동조합 총회 뒤 해산해 버렸다. 도농 공동체를 이루려는 이상을 향해 열심히 노력했던 한살림으로서는 치명적인 상처를 입은 셈이다. 이 일은 아마도 한살림의 역사상 가장 큰 오점으로 남을 것이다. 이상은 높은데 그것을 위해 서로 존중하고 형편을 헤아리며 함께 머리를 맞대고 문제를 풀어 가는 노력이 미숙했던 탓이라 생각한다.

그런데 나중에 알고 보니, 어이없게도 닭장 앞에 키우던 개가 문제의 원인이었다. 생산자가 산짐승으로부터 닭을 지키기 위해 키우던 개가 밤새 조그마한 움직임이나 소리에 끊임없이 우렁차게 짖었다. 닭은 개 짖는 소리에 불안에 떨고 그 스트레스 때문에 제대로 된 알을 낳지 못한 것이었다. 개 짖는 소리가 빚어낸 갈등이라니! 서로를 믿고 기다리며 배려한다는 것은 어쩌면 이처럼 살얼음판을 걷듯 늘 서로를 살펴야 한다는 의미일까? 유정란 문제가 비화해 한살림을 뒤흔든 사건은 한살림이 자라기 위해 겪어야 했던 성장통, 통과 의례가 아니었을까 싶다.

밥심으로 살아요
우리 밥상 우리 쌀

- 윤 선 주 -

밥 없는 밥상?

우리는 태어나면서부터 쌀과 한시도 떨어지지 않는다고 할 정도이다. 오죽하면 누군가가 죽으면 "밥숟가락을 놓았다."라고 말했을까. 아기를 낳으면 젖이 잘 나오라고 산모는 하루에 밥을 5번 이상 먹고 혹 아기에게 젖을 먹일 수 없으면 정한 쌀로 암죽을 끓여 먹이기도 했다. 건강할 때는 밥으로, 아플 때는 죽으로, 죽조차 넘기기 어려우면 미음으로 먹기도 하고 경사나 잔치에는 떡으로 만들어 이웃과 나눈다. 이렇게 늘 우리와 함께하는 쌀이 근자에는 모자라서 걱정인 때보다 남아서 걱정인 때가 더 많았다. 밥상을 무엇보다도 소중하게 생각하는 한살림의 30년 역사에서도 잊을 만하면 남는 쌀을 어떻게 하면 다 먹을까 하는 고민을 여러 번 해야 했다.

 왜 한살림은 그토록 쌀을 지키고 싶어 할까? 쌀은 단순히 우리의 주식일 뿐 아니라 우리 농업의 뿌리이다. 반찬이 없는 밥상은 상상이 되지만 쌀

밥 없는 밥상은 생각할 수도 없다. 다른 농산물도 마찬가지이지만 특히 쌀을 우리가 포기하면 우리 밥상이 아니라 남의 밥상으로 채워지기 때문이다. 내가 내 손으로 키워 먹는 것처럼 안전하고 분명한 밥상을 다른 누가 아닌 우리 농민이 지어야 하기 때문이다. 그리고 농민이 계속 농사짓고 살기 위해서는 어렵게 지은 쌀이 다 팔려야 하기 때문이다.

농사를 지어 봤자 인건비도 안 나오니 모두 과실이나 특용 작물을 짓고 쌀은 안 짓는다면? 지금 당장은 급한 대로 이웃 나라에서 쌀을 사 먹을 수 있지만 만약에 사정이 나빠져서 우리에게 쌀을 팔 나라가 없다면 그때 우리는 어떻게 할까? 밥 달라는 아이들에게 무엇을 줄 수 있을까? 우리뿐 아니라 우리 아이들의 안전한 밥상과 농업살림을 위해 한살림은 끊임없이 쌀을 지키려고 노력하는 것이다. 게다가 한살림 쌀은 농약과 제초제를 치지 않고 재배한 쌀이니 더욱 잘 지키고 확산시켜야 하기 때문이다.

친환경 벼농사의 선구자들

생명을 품은 한살림 쌀은 1986년 충북 음성 성미마을에서 첫 쌀 수매가 이루어졌고 1988년 처음으로 쌀값 결정 회의를 연 이래 여태껏 계속하고 있다. 한살림 쌀은 다른 한살림 물품에 비해 9~10% 마진율이 낮다. 15% 남짓 유통 비용을 제하고 쌀값의 대부분을 농민들에게 돌아가게 했다. 지금은 대형 유통 매장의 일반적인 친환경 쌀 가격에 비하면 턱없이 싼 게 한살림 쌀이다.

한살림 쌀은 제초제, 살균제, 살충제 등 농약과 비료는 전혀 쓰지 않고 손으로 김을 매거나 오리, 우렁이, 쌀겨를 이용해서 농사를 짓는다. 오리 농법에도 추억이 있다. 집오리와 야생오리를 교배한 오리가 제초 작업을 꽤 잘하는데 농부가 초봄에 새끼 오리를 사는 비용을 조합원들이 내기로 했다. 봄에는 워낙 영농 자금이 많이 드는 데다 그 당시에는 가을에 벼 수매를 한꺼번에 할 여력이 우리에게도 없었기 때문이다. 생산자가 자기 집에 벼를 쌓아 두고 주문에 따라 출하하고 있을 때라 생산자의 부담을 조금이라도 덜고 싶었다. 또 생산자들에게 목돈을 주고 싶은 마음에 조합원들이 자신이 먹을 쌀값을 미리 내고 매번 주문할 때마다 차감하는 '쌀 선수금 제도'를 시작하기도 했다. 그리 큰 호응이 없어 별로 오래가지는 못했는데, 조합원들 대부분이 월급으로 살아가는 사람들이었으니까 부담이 되었을 게다. 그러다가 한살림의 노력으로 농협에서 싼 이자로 쌀 수매 대금을 빌려 농부들에게 한꺼번에 쌀값을 주게 되었다.

오리 보내기 운동은 꽤 잘되었는데 그때 10마리 한 계좌에 2만 원이었지 싶다. 여름내 풀을 열심히 먹던 오리가 한번 벼 낟알을 맛보면 그 뒤로는 정신을 못 차리고 낟알을 먹기 때문에 낟알이 패기 전에는 논에서 빼야 한다. 대개 열 마리 중 일고여덟은 산짐승에게 물려 가고 두세 마리가 남는데 그 다 자란 오리를 잡아서 조합원들에게 돌려주었다. 어느 날 공급 상자 안에 목 잘리고 알몸인 오리를 보고 기겁을 해서 냉동실에 넣었던 기억이 난다. 나중에 오리 대신 쌀이 왔고, 어느덧 친환경 농업에 눈뜬 지자체에서 지원해 주어서 더는 조합원들이 새끼 오리를 보내지 않아도 되었다. 나는 또 이 일이 자랑스러운데 우리가 먼저 움직여 제도가 따라오게 했다고 믿기 때문이다.

우렁이 농법은 충북 음성의 최재명 생산자가 창안했다. 그이의 아들이 1990년 겨울 식용 우렁이를 양식하려고 우렁이와 도구를 사 왔다. 남아메리카 열대우림이 원산지인지라 겨울에도 26도를 유지해야 하는데 시골집은 아무리 불을 때도 20도를 넘기기 어려웠다. 겨우내 고생만 하던 아들은 양식이 잘 안 되자 100만 원이나 주고 산 우렁이를 전부 논에다 쏟아부었다.

그런데 그때부터 논에서 잡초가 사라지는 신기한 일이 벌어졌다. 그 일을 계기로 오랜 관찰과 실험, 시행착오를 거쳐 1994년에 우렁이 농법을 완성했다. 우렁이가 어지간한 풀은 모두 먹는 덕분에 일손이 많이 줄었고 그 효과가 퍼지면서 이제는 지자체에서 우렁이 종패를 사 주는 곳도 많다. 어렸을 때부터 왠지 논에 사는 수생 생물이 좋았다는 한 농부의 포기할 줄 모르는 연구열로 이룬 쾌거인데 아무런 대가도 바라지 않고 누구에게나 방법을 알려 주었다.

여든의 나이에도 눈이 맑았던 사람, 마을에 들어오려는 산업 단지 조성을 막기 위해 힘을 아끼지 않던 그이가 2014년 갑자기 세상을 떠나 많은 이들이 안타까워했다. 우렁이 농법 덕분에 평균 연령이 60살인 고령의 농부들이 제초제 없이 농사짓고 있다.

한살림 논에는 메뚜기, 가재, 미꾸라지, 민물새우가 살아 있고 개구리밥, 물옥잠, 가래 등 온갖 수생 생물이 벼와 함께 자란다. 2014년 기준으로 전국 20여 지역, 약 1,212만여 m^2(367만여 평)의 논에서 900여 명의 생산자가 벼를 키워 태양 건조(잦은 비 등으로 불가피한 경우에는 40도의 저온에서 서서히 건조) 후 4~5번의 정선 과정과 도정을 거쳐 쌀을 출하한다. 이렇게 정성을 들인 밥 한 공기에는 벼 3포기, 쌀알 3,000~4,000알과 올챙이 35마리와 온갖 생명의 기운이 담겨 있다. 약 100g이 들어가는데 값으로 치면 400원을 조금 웃돌고 한 사람이 매일 이 밥을 먹으면 일 년에 논 165m^2(50평)을 살릴 수 있다.

쌀이 남아돌아 걱정

이렇게 귀한 쌀이 겪은 수난도 만만치 않다. 1992년 소식지에 쌀이 남아도니 생산지에 한 번이라도 가서 농민의 고충을 위로하자는 기사가 나왔다. 다음 해에는 수입 농산물에 대응하는 차원에서 '우리 쌀을 지키고 우리 밀을 살리자.'라는 제목의 결의문을 채택했다. 이 결의문은 개인의 밥상은 물론 이웃과 사회의 밥상을 변화시켜 농업을 살리고 수입 농산물 개방에 전 국민이 맞서자는 내용이다. 그로부터 10년 후인 2003년에는 사회 운동으로 '무농약 쌀 한 말 먹기 운동'을 펼친다. "무농약 쌀 한 말이 논 일곱 평을 살린다."라는 구호에는 밥상살림이 농업살림으로 연결된다는 한살림 쌀 소비의 의미가 담겨 있었다. 2005년에는 '우리 쌀 우리가 먹읍시다.'라는 캠페인과 함께 약정량보다 더 많이 생산된 한살림 쌀을 나누기 위해 '우리생명쌀지킴이기금'을 모금해 소외된 이웃과 북녘 동포에게 우리 쌀을 전달했다.

2004년에 예상량보다 적게 소비되는 바람에 쌀이 남아도는 일이 벌어졌다. 모든 조합원에게 전화를 걸어 쌀 소비를 독려하고 약정을 받아 내면서 목이 쉬도록 말을 했지만 힘든 줄도 몰랐다. 대부분의 조합원이 반갑게 맞고 호응했기 때문인데 간혹 한동안 발길을 끊었던 조합원이 다시 주문하는 일로 이어지는 경우도 있었다. 조합원들에게는 쌀을 더 소비하자고 호소하는 한편, 생산자들이 모아 둔 생산 안정 기금의 약 70%인 7억 원을 지원해 시중 출하를 하기도 했다. 아마 그즈음에 쌀을 많이 먹는 방안으로 지역마다 떡 만들기 강좌가 생겨났을 것이다. 그런 노력이 모여 쌀로 만든 국수, 라면, 토르티야 등 새로운 물품들이 계속 나왔고 요즘 사람들의 입맛에 맞는 요리법도 함께 소개되고 있다.

| 한살림 사람들 |

"농사는 하늘과 함께 짓는 일"
충남 당진 매산리공동체 정광영 생산자

- 윤 선 주 -

하늘의 뜻을 기다리는 마음으로

어느 해인가 들쑥날쑥 변덕스러운 날씨 탓에 씨앗값도 건지기 힘들게 생겼다는 생산자의 얼굴을 보며 "어떻게 하지요?" 내가 오히려 울상이 되었다. 긴 한숨이라도 들릴 줄 알았던 내게 생산자가 담담하게 "농사는 하늘과 함께 짓는 일"이라고 말했다. 크지는 않지만 언제 가 보아도 구성원 모두 즐겁게 일하는 공동체를 오래도록 꾸려 오신 분이라 마음속으로 내 스승으로 모시는 분, 매산리공동체 정광영 생산자이다.

이어서 들려오는 말씀인즉 "농사는 아무리 농부가 열심히 하고 욕심을 내어도 하늘이 돕지 않으면 힘들어요. 씨앗을 뿌리기 전부터 '땅심'을 돋우고 정성을 들여도, 이 정도의 씨앗을 뿌렸으니 소출이 어느 정도 나올 거라고 기대를 해도, 남보다 몇 배 더 열심히 일해도, 결국 하늘에서 제때 비가 내리고 햇볕이 들고 바람이 불어 주지 않으면 제대로 결실을 맺지 못하지요. 가뭄이 심해 아무리 애가 탄다고 해도 사람의 힘으로는 비가 그렇게 하는 것처럼 넓은 땅을 속 깊이 적실 수 없지 않아요? 햇빛이 없다면 또 어떨까요? 사람의 노력과 열정만으로 온 밭의 작물을 그렇게 푸르고 싱싱하게 키울 수 있을까요? 그렇기 때문에 농부는 하느님과 동업자라고 생각합니다. 옛말에도 '진인사대천명盡人事待天命'이라 하지 않았나요? 정성을 다해 노력하지만 하늘의 뜻을 기다리는 마음으로 농사를 짓는 거지요."

"양파가 바로 내 얼굴"

까맣게 탄, 주름살 가득한 얼굴에 눈이 유난히 맑게 빛나는 그이의 말에서 나는 흔들리지 않는 한살림 농사꾼의 자부심과 넉넉한 마음을 느낄 수 있었다. "와, 멋있다!" 감탄이 절로 나오는데 씨익 웃으며 덧붙이는 말씀이 "이 세상에서 땅에 발붙이고 사는 사람 중에 하느님과 동업하는 사람이 어디 흔해요? 농사 잘될 때도 있고 안 될 때도 있지만, 바로 그 맛에 농사짓는 겁니다!" 이런 마음으로 농사짓는 분들과 함께하는 한살림! 내가 전생에 나라를 구했나? 싶은 마음이 드는 때이다.

매산리공동체는 늘 웃음이 끊이지 않는다. 곁에서 보기에 그분들이 짓는 농사는 무척 쉽고 즐겁기만 한 것 같다. 노는지, 농사를 짓는지 헷갈릴 정도로 웃음소리가 밝고 크다. 공동체 대표인 정광영 씨도 크게 자주 웃는다. 평소엔 자신이 옳다고 믿는 것에 앞뒤 안 보고 힘차게 걷는 사람 특유의 고집스럽고 결의에 찬 표정이기 일쑤인데.

그렇다고 누구 한 사람이 도맡아 모두를 웃게 만드는 것도 아니다. 그저 누가 됐든 말을 했다 하면 즐겁게 되받고 별 말이 아닌 데도 맘껏 웃는다. 마치 텔레비전에 나와 방청석에서 웃고 돈 받으려고 동원된 사람들처럼. 몇 차례 다니다 보니 이 공동체 식구들은 모든 상황을 즐겁게 받아들이기로 작정한 사람들이다. 사람을 두 종류로 나누어 보면, 언제나 화낼 준비를 하고 있는 사람이 있는가 하면 언제나 웃음으로 넘길 준비를 하고 있는 사람이 있는 것 같다. 배추벌레가 극성을 부려 공동밭의 벌레를 일일이 손으로 잡을 때도 웃고, 가뭄으로 고구마 작황이 형편없을 때도 웃는다.

   한번은 양파 다듬으러 간 적이 있다. 적당히 마른 양파를 망에 넣기만 하면 되는 줄 알았더니 의외로 손이 많이 갔다. 겉껍질 대충 벗기고 뿌리를 잘라 말끔하게 다듬기에 "이래서 이곳 양파나 마늘은 표시가 나는군요." 했더니 돌아오는 대답, "아, 이게 우리 얼굴이고 정광영 얼굴인데 이쁘게 해서 보내야지!" 이런 은근하고도 힘이 센 사랑을 하고 있으니 늘 그렇게 즐겁지! 의문이 순식간에 풀렸다.

3장

같이
잘 살아요

더 넓게 한살림,
밥상에서 세상으로

우리 집 밥상을 넘어, 동네에서 학교에서 세상에서 한살림 조합원들은 하고 싶은 일이 참 많았습니다. 내가 건강하고 행복하려니 이웃과 세상이 함께 건강하고 행복해야 했습니다. 남들이 다 말려도 궁금한 것은 스스로 공부해서 문제점을 발견하고 대안을 찾았습니다.

우리, 동네에서 같이 놀아요!
조합원 지역 활동

- 서 형 숙 -

마을에서 만나요

오래전부터 우리 사는 작은 지역 사회부터 환경 운동을 해야 한다고 믿으며 여러 가지 활동을 펴 왔다. 폐유로 비누 만들기, 폐건전지 수거, 아파트 게시판을 이용한 동네 물물 교환 운동 등 정부에 정책적으로 시행하라고 제안하는 한편, 우리가 할 수 있는 일은 우선 동네에서 풀어 나갔다. 그리고는 그 내용을 빠짐없이 한살림 소식지와 〈여성신문〉, 〈샘이 깊은 물〉 등 신문이나 잡지에 연재하며 나누었다.

다섯 가구로 이루어진 공동체가 잘되니 지역 모임을 하고 싶은 욕심이 생겼다. 지금은 잠원동이라 불리는 반포3동 전 지역 조합원들이 한 달에 한 번이라도 모여 한살림 물품 시식도 하고, 의견 제안도 하고, 환경 문제도 공부하는 그런 모임을 만들고 싶었다. 우리 공동체 소속이 아니면, 이웃에 있어도 같은 한살림 식구끼리 모르니 서로 알고 지내야겠다는 생각도 했다. 이 무렵, 한살림운동이 사회적으로 큰 반향을 불러일으켜 대학원생들이 한살림을 연구하러 오기도 했다. 대표적으로 1992년쯤 서울대 대학원 인류학과 양한순 씨가 근 3개월간 우리 한살림 공동체 운동을 조사, 연구하며 쓴 논문이 있다. 그 논문에 나는 '백윤희'라는 가명으로 연구 대상이 되기도 했다.

우리 지역 모임에서는 의성의 김영원 생산자, 화천의 최광선 생산자를 모셔다가 농업 이야기를 듣고 같이 밥을 나누어 먹기도 했다. 전설의 김영원 장로님이 오셨다. 별 물건이 없고 수수하던 우리 집 구석구석을 살피며 흡족해하셨다. 너그러운 웃음으로 도시에서 젊은 아낙들이 아이들 데리고 뭔가 해보겠다고 부산떠는 게 기특해 보였으리라. 조합원들이 모이자 김영원 생산자는 도시 사람들은 장님처럼 눈 감고 낭떠러지 곁에서 춤추고 있는 꼴이라고 했다. 농촌, 농업, 먹을거리가 다 죽어 가는데 두려움도 없이 희희낙락 물질 만능에 묻혀 있다고 안타까워했다.

처음 생산자를 모셨을 때는 여러 조합원들을 부르면서도 모든 준비를 혼자 다 했다. 밥 준비도, 모임 꾸리기도. 그러니 개인적으로도 많이 고되고 참여율도 저조했다. 어쨌거나 억지춘향으로 다음부터는 역할을 하나씩 맡겼다. 오히려 호응도가 더 좋았다. 한 사람씩 음식을 준비해 보자고 제안했더니 모두 찬성하여 한 가지씩 맡았다. 굵은 갈치 토막부터 각자 마련한 음식들로 풍성한 잔칫상을 차렸다.

모이면 흥겨워서 좋긴 한데, 각자가 우선시하는 일이 한살림은 아닌지, 꼭 몇 달을 하다 보면 한 명만 남고 모임을 지속하기 어려웠다. 그래도 뭐든 하지 않는 것보다는 하는 게 낫다고 생각했다. 그래서 잘해 보려는 기운이 모일 때마다 다시 정비하고 또 지역 모임을 시작했다.

물론 지역 모임을 하면서 우리 동네 최고의 조합원을 만나기도 했다. 그 조합원은 알려 주기만 주면 뭐든 바로 행동으로 옮겼다. 그이는 한살림 사무실에서 하는 '하루 전화 받기' 자원 활동에 동참하기도 했고, 도배하려고 모아 놓은 돈을 쌀 선수금으로 선뜻 내어놓은 조합원이었다. 〈녹색평론〉이 좋다고 하면 얼른 구독했고, 평생 조합원이 된 후원 조합원이 있다고 하면 그이도 당장 참여했다. 한의원 건강 교실에도 역시 평생 조합원으로 참여했다. 다만 독실한 기독교 신자라 교회에 매여 있어 한살림의 대외 활동에 합류하는 데는 오랜 시간이 걸렸다. 그이는 바로 이 책을 함께 쓴 사람, 한살림연수원의 윤선주 원장이다.

우리는 공부하길 즐기진 않는데 공부 기회는 많아 꼬박꼬박 글 읽기에 매진했다. 1991년 늦가을 〈녹색평론〉이 창간되었다. 영문학자 김종철 선생이 펴낸, 환경원론을 다룬 계간지. 우리는 한살림대구에서 낸 계간지로 여겼고 나부터 평생회원이 되었고 같이 구독하는 친구들을 하나씩 늘려갔다. 그리고 읽는 재미를 붙였다.

〈녹색평론〉 공부 덕에 많은 환경문제의 큰 틀을 이해하게 되었다. 또 긴 호흡의 책을 척척 읽어 내는 능력도 갖추게 되었다. 지역 모임에서 자연스럽게 읽기 모임이 만들어지기도 했다.

지역 모임의 발전, 구청 벼룩시장까지

그때 살던 서울 강남·서초구에서 지역 모임을 계속 만들어 보려고 애썼는데, 이상하게도 잘 안 되었다. 왜 이렇게 만나기 어렵나 살펴보니, 모두 무언가를 배우러 다니기 바빴다. 그렇다면 아예 우리 지역 모임에서 강사를 모셔다가 배움의 장을 만들면 되겠다 싶었다. 손으로는 작품을 만들고, 입으로는 한살림을 이야기하고, 그래서 1995년 겨울부터 퀼트를 배우기 시작했다. 시간이 지나 퀼트 수예 작품이 모이니, 모임에서 조합원끼리 항상 하던 물품 나누기에 보태어 전시회를 하면 좋겠다는 쪽으로 의견이 모였다. 그때 우리는 모일 때마다 작아진 아이들의 옷가지와 책, 학용품들을 갖고 와서 필요한 이에게 서로 나눠 주는 게 습관이 되어 있었다.

이듬해인 1996년 봄, 한 조합원이 포스터를 그리고, 나는 일주일 전에 자전거로 동네를 돌며 아파트 각 동마다 입구 게시판에 붙이며 우리의 잔치 소식을 알렸다. 다른 조합원은 작품 설명표를 준비하고, 또 다른 조합원 두 명이 현장 책임을 맡았다. 모임에 참여한 조합원은 모두 작품을 내어놓았다.

집 안의 책장을 비워 퀼트 작품 전시대로 썼고, 큰 교자상을 내놓아 그 위에 각자 한 접시씩 준비해 온 음식을 펼쳐 놓고 나누었다. 날짜와 시간은 아이들이 학교에서 일찍 돌아오는 수요일로 정해 오전 수업을 하고 돌아오는 아이들도 같이했다. 한 접시씩 마련해 온 김밥, 나물, 잡채, 부침개까지 더하니 잔치가 따로 없었다. 가까이 있는 경비 아저씨와 청소 아주머니와도 나누고, 지나가는 동네 어르신께도 드렸다. 아파트 앞 길거리에 나와서 벌이는 한살림 모임에 아이들이 더 재미있어했고, 젊은 엄마들은 미리 와서 살 물건을 찜해 놓고 벼룩시장이 열리기를 기다리고 있었다.

1994년 여름, 독일 베를린의 한 동네에 갔을 때 아이들이 장을 벌이고 있었다. 열 살 남짓한 다섯 명의 여자아이들이 작은 돗자리에 집에서 쓰던 학용품이며 장난감을 펼쳐 놓고 팔고 있었다. 물건에 관심을 보이니 제법 흥정도 잘했다. 그때 기억을 살려 아이들이 중심이 되는 벼룩시장을 꾸렸다.

날씨가 궂었는데도, 사람이 많았다. 벼룩시장은 아주 인기가 좋아 어느 놀이 못지않게 재미있었다. 아이들은 자기는 필요 없지만, 누군가에게는 유용한 물건이니 어떤 것도 소중히 다루어야겠다는 생각을 하게 되었다. 동네 어른들이 물건을 파는 아이들을 칭찬하고 집에서 쓰지 않는 장난감들을 기증해 주었다. 온종일 아이들과 조합원들이 재미있게 놀고 돈까지 벌었다. 그때 번 돈 4만여 원은 봄마다 하는 유기농 쌀 생산지에 제초 작업용 오리를 보내는 성금으로 썼다. 정말 뿌듯한 일이었다.

지자체와 구의원, 다른 시민 단체와 함께 주민 잔치로
다음 해 1997년 봄에는 아예 1,400여 주민이 함께 참여하는 동네 벼룩시장을 본격적으로 열었다. 재활용 축제 준비위원회를 꾸렸다. 구의원의 합류로 녹색소비자연대와 한살림이 함께하는 잔치가 되었다. 〈함께 사는 세상을 꿈꾸는 초대의 글〉을 써서 아파트 게시판마다 붙였다. 동네가 다 장터가 되었고 아이들까지 모두 쫓아 나와 명실공히 동네 축제가 되었다. 이웃 아파트 사람들까지 찾아와 인산인해를 이루었다. 벚꽃이 휘황찬란하게 피어 축제 기분은 아주 그만이었다. 벚꽃 사이로 청사초롱을 달아 늦게까지 즐길 수 있게 준비했다. 온종일 어디를 가도 함박 같은 웃음꽃이 피었다. 질펀하게 놀았다. 이렇게 살 수도 있는 것을. 누구나 함께할 준비는 되어 있는데, 그 판을 벌여 주는 이가 없었을 뿐이다.

그때도 아이들을 이끈 것은, 지난해에 벼룩시장을 열었던 한살림 어린이들과 친구들이었다. 그 아이들은 일 년간 모아 둔 물건을 깨끗이 손질해 가져왔고, 물건마다 가격표를 붙여 자리 위에 진열하여 팔았다. 물건은 눈 깜짝할 사이에 다 팔렸고, 먼저 시범을 보인 뒤에 다른 아이들을 도와주러 다녔다. 아이들은 영리해서 모두 잘도 판다.

기회가 없어서 그렇지 누구나 이런 경험을 한 번만 한다면 물건을 함부로 하지는 않으리란 생각이 들었다. 이런 활동은 한살림 전 지역에서 알맞은 형태로 바꾸어 진행하였다.

1998년부터는 서초구청 담을 따라 매주 토요일마다 벼룩시장이 열렸다. 지금은 방배천변으로. 우리 동네잔치에서 감탄을 연발하고 간 구청 공무원들의 착안으로 이루어진 것은 아닐는지.

분리수거와 재활용? 우리부터 시작하다!

1992년 초 어느 날, "중고 침대 사세요. 가격은 2만 원이며 머릿장이 있고 덮개도 드립니다."란 광고를 아파트 게시판에 붙였다. 광고가 붙은 지 얼마 지나지 않아 전화가 와서 금방 가져갔는데, 여러 군데서 필요하다며 연락이 왔다. 그 후 우리 아파트 게시판에는 "소파 팝니다.", "롤러스케이트 삽니다.", "소형 중고 냉장고 필요해요." 등의 광고가 자주 나붙게 되었다. 누군가 길을 놓으면 그 길로 사람들이 드나든다.

지금은 옷도 흔하고 옷감도 많아져 물자가 아주 풍부한 것 같다. 그러나 알고 보면 곳곳에 헐벗고 굶주린 사람이 많다. 작아지거나 입지 않고 장롱에 보관하던 옷을 손질하여 입을 만한 다른 이에게 보낸다. 그럴 때 한두 군데 흠이 있는 어른 옷은 누구에게 주기도 마땅찮은데, 천이 쓸 만하면 골라서 아이 옷을 만들어 주면 좋다. 아이들 옷은 직선 재단이기 때문에 만들기도 쉬운데, 그간 모아둔 레이스나 구슬 장식을 붙이면 더욱 좋다. 되살려 쓰는 생활의 아이디어는 무궁무진하다. 튀김을 만들 때 써서 다시 못 쓰게 된 기름은 모아서 비누를 만들고, 장바구니에 따라온 스티로폼 판은 잘 씻어 돌려주어 다시 쓰도록 한다.

아껴 쓰고, 나눠 쓰고, 다시 쓰고, 그래도 남는 것은 버릴 수밖에 없다.

그러면 어떻게 잘 버려야 할까? 일단 재활용할 것과 못 하는 것으로 구분한다. 재활용이 가능한 신문지는 색지 전단을 빼고 30cm 두께로 모아 묶는다. 마시고 남은 우유갑은 물로 헹구어 판지로 펴서 잘 말려 100장 단위로 묶는다. 깡통 종류도 물에 헹구어 납작하게 찌그러뜨려 부피를 줄이고 페트병은 뚜껑과 분리한다. 수은 건전지, 형광등 같은 유해 폐기물은 별도로 수집한다. 분리수거함 앞에서 어린이들에게 분리수거의 이유를 설명해 주면서 스스로 구분하게 하면 아이들은 아주 잘한다. 캔을 찌그러뜨리는 것은 놀이처럼 재미있어한다.

가끔 쓰레기 분리 배출·수거가 잘 안 된다고 서로 탓하는데, 버리는 시민이나 수거하는 당국이나 다 잘하면 좋겠지만 그렇지 않더라도 꾸준히 노력할 수밖에 없다. 한쪽이라도 잘하면 그다음에는 다른 쪽에서 맞춰 가면 되기 때문에, 둘 다 한꺼번에 바뀌는 것보다 쉽다는 것은 누구나 아는 일이다.

이런 일들은 나 혼자 혹은 우리 공동체만이 아니라 이웃과 함께한다면 더 좋으리라 싶어서 아파트 게시판에 또 알림장을 붙였다. "폐유로 비누를 만들어 봅시다." 폐유로 만든 비누는 만들기도 쉽고 세척력도 뛰어나 우리 동네에서 아주 인기가 높았다. 마당에서 오가는 사람까지 함께 만들어 한 조각씩 가져다 써 보고는 신기해하며 찬사가 대단하였다. 그 마당에서 나는 재활용의 필요성과 합성 세제의 유해성을 알렸는데, 그다음 행사 때부터는 다른 이들이 알아서 척척 설명했고, 폐유를 꼭꼭 모았다가 가지고 오기도 했다.

또 어느 날은 꽃바구니를 만들어 우리 아파트 양쪽 현관에다 달았다. 조화 몇 송이로 멋을 낸 바구니에 "폐건전지는 저에게 주세요."라는 표찰을 꽂아 두고, 그 옆에 건전지에 들어 있는 수은의 유해성을 알리는 글을 써 붙였다. 그 바구니를 달던 때만 해도 환경처(현 환경부)에서 폐건전지를 수거할 생각도 하지 않았다. 하지만 폐건전지를 아무렇게나 땅으로 보내서는 안 되겠다는 막연한 생각에 무턱대고 집에다 쌓아 놓았다.

처음 며칠 동안은 하루 이틀 만에 바구니가 가득 찼다. 아마 집집마다 어쩌지 못하고 건전지를 모아 두었으리라 생각하니 참으로 고마운 생각이 들었다. 그리고 몇 가지 수확이 더 있었다. 이웃 아파트에도 폐건전지 수거통이 속속 만들어졌고 차차 바구니 관리를 경비 아저씨가 맡아 하겠다고 나섰다. 몇 달 되지 않아 환경처 주관으로 수거함이 설치되기까지 해서 여간 기쁘지 않았다.

이처럼 조합원이 아이디어를 내어 동네에서 같이해 보고 좋으면 한살림 소식지에도 실어 알렸다. 그러면 환경 살리는 지역 활동 방법 등에 목마르던 조합원들이 호응하여 다른 지역으로, 전국으로 퍼져 나갔다. 재활용, 쓰레기 분리 배출, '아나바다', 벼룩시장 등 지금은 어디서나 흔한 생활 실천으로 여기는 일들을 시작한 데 우리 한살림 조합원들이 있었다.

조합원 정성에 구청이 문을 열었어요
1995년 가을걷이 잔치 한마당

- 서 형 숙 -

고대하던 가을걷이 잔치가 열리지 못해

1994년 일 년간 네덜란드 생활을 마감하고 한국에 돌아와서 가장 가고픈 행사는 한살림 가을걷이 잔치 한마당이었다. 그런데 기대하던 잔치는 열리지 않았다. 전에는 대학교 안의 장소를 빌려 잔치를 벌였는데 대학들이 도무지 문을 열어 주지 않았다. 여러모로 접근했는데 번번이 실패했다.

1995년에는 미리 장소를 물색하러 다녔다. 길 가다가도 널찍하고 교통 좋은 공원 등 가을걷이 잔치를 해 볼 만한 곳은 꼭 둘러보고 담당자를 찾아 만나 봤다. 어떤 사람이 어떤 조건으로 이용하는지. 조직활동 실무자 박영천 씨와 다니다가 좀 가능해 보이면 이남선 과장과 함께 가서 다시 알아봤다. 번번이 퇴짜였다. 한살림이 물품을 취급하고 돈이 오가고 또 음식을 해서 나눈다는 게 죄목이었다. 조그만 희망만 있어도 기대하고 다니다가 한 해가 지나 그만 포기할 무렵, 서초구청 마당이 눈에 들어왔다. 구청과 결연을 맺은 단체들은 비슷한 행사를 간혹 하고 있었다.

그때 박재일 한살림 회장과 잘 알고 지내던 지역 국회의원에게 의뢰하였는데 감감무소식이었다. 마음 급한 사람이 나서는 수밖에 없었다. "어떻게 하면 빌려줄 겁니까?" 급기야 구청 총무과 공무원을 점찍어 날 되는 때마다 아예 그리로 출근하다시피 했다. 한살림 사무실과 창고가 양재동에 있고 내가 서초지역 이사이니 서초지역 700여 가족 소비자 조합원 수를 대며 요구했다.

"도시와 생산 공동체 직거래 운동을 하는 우리 한살림이 가을에 감사 잔치를 할 데가 없어 두 번이나 못 했어요. 정말 이런 단체는 꼭 구청이 지원해야 합니다. 그 지원도 별거 아니에요. 장소만 하루 빌려주면 됩니다. 마당만 내놓고 행사는 우리가 근사하게 꾸릴 테니 열매만 따면 되지 않겠어요? 여기 구청은 우리 구민이 꾸리는 곳 아닌가요? 우리 구민을 위해 존재하는 곳 아닌가요? 선진적으로 생각해 보세요. 구민이 원하는 일을 하는 게 구청에서 할 일이 아닌가요?"

별말로 다 설득하고 회유하고 애원했다. 그때는 지금처럼 지자체가 주민과 소통하는 때가 아니었다. 시민 단체에서 공공 기관 마당을 쓰겠다는 요구가 당시 우리나라 구청에서는 상상도 못 할 일이긴 했다. 봄에 운을 뗀 그 일로 더위가 오도록 구청에 다녔다. 몇 달이 지나자 친숙해진 총무과 공무원이 그랬다.

"아니 그 한살림, 피라미드 다단계 판매 회사예요? 교육도 많이 받은 멀쩡한 강남 사모님이 왜 그 일 하자고 이렇게 목매는 거예요?"

그래, 우리에게 한살림은 종교보다 더하고 피라미드 회사보다 더한 위력으로 다가온다. 올곧은 실무자와 조합원을 보며 힘이 솟고, 생산자들을 보면 그분들을 위해서는 그 무엇도 할 수 있다는 각오가 생긴다. 또 이렇게 자신 있게 구민을 위해 장소를 내놓으라고 요구할 수 있었던 것은, 네덜란드에 갔을 때 그곳 공무원들의 친절함과 유연함을 보았기 때문이다.

그리고 이 일을 하면서 나도 놀랐다. 내가 이렇게나 적극적이라니. 나 자신을 위해서라면 부끄러워 내색도 못 했을 일을 무리 없이 한다. 그건 한살림뿐 아니라 세상을 위해서이기도 하다. 그런 각오가 있으니 뭐든 두렵지 않았다. 공무원들이 아무리 홀대해도 마음이 상하지 않았다.

'저들이 지금은 모를 뿐이다. 그래서 우리가 그냥 알려 주는 것이다. 아마 훗날 그들이 우리에게 고마워할지 모르겠다. 선진적 사고를 갖게 해 주었다고.'

무엇에 감복하였는지 몇 달 만에 "우리가 안을 올려도 위에서 인정받기가 무척 어려워요. 오래 걸리고. 오히려 위에서 결정되어 내려오는 것이 차라리 빠르고 더 가능성이 커요. 그때는 우리가 적극적으로 지원할 테니 구청장님께 직접 의뢰해 봐요."라고 황 주임이 웃으며 권했다.

장소를 찾아 헤매던 일 년의 시간이 내게 일을 푸는 방법을 가르쳐 주었다. 항상 원칙만 고집하던 데서 벗어나 그냥 막무가내로 만나지 말고 내 힘을 좀 모아 만나야겠다고. 그래서 그동안 오로지 한살림 일 말고는 눈 돌릴 줄 모르던 생각을 조금 수정했다. 하긴 집안일과 한살림 일만 제대로 하는데 그것도 욕심껏 다 못 하는데도 수위가 딱 목까지 와 있었다. 조금이라도 다른 일에 눈을 돌리면 그 기본적인 일을 제대로 못 하든지 아니면 금방 물이 올라와 숨이 찼다. 그래도 일을 조정하여 그전에 제안받았던 구청 일을 맡았다. 구의원이 여러 번 여러 활동에 추천하였으나 한 번도 응했던 적이 없었다. 일회성 사업이나 개인적인 자료를 주는 일이면 적극적으로 도왔으나, 긴 시간을 들이는 것은 무리라고 판단했기 때문이다. 내가 살아오면서 뭘 바라서 하는 일은 이번이 처음이자 마지막이라고 생각했다.

그때 쓰레기 종량제 시행으로 구청마다 자원 회수 시설을 만드는 일이 급박했다. 지난겨울부터 그 심의위원으로 위촉되었으나 고사하고 있다가 다른 길을 뚫고자 뒤늦게 위원회에 들어갔다. 구민이며, 오랫동안 그 일을 고민하고 풀어 온 사람이라고 구청에서 무척 반겼다. 관내 초등학교에서 환경보전반 수업을 하고 선진국 사정도 좀 아는 데다 다른 사안들은 미리 준비해 가서 성실하게 회의에 임했다. 회의를 주재하는 부구청장과 알게 되고 시민국장과는 아주 뜻이 잘 통하는 사이가 되었다. 두어 번 회의가 끝난 다음에야 한살림 이야기를 하였고 당일 바로 구청장과 면담이 이루어졌다. 시민국장이 옆에서 다 소개하니 일이 절로 풀렸다.

꿈에 그리던 우리의 잔치

그해 가을, 우리는 꿈에 그리던 가을걷이 잔치 한마당을 열었다. 생산자와 소비자가 모여 신명 나는 잔치판을 보란 듯이 벌였다. 기다렸던 터라 모두 더욱 신나게 놀았다. 많은 생산자가 조합원들에게 보답한다며 돼지를 잡고 떡을 쪄 오고 유정란을 삶아 와 나누었다. 조합원들은 각 생산자 판매대에 가서 하루 도우미로 물품을 팔며 소비자로서 사용해 본 경험을 설명했다. 손에 선물을 들고 온 이들도 있었다. 어젯밤에 올라와 조합원 집에 머물다 온 생산자와 조합원은 더욱 각별하다. 물론 실무자들의 헌신적인 노력이 없었다면 불가능했다. 실무자들은 행사 전날부터 주차장에서 차를 빼서 준비하고, 당일에는 차량을 안내하고 행사를 진행하는 등 많은 일을 맡았다.

'사람이 많이 올까? 구청장님께 자랑한 대로 정말 근사하게 할 수 있을

까? 날씨는 좋을까?'

그 무렵, 우리 잔칫날은 항상 그 가을 최악의 날이었다. 춥고, 흐리고, 바람 불고. 식권과 물품 구매권을 미리 파는 등 만반의 준비를 한 결과, 추운 날인데도 조합원들이 많이 와서 잔치를 즐겼다. 서초구청 산업과에서는 우리 잔치가 얼마나 내용 그득한 행사인지도 모른 채 하루 매출액과 참가 인원만 궁금해했다.

이듬해부터 우리는 자연스레 서초구청 주차장을 가을마다 쓰게 되었다. 구청도 우리도 서로 만족하고 있었다. 1999년 여름, 구민회관 음악회에 갔다가 구청장을 만났다. 그랬더니 오늘은 밖에서 음악 들으며 차나 한 잔 마시자며 구민회관 사무실로 이끈다. 이야기 끝에,

"올해 한살림 잔치 안 해요?"

"하지요."

"그럼 날 잡읍시다." 하며 달력을 뒤적인다.

"항상 10월 마지막 일요일입니다."

"10월 31일이네요. 다른 분들도 잘들 알아 두세요." 하고 수행원들에게 확인까지 했다. 아직 여름인데. 참 많이도 변했다. 그렇게 찾아 헤매었는데 몇 년 하고 나니 이렇게 쉬웠다. 일을 신속하게 잘 처리했던 우리 실무자 덕분이었다. 뭐든 시작은 어렵지만 잘만 하면 그다음부터는 절로 되는 것 같다. 구청 공무원들은 행사 때도 보고 감탄하지만, 얼마 후에 구청으로 인사를 가면 진심으로 우리 같은 모임이 있다는 것에 감사하다며 "세상 최고의 단체"라고 찬탄했다. 우리가 '한살림' 아닌가? 모두 가꾸느라 고생했지만, 자신들이 빛나지 않는 한살림 잔치를 위해 고생한 그때 구청 공무원 여러분에게 다시 한번 고마움을 전한다.

잔치가 끝나면 실무자들이 해거름에 어두워지도록 청소했다. 줄다리기 같은 놀이를 하고 난 뒤에 나온 지푸라기 등을 누구라고 지적하기 전에 먼저 나서서 대비로 쓸었다. 소비자 대표인 나도 몇 년간은 비질 마무리까지 함께했다.

이제 다른 구청에서는 신명 난 한살림 잔치를 부러워했고 '우리농'은 한살림을 따라 다음 해부터 서초구청에서 우리와 다른 주에 잔치를 하게 되었다. 그 덕에 서초구는 훗날 행정자치부 상을 휩쓸었다. 한살림 덕에 앞서가는 서초구가 되었다. 그때는 도움을 받아 오던 우리가 힘을 썼다. 경실련 등 다른 시민 단체에 서초구가 한 주민 자치 활동 지원 역할을 소개해 주기도 했다.

몇 년이 지나 정말 전에 내가 말한 그대로 되었다.

'저들이 지금은 모를 뿐이다. 그래서 우리가 그냥 알려 주는 것이다. 아마 훗날 그들이 우리에게 고마워할지 모르겠다. 선진적 사고를 갖게 해 주었다고.'

주민 행사에 문을 연 지자체

1997년 가을, 우리 가족은 아이들 학교 앞으로 이사하였고, 거기서 다시 지역 모임을 꾸렸다. 요리 교실 등을 열면 인기가 있어 열 명 정도 모이고는 했지만 보통은 여섯 명쯤 지속적으로 모였다. 그래도 그간 학습한 양이 많아서 2001년 광역 지역 모임을 위해 특별히 만든 자료집에는 더 공부할 내용이 없었다.

그래서 이 모임은 좀 다르게 꾸리기로 했다. 다들 결혼한 지 10년 이상이 되었으니 아이 낳고 키우느라 못 입은 아까운 옷들이 있으리라. 그 옷을 새로 꾸미고 한복 자투리 천을 모아다가 조각보를 만들고 헌 옷에 수를 놓거나 구슬을 달아 새 옷을 만드는 모임을 꾸렸다.

꼭 우리 동네만이 아니라 한살림 사람 누구나 참여할 수 있게 모임 장소를 '반포 종합사회복지관'으로 정했다. 한살림 가을걷이 잔치 한마당 열 장소를 구하지 못해 몇 달 동안 날마다 구청에 출근하여 얻어 내던 때와는 사뭇 다르다. 이제는 지역에서 모범을 자주 보여 동사무소든 어디든 지역 모임 장소는 무궁무진했다. 따로 건물이 없던 한살림 이사회와 조직위원회 회의를 어지간하면 반포3동 회의실에서 할 정도로 지자체와 유대가 정말 좋아졌다. 서초구청 마당을 구청장이 먼저 제안하듯 동사무소를 마음껏 쓰라는 제안을 동장이 하는 시절이 되었다.

오래전엔 지역 모임을 더욱 체계 있게 해 보려고 동사무소(주민센터)에 드나들며 장소 구걸도 여러 번 했다. '지역 사람들이 북적대는 동사무소야말로 살아 있는 동사무소'라고 설득하면서. 오래도 걸렸다. 지역 자치를 이해하는 우상길 동장을 만나 1998년 근 8년 만에야 문이 열려 한살림 지역 모임에 방을 제공하고, 전용 전화까지 주겠다는 제안을 받았다. 그곳에서 한살림 조직위원회 회의를 했으며, 에코 가족 운동과 뜨개질 교실도 열었다. 그걸 신호탄으로 이런 사례가 다른 지역으로 퍼져 나갔다.

멀리 평촌, 일산에서도 한살림 조합원들이 찾아왔다. 모두 구슬을 꿰고 수를 놓아 이 세상에 하나밖에 없는 옷을 만들어 놓고는 탄성을 질렀다. 천을 각자 한 가지씩만 가져와도 펼쳐 놓으면 뭐든 만들 수 있게 종류가 많았다.

나는 집에 모아 두었던 천으로 조각 이불을 꾸몄다. 멀쩡한 천을 잘라 이어 붙이는 것이 아니라 우리 조상들이 해 온 대로 볼품없는 조각을 이어 붙여서 만드는 친환경적인 조각 이불이다. 아기 태경이 옷을 제 할머니와 또는 외할머니와 똑같이 만들어 입히고 남은 천, 침대와 커튼과 아이 잠옷까지 일습을 만들고 남은 조각도 있었다. 배내옷까지 뭐든 다 남에게 주었으나 천 조각은 정말 남에게는 쓸모없는 것들이어서 내게 고스란히 남아 있었다. 초등학교 1학년 때 아이가 입던 바지, 무릎과 엉덩이 부분은 낡았지만, 발목 부분은 깨끗해 잘라 놓았던 그런 조각들이 모여 훌륭한 작품이 되었다. 세상에 하나밖에 없는 물품! 그 천으로 아이의 일생을 그림처럼 보여주는 앨범 같은 조각 이불을 만들었다. 마무리하며 밑단에 글씨를 썼다.

'17년간 네 곁에 있던 조각 천을 모아 2001년 5월 23일부터 6월 18일까지 사랑하는 딸 태경이를 위해 엄마가 만들고 썼다.'

우리는 이렇게 모여 다 같이 명품보다 귀한 단품을 꿰매며 한살림을 꾸리고 있었다.

세 살 버릇 여든 가는 밥상머리 교육
학교급식운동

- 윤 선 주 -

안전하고 건강하게

어린 시절의 입맛이 평생을 간다. 그래서 한살림에서는 초창기부터 어린이집이나 유치원을 찾아다니고는 했다. 우선 공급 실무자가 조합원 집 근처의 탁아 시설을 찾아가 한살림 물품 정보지를 건네고 소개한다. 그런 다음, 물품 이용 의사가 있으면 다시 활동가가 함께 방문하여 먹을거리의 차별성, 함께할 수 있는 활동을 안내한다. 그러면 큰 부담이 가지 않는 품목부터 이용하기 시작해서, 점차 부모 교육도 하고, 생산지 방문도 다니면서 점점 공급 물품을 늘려 나가는 곳도 있었다. 한살림이 처음부터 건강한 밥상을 위해 노력했듯이 아이들을 향한 안전한 음식에 대한 제안도 그랬다.

　한살림의 학교급식운동은 1995년부터 시작했다. 환경위원회를 중심으로 중학교의 특별 활동 시간에 찾아가 생태 환경에 대한 기초적인 정보를 알리고, 안전한 먹을거리란 무엇인지 함께 이야기도 나누었다. 학교 근처의 길거리 음식에서부터 수입 식품에 이르기까지 진상을 제대로 이야기해 주면 아이들은 깜짝 놀라곤 했다. 소문을 들은 이웃 학교에서 교육을 요청해 오기도 했다. 단순히 위생의 관점에서 음식을 보는 것이 아니라 우리 몸이나 흙, 공기 등 주변 생태를 바라보며 안전한 먹을거리를 찾도록 알려 주었다. 역시 아이들이라 감수성이 예민해서 받아들이는 속도가 빨랐다. 그러면서 우리나라에서도 급식이나 학교 주변의 음식에 대한 우려가 점점 커졌다.

1995년 3월, 일본의 '전국 학교급식을 생각하는 모임'의 노다 가츠미 사무국장을 초청해 강의를 마련했다. 당시 일본 일부 지역에서는 학교 급식에 채소, 과일 등 유기 농산물을 부분적으로 도입하고 일본산 밀을 사용하려는 운동이 일어나고 있었다. 이 강의를 준비한 한살림서울의 '학교급식을 생각하는 모임'을 비롯하여 관심을 가진 조합원들이 이후에도 한국의 학교급식 현황에 관해 공부를 계속했다. 그 공부 모임이 마을 모임에서, 지부에서, 동네 모임에서 이어져 왔다. 급식이란 그냥 한 끼의 밥을 먹고 배를 채우는 것이 아니라 그 전 과정, 즉 급식을 받는 순간부터 그릇을 반납하는 순간까지 모두 교육이라는 생각이 자리를 잡는 과정이었다.

2000년에 들어서면서 학교급식의 안전성 등에 대해 공론화가 일기 시작했으며 그 토대 위에 한살림에서도 지역 생협이나 지부가 중심이 되어 다른 단체와 함께 급식 만족도 조사를 했다. 경기 고양시에서 학생들을 대상으로 조사해 보니 뜻밖에 만족도가 낮고 위생 상태에 대한 불만이 많았다. 그 설문 조사 결과를 갖고 엄마들과 얘기해 보니 한꺼번에 많은 학생이 먹어야 하니 어느 정도는 감안하더라도 이대로 둘 수는 없다는 의견이 많았다. 급식을 시작할 때 우리 아이들이 학교에서도 집에서처럼 따뜻한 밥상을 받게 되었다고 좋아했는데, 그것조차 기대에 어긋나 겨울에도 식은 밥과 국을 먹는다는 아이들이 많았다.

2001년 6월 기준으로 전체 학교의 87.1%인 8,800여 학교에서 553만 4,000명의 학생이 급식을 이용했다. 또, 같은 해 한살림과 농어촌사회연구소가 함께 실시한 설문 조사에서 급식에 국산 재료만 사용한다는 응답이 25%였고, 영양사 대부분은 식단 작성 때 식재료 선택 기준에서 국산 사용이 우선이지만, 예산이 모자라 외국산을 쓰는 경우가 있다고 했다. 수입 농산물로 급식을 차리면, 처음에 기대했던 농업살림은커녕 유전자 조작 식품(GMO)을 먹는 일이 많아질 것이고, 아이들의 건강에 어떤 해를 끼칠지 알 수 없게 된다.

이 조사를 기점으로 한살림에서는 학교 급식에 대한 강좌를 마련하고 학교급식모임을 더 많이 만들어 적극적으로 활동하게 되었다. 안전한 식재료에서 한 발 더 나아가 식기를 씻는 세제를 조사하고, 친환경 세제로 바꿀 것을 제안했다. 대부분 학교에서 밥그릇을 씻은 후에도 물이 얼룩지는 것을 막기 위해 린스에 헹구는 것으로 설거지를 마무리했다. 또 공업용으로 사용하는 강력한 세제를 썼다. 이런 린스와 세제 잔류물이 식기에 남게 되고, 뜨거운 음식을 담으면 자연히 우리 아이들 몸으로 들어가게 된다는 것을 함께 이야기했다.

우리 아이들이 학교에서 건강한 밥을 먹도록

이런 노력 끝에 2003년 학교급식조례개정운동이 사회적으로 일어났다. 한살림이 적극적으로 힘을 보태 참여 단체 중에서 서명을 제일 많이 받았다. 아이들의 안전한 밥상을 위해 서명 용지를 들고 겨울 추위에 덜덜 떨면서 전철역, 육교 아래, 백화점 앞이나 학교 앞은 물론이고, 심지어 반상회에도 들고 갔다. 한살림고양파주생협의 김승희 조합원은 어찌나 열심이었는지 친구들이나 친척 모임은 말할 것도 없고, 한창 성업 중이던 찜질방까지 찾아다니며 혼자서 100장이 넘는 서명을 받아 오기도 했다. 늘 조용하고 말이 없는 분이었기에 모두 신기해하고 놀랐다. 그럴 수 있었던 건 아마도 아이를 향한 엄마의 사랑밖에는 설명이 쉽지 않으리라.

이후로 각 지역에 따라 공청회, 간담회, 설문 조사, 강좌 등을 진행했으며 조합원이 학교 운영위원회에 참여해서 적극적으로 안전한 먹을거리에 대해 영향력을 행사하기도 했다. 도농 복합 지역인 한살림고양생협 같은 곳은 지역 쌀을 학교급식에 넣기 위해 연대 단체와 함께 힘을 쏟았고, 결국 학부모와 지자체가 각각 추가 비용을 반씩 부담해서 지역의 친환경 쌀을 쓰게 했다. 2006년 3월, '친환경 유기 농산물 학교급식 실천 사례 만들기'라는 제목의 학교급식 활동가를 위한 교육 과정을 진행했다. 11월에는 학교급식국민운동본부가 주관하는 '안전한 학교급식 정착을 위한 대토론회'에 함께하는 등 한살림은 급식에 온 국민이 관심을 갖도록 하는 일에 앞장섰다. 2009년에는 학교급식 직영 전환 국민감사 청구 서명, 2010년부터는 친환경무상급식을 위한 연대 활동 등 학교급식을 둘러싼 노력이 이후에도 계속되고 있다.

다른 연관 단체와 힘을 합하는가 하면 독자적인 시도도 있었는데 2007년 한살림사업연합에 급식사업부((주)한살림학교급식)를 설치하여, 본격적으로 한살림학교급식사업단을 운영하기 시작했다. 하지만 학교급식은 조합원들에게 물품을 공급하는 방식과는 시스템과 요건 등이 크게 달랐다. 매일 배송되어야 하고, 품목이 계절과 상관없이 다양해야 하고, 여러 명이 한꺼번에 먹는 것이므로 크기가 균일해야 한다는 요건이 있었다. 그런데 준비가 미흡한 탓에 급식 사업은 계속 어려움을 겪었다. 결국, 오래가지 못하고 사업을 중단했지만, 그 과정에서 쓴 교훈도 많이 얻었다. 그리고 이 일을 계기로 어린이집 물품 공급이 활발해졌다.

어린이집은 학교에 비하면 비교적 규모가 작아 서로 의견을 나누고 설득하기 쉽다. 한살림이 함께할 수 있는 행사, 부모를 위한 정기적인 모임 등이 있어 직접 밥상의 중요성을 알릴 수 있다. 먼저 한살림을 찾아오는 어린이집 원장이나 밥 교사도 있고, 조합원인 부모가 적극 권해서 단체 회원으로 가입하기도 한다. 그러나 대부분은 공급 실무자가 공급 지역 근처의 어린이집을 방문해서 정보지나 소식지를 먼저 전하고, 흥미를 보이면 따로 시간을 들여 얘기를 나누었다. 그러면서 한살림 물품으로 밥상을 차리는 어린이집을 소식지에 소개하거나 지역에 따라서는 '한살림 어린이집'이나 '아이들의 희망 밥상'이라는 예쁜 현판을 달아 주기도 했다.

정말 어려운 우리나라 주부 노릇
유전자조작반대운동

- 서 형 숙 -

2001년 5월, 갑자기 농어촌사회연구소 권영근 소장이 법안이 만들어진다면서 〈유전자 변형 농산물의 농업환경 위해성 평가자료 심사지침 안〉에 대한 긴급 토론회를 하잔다. 내용으로 보아 물품위원장이 해야겠지만 시간이 촉박한 데다 여러 여건상 언제나처럼 내 몫이 되었다. 온종일 소비자 활동위원회 모임을 하고 돌아와 새벽 4시까지 썼다. 말 그대로 따끈따끈한 내용을 들고 급박하게 토론회장으로 갔다. 그 당시 환경 관련 의제가 생기면 우리 한살림에 같이 풀자는 제안이 쏟아졌다. 하나 풀고 나면 또 다른 제안이 이어졌다.

소비자 관점에서 살펴본 지침 안

참으로 어렵습니다. 이 나라에서 소비자 노릇 하기가.
많은 소비자들이 십수 년을 한살림운동을 하면서 밥상살림, 농업살림, 생명살림을 해 왔습니다. 불편하고 귀찮더라도, 이웃에게 유난스럽다고 눈총을 받더라도, 최소한 내가 아는 농민에게만이라도 농약통 들고 논밭에 들어가는 일 멈추겠다며 이 일들을 묵묵히 해냈습니다. 우리의 조그만 움직임이 온 생태계를 살린다는 자부심으로 일했으며, 농약 문제, 물, 토양 오염, 대기 오염을 공부했으며 그 대안을 알아내 이웃과 함께 실천해 왔습니다.

그런데 그것만이 아니었습니다. 계속되는 환경 호르몬 문제, 수돗물 불소화 문제, 유전자 조작, 구제역에 광우병까지. 새로운 정보를 습득하는 데 숨 돌릴 틈이 없습니다. 게다가 이렇게 갑작스레 지침안이 나오고 살펴야 하니 우리나라에서 제대로 된 소비자 노릇 하기가 여간 어렵지 않습니다. 더구나 이 지침에는 농산물을 이용할 당사자인 소비자에 대한 언급도 안 되어 있으니 서두르지 않을 수도 없고 말하지 않을 수도 없고 막막하기만 합니다. 정신 차려 읽어 보니 그리 쉬운 내용이 아닙니다.

이 지침은 유전자 변형 농산물의 국내 농업환경 방출에 대한 안전성을 농림부 장관에게 확인받고자 할 경우 필요한 기본적인 요건과 확인 절차를 규정함과 아울러 평가 범위를 제시함으로써 국내 농업환경의 보전과 안전한 농산물의 유통을 목적으로 하고 있습니다.

목적 자체가 농업환경 보전과 농산물 유통에만 국한되기에 다음이 결여되어 있습니다.

1. 소비자의 권리가 배제되어 있습니다.
- 소비자의 건강을 지킬 권리

농림부는 농업환경과 안전한 농산물의 유통과 함께 소비자에게도 안전한 농산물을 선택하고 먹을 권리가 있음에도 불구하고, 지침에서는 농업환경과 농산물의 유통만 언급하고 있습니다. 보사부 관할 유전자 변형 식품, 즉 가공식품은 그래도 표기가 된다니 소비자가 고를 수도 있겠으나 유전자 변형 농산물의 경우는 피할 방법이 전혀 없습니다.

• 소비자의 알 권리

유전자 변형 농산물에 대한 정보를 널리 알리고 의견을 수렴하기 위해 신청 자료를 20일간 공개하기로 하였으나 기간이 너무 짧아 형식에만 치우쳐 있다고 보입니다.

• 소비자의 쉴 권리

환경 방출 즉 유전자 변형 농산물을 소비 유통의 목적으로 국내 농경지에 재배하거나 생산하는 행위가 환경 생태계를 위협할 뿐만 아니라 소비자들이 자연 안에서 편안히 쉴 권리를 빼앗고 있습니다. 동물인지 식물인지 불확실한 꽃가루가 흩날리는 자연 안에서 어떻게 어린 자녀들을 자유롭게 뛰놀게 할 수 있겠습니까.

2. 다른 농산물 평가 기준에 비해 형평성을 잃었습니다.

계통을 통해 출하되는 농산물의 경우 잔류 농약을 검사하는 등 출하 이후에도 관리되고 있음에도 불구하고 이 지침에서는 안전성에 대해 계속 이의가 제기되고 있는 유전자 변형 농산물에 대하여는 평가 기준이 언급되어 있지 않습니다. 유전자 변형 농산물의 소비자에 대한 안전 평가 기준이 있어야 합니다.

3. 일반 농업환경과 개발 기업만 보호하는 지침입니까?

아주 오랜 시간 손톱이 닳도록 유기농을 실천해 온 많은 생산자는 '환경 방출'로 인해 그런 농사를 더는 지속할 수 없는 상황이 되었습니다. 미국식 유전자 변형 농산물 재배 단지에 책임 설치하는 20%의 익충 피난처에 대한 언급도 없습니다.

4. 독성 평가 이외의 다양한 직·간접 영향 평가가 결여되어 있습니다.

급성 독성뿐 아니라 당장은 눈에 띄지 않지만 시간이 지난 후에, 또는 무엇이라고 꼭 꼬집어서 말할 수는 없지만 다양한 형태로 이상 현상이 나타날 수 있습니다. 그런 만성 독성 또는 여러 가지 간접 영향에 대한 언급이 없어 아쉽습니다.

　　해충 저항성 옥수수를 먹고 죽은 벌을 누가 먹고 어떻게 될지 구체적으로 실험하지 않은 예측 불허의 농산물, 두렵기만 합니다.

유전자 조작과 유전자 변형은 무엇이 다른가?

보통 이 사안에 대해 호의적인 사람들은 유전자 변형이라 하고, 우려하는 사람들은 유전자 조작이라고 합니다. 국어사전에서 찾아보면, '변형이란 모습을 바꿈, 모양이 바뀜'으로 되어 있고, '조작은 좋지 못한 목적으로 무슨 일을 지어내거나 없던 것을 꾸며 냄'이라고 쓰여 있습니다. 결과적으로 모양과 모습이 바뀐 것만 보면 변형이지만, 없던 것을 만들어 냄으로 보면 조작이 더 적당하다고 봅니다.

　　오랜 기간이 지난 후에나 문제로 지적되는 많은 화학 물질 또는 실험을 기억합니다. 신이 준 선물이라고 극찬했던 DDT도 수십 년 감사히 쓰다가 발암 물질로 판명되어 사용 금지하였으나 아직도 사라지지 않고 지구 위를 떠돌며 환경 호르몬 물질로 악행을 저지르고 있는 것을 봅니다. 비정상적으로 사용한 사료로 인한 광우병 등 무수히 많은 사례를 보았습니다. 유럽에서는 '프랑켄푸드'로 불리는 유전자 변형 농산물. 지난 3월 30일 자 〈노동일보〉에 실린 '유전자 조작 유럽시장 막히자 한국 공략' 기사도 기억합니다. 유전자 변형이라는, 안전성이 확인되지 않은 불안한 방법을 받아들이면서 지침마저 이렇게 허술하다니, 어쩔 것입니까?

우리 소비자는 안전하고 안심되는 물품으로 식탁을 차리고 싶습니다. 이 지침으로 안심 식탁을 차리는 것은 불가능하다고 여겨집니다. 소비자를 인식한 더욱 구체적이고 현실감 있는 지침 안이 요구됩니다.

2001. 5. 11.

책상 앞에서 벗어나 자연 속으로
한살림 생명학교

- 서 형 숙 -

생명의 가치를 아는 어린이로 커 가기를 바라는 마음

한살림 생명학교는 1990년 8월 강원도 홍천에서 처음 열린 것을 시작으로, 이후 강원도 화천 등에서 열리다가 해마다 계절마다 전국 각지의 한살림 생산 공동체에서 열고 있다.

생명학교는 도시 조합원의 초등·중학생 자녀들이 생산지를 방문하여 농업, 농촌, 자연을 체험하고 이해하는 소중한 방법이다. 대부분의 지역 생협과 지부별로 각각 생산지를 정해 진행하고 있다. 주로 방학에 여름 생명학교와 겨울 생명학교를 3박 4일로 길게 열고 지역에 따라서는 봄·가을 생명학교도 연다. 20여 년의 역사를 가진 한살림 생명학교는 어떤 지식을 일부러 가르치기보다 함께 참여하고 누리며 스스로 배운다. 별 보고, 달 보고, 풀 보고, 오리 따라 뛰고, 좋은 공기 마시며, 맛있는 것 먹고, 물놀이하고. 도시 경쟁 사회에서 책상에만 붙들려 있던 아이들을 자연에 풀어 놓자는 심산으로 시작했다.

처음 몇 해 동안 생명학교는 엄마 조합원들이 밥을 해 먹이고, 서울교육대학 '환경과 교육연구회' 학생들이 선생이 되어 아이들을 이끌었다. 엄마들이 직접 교안을 짜는 일에서 해방되고, 아이들도 교육열 충천한 젊은 언니 오빠들과 지내는 좋은 점도 있었지만, 한살림 정신으로 똘똘 뭉친 엄마들 눈에는 그들도 아직 '미생'이라 성에 차지 않았다. 점차 조합원들이 가르치는 일까지 맡게 되었다. 처음엔 산지 둘러보기, 경운기 타기, 오리 돌보기, 피 뽑기, 생산자 이야기 듣기 정도였다. 나는 1992년 강원도 화천에서 할 때부터 참여했다. 최광선 생산자가 공동체를 꾸려 쌀, 배추를 생산하는 곳이었다. 교사가 따로 있지만, 계획 세우고 여러모로 준비해서 가도 절대 시간과 인원이 부족하여 정말 고된 시간을 보냈다.

한번은 엄마들 밥 짓는 일을 거들러 갔는데, 좋은 밥 좀 얻어먹을까 하여 소풍을 온 사람들도 꽤 있었다. 그러니 아침이면 밥하러 일어나지들 않아서 등을 주무르고 갖은 설득으로 일으켜 주방으로 내보내기도 했다. 그도 그럴 것이 작은 시골 학교에 아이들을 한 기에 80~90명씩이나 받아서 아침, 점심, 저녁에다 중간중간 간식, 거기다가 저녁도 거른 채 생산지에서 바로 밤마실 오는 생산자들 야식까지 준비하려니 벅찰 만도 했다. 1993년엔 강북 지역에서 활동하는, 성격 좋은 우성숙 씨가 친한 엄마들로 이뤄진 밥 부대를 이끌고 왔다. 몸이 빠르고 솜씨가 좋아 인기였다.

1995년에는 아찔한 사고도 있었다. 최광선 생산자의 부인이 보건소장인 덕분에 보통 아이들의 작은 탈은 문제가 없었다. 그런데 물놀이하던 아이의 발뒤꿈치가 물속 유리 조각에 베인 사고가 일어났다. 전날 실무자 도상록, 정만철 씨가 아이들이 놀 개울 물속을 들여다보며 샅샅이 치웠는데, 그래도 어딘가 유리 조각이 숨어 있었던 거다. 실무자가 6학년 아이를 업고 화천의 큰 병원으로 가서 꿰맸다. 나는 새끼 보살피듯 아이를 품어 안정시키고 아이도 잘 참아 내서 현장 처리는 잘했는데 앞날이 걱정되었다. 살 두꺼운 발이 아물기도 더딜 듯하고 여름인 데다 여학생이라 흉터가 남을까 봐 걱정이었다. 잘 데리고 있다 보내겠다는 약속을 못 지킨 셈이다. 따로 챙기다 부모님 만나는 날 바짝 긴장했는데 아이도 부모도 의외로 덤덤했다. 아무 일 아니라며 오히려 신속한 처치에 고맙다고 인사했다. 며칠 뒤 실밥 뽑았느냐고 전화하니 역시 덤덤하다. 정말 한살림 사람인가 보다 했다.

네 아이, 내 아이가 아니라 우리 아이

1995년에는 생명학교 주변 유명한 곳 돌아보기도 프로그램에 곁들였다. 화천발전소가 더 가까우나 댐과 발전소가 떨어져 있어 볼거리가 적을 터라 서울로 돌아오는 길에 춘천발전소를 견학했다. 미리 한전에 전화 예약을 하고 까다로운 견학 신청 절차를 마쳤다. 발전소를 구석구석 들여다보며 전기가 만들어지는 원리를 어렴풋이 알게 해 주었고, 덤으로 기념품까지 얻어 신나는 현장 방문이었다.

　어쨌거나 집 떠난 아이들은 배낭에 넣어 온 시중 판매 과자들을 압수당해도 생명학교에 있는 동안 한살림에서 주는 건강한 음식을 달게 먹었다. 여름엔 물놀이를 너무도 좋아하여 하루에 두 번을 넣을까 망설일 정도였다. 밭일도 곧잘 했다.

　그러면서 준비 모임이 필요하다는 의견이 모여 1997년부터는 비교적 체계적인 준비와 자료집을 만들어 진행하는 생명학교로 거듭났다. 누군가에게 위탁하는 것이 아니라 조합원과 생산자, 실무자들이 교사가 되어 자연과 함께하는 법을 배우는 학교다. 우리 전통 놀이, 생태 놀이, 민요를 많이 도입했다. 아이들에게 우리 문화를 알게 하려고 연 만들기, 윷놀이, 윷판 이름 외우기를 했다. 인원도 소규모로 하고, 밥 교사, 아이들 돌보는 교사, 살림 조달자, 생산자 교사로 역할을 뚜렷이 나누고 각자 맡은 바 책임을 다 하였다.

충북 괴산 눈비산 마을은 겨울 생명학교를 하기에 좋았다. 눈비산 마을 정남숙 생산자가 아이들에게 청국장 만들기, 콩나물 기르기를 가르쳤고, 밥 교사 엄마들도 식사 때마다 이 음식은 어떤 것인지 설명하는 시간도 곁들였다. 안상희 생산자가 생명학교 교장이었는데 따뜻하고 자상하게 아이들을 대해서 누구나 좋아했다. 훗날 교장을 맡은 정선미 씨의 민요 수업은 엄마들이 더 좋아했다. 겨울 눈비산 마을에서 제일 인기 있는 놀이는 뭐니 뭐니 해도 '비료 포대 썰매 타기'다. 신이 난 아이들 웃음이 산봉우리를 타고 넘을 만큼 컸다.

그 무렵까지 생명학교 준비 모임은 우리 집에서 떡국을 끓여 먹어 가며 했다. 특히 연 만들기가 기억에 남는다. 대학 때 노유상 명장에게 배운 방패 연 만들기를 10여 년 만에 준비위원들에게 전수해 주어 아이들과 만들게 했다. 연날리기하면, 하늘을 수놓은 연들이 겨울 하늘의 새처럼 예쁘다. 놀이 좋아하고 내기 좋아하는 우리 옛 어른들은 윷놀이할 때 입으로 놀았다. 말판을 두지 않고 윷을 놀았다는 말이다. 판 이름을 다 외우니 서로의 말이 어디에, 어떻게 있는지 다 안다. 내가 알고 있는 그 판 이름을 설명하며 외워 보게도 했다. 앞여, 뒤여, 넷째, 방혀 등등. 하나하나 의미를 알아 가며.

첫 중학생 여름 생명학교를 1995년 영동 옥잠화공동체에서 열 명 소규모로 시작했다. 아이들은 동네 탐방, 강 놀이, 폭포 가기는 잘하다가 일손 돕기 시간으로 밭고랑에만 앉혀 놓으면 농땡이 치며 움직이질 않았다. 생산자 보기 부끄러워 아이들이 못 다한 김매기 할당을 내가 채우기도 했다. 요 녀석들은 숙소로 돌아와서 워크맨을 들고 춤을 추고 놀았다. 놀 힘은 있는데 밭매기는 안 됐던 모양이다.

적은 인원으로 중학생 이끌기가 고되어 중단되었다가 1998년 조합원·실무자가 윤선주 씨 집에 모여 회의를 하며 준비해서 다시 열었다. 아이들은 후기에 '농사 체험은 힘들었지만 보람 있었다.', '겨울 생명학교를 한다면 오고 싶다.'라고 썼다. 날마다 조금씩 자라는 어른, 아이들인가 보다.

생명학교를 통해 엄마들은 내 아이, 네 아이 아닌 우리 아이로 기르고, 그 가운데서 아이들도 너, 나가 아닌 우리로 커 간다. 우리 놀이와 먹을거리를 이해하고, 몸에 익혀 돌아간다. 해마다 자라는 엄마들과 아이들이 보였다.

지금은 우리 노래와 민요, 생태 놀이, 풍물, 요리 등 주제별로 모둠을 구성하여 외부 교육을 받거나 자체 공부 모임을 꾸준히 진행한 결과, 일취월장한 생명학교 교사 부대가 생겨났다. 산나물·들나물 강좌, 떡 만들기 강좌까지 다녀온 선생님들, 경쟁력 있다. 생명학교만 봐도 한살림이 참 많이 컸고 잘 자라난 걸 알겠다.

생산자와 소비자가 함께 풍농을 기원해요
한살림 단오잔치

- 서 형 숙 -

1989년 성미마을에서 처음 열린 단오절 마을 잔치

한살림에서는 가을걷이 잔치 한마당, 단오잔치 같은 조합원 참여 행사를 적극적으로 펼쳤다. 모내기를 끝내고 풍농을 기원하는 단오잔치는 생산지에서, 추수 감사제 격인 가을걷이 잔치는 소비지에서 연다. 조합원이라면 누구라도 봄가을로 생산자—소비자가 함께 만나 정을 쌓고 즐거운 시간을 보내는 행사에 참여할 수 있다. 누가 이런 좋은 행사를 기획했는지 기록은 없으나, 생산지에서 우리 전통적인 공동체 문화를 살려내기 위해 한살림에서 평생 갖은 묘안을 짜내고 온갖 역할을 다 맡았던 실무자 이상국 한살림연합 전 대표가 아닐까 싶다. 한살림이 소비자생활협동조합으로 모습을 바꾼 다음 해부터 해마다 열린다.

한살림 단오잔치는 1989년 충북 음성 성미마을에서 '단오절 마을 잔치'라는 이름으로 생산자와 소비자 300여 명이 모인 가운데 처음 열렸다. 그때

장일순 선생과 한살림모임 간사로 일하던 가수 김민기 씨도 함께 참석했다. 전통적으로 단오는 일 년 중 양기가 가장 왕성한 날이라 하여, 예로부터 설, 추석, 한식과 함께 큰 명절로 꼽혔으나 지금은 이름만 남아 있는 실정이다. 반면 한살림에서는 각 지역에서 매년 단오잔치를 열며 단오의 명맥을 이어 가고 있다.

농촌에서는 이날 씨뿌리기와 모내기를 끝내고 마을의 안녕과 풍농을 기원하는 제사를 올리고 굿을 벌였다. 그런데 도시화가 진행되면서 도시 사람들에게 자연의 순환 주기에 따른 우리 고유의 절기 문화는 낯선 것, 일상과 동떨어진 것이 되어 버렸다. 한살림은 급격한 산업화와 농촌 공동체의 붕괴로 인해 잊혀 가는 농촌의 절기 문화와 공동체 문화를 되살리고, 농촌 생산자와 도시 소비자가 어울리는 교류와 연대의 장을 만들기 위해 단오잔치를 열었다. 이 잔치가 해마다 빠지지 않고 열려 지금은 각 지역 생산 공동체와 지역 생협 및 지부가 짝을 이루어 벌이는 가장 중요한 연중행사로 자리 잡았다.

2015년 단오에는 한살림서울생협 8개 지부와 한살림경기남부생협 2개 지부, 한살림고양파주·성남용인·경기서남부·경기동부·원주·청주·대전·천안아산·충주제천·경남·전북생협 등 회원 생협들이 생산자연합회 충북 괴산연합회, 충북 청주연합회, 충남 아산연합회, 강원 홍천연합회, 횡성권역(여주 금당리공동체), 경남 산청연합회, 전북권역(정읍 한밝음공동체), 충남 예산자연농회, 충북북권역(충주공동체) 등에서 열리는 단오잔치를 준비하였다. 그런데 그때 메르스(중동 호흡기 증후군)가 유행하는 바람에 몇 곳을 빼고는 대부분 취소되고 말아 무척 아쉬웠다.

아이들로 북적이는 잔치, 최고의 인기 놀이는 '경운기 타기'

1990년에도 성미마을에서 단오잔치가 열렸는데, 커다란 느티나무가 양쪽에 한 쌍으로 서 있는 그늘에서 통배추와 돼지머리를 올리고, 살풀이로 단오제를 지냈다. 마을 사람들이 인사말을 전하고, 가마솥에 지은 밥과 나물, 상추, 배추쌈, 포도 생산지 상주에서 담가 온 동동주, 쌀 막걸리에 조합원들이 싸 가지고 온 음식까지 같이 풀어 놓고 서로 권하며 점심을 먹었다. 몇 년 뒤에는 친환경 농업을 하든 관행농을 하든 상관없이 마을 사람이면 누구나 참여하는 마을 잔치가 되었다.

지금은 실무자들이 일사불란하게 산지에 미리 가서 단오잔치를 준비하지만, 초창기에 잔치 준비는 그저 생산자들 몫이었다. 단오 전날, 가는 새끼줄을 여러 가닥 꼬아 만든 튼튼한 동아줄로 마을 어귀 큰 나무에다 춘향이가 탈 법한 그네를 매어 단다. 그 아래에서 고사도 지내고, 굿도 하고, 갖은 놀이를 다 하며 즐긴다.

생산자 만남의 장도 큰일. 1993년부터 조합원들과 생산자들을 묶어 모둠을 만들어 서로를 격려하자고 한 적이 있다. 생산자들은 농사야 그림같이 짓지만, 말수가 적고 표현력이 부족하다. 그래도 조합원들은 다 안다. 땅을 일구느라 나뭇등걸처럼 딱딱해진 손등과 풀 뽑느라 다 닳은 손톱이 말하는 바를. 서로 감사하고 미안한 마음으로 가득한 채 하나가 되어 웃고, 놀고, 나누며 하루를 보냈다. 생산자와 조합원의 마음을 볼 수 있는 시간이었다.

어린이들은 벌레 잡기, 보물찾기, 줄넘기, 그림 그리기 등의 놀이를 하고는 다시 모여 그네를 탔다. 아이들 놀이 가운데 가장 인기 있는 것이 경운기 타기다. 참석한 어린이들이 가능하면 다 탈 수 있도록 준비하지만, 언제나 기다리는 줄이 꽤 길었다. 1990년대 중반부터 엄마들이 자녀 교육에 관심이 많아져 산지 방문 행사에 열을 올렸고, 단오잔치도 그중 하나여서 행사장이 늘 아이들로 북적였다. 그 아이들이 성원해 주었기에 단오 행사를 지금까지 이어 올 수 있지 않았을까?

그래서 우리는 이미 차고 넘치는 아이들 놀이를 더 다채롭게 더 많이 만들었다. 1995년 단오부터는 열 가지가 넘는 놀이를 준비하여 참가할 수 있게 했다. 창포물로 머리 감기에다 환경 생태 퀴즈, 머리 얹기, 투호 놀이, 새끼 꼬기, 꽃목걸이 만들기까지.

2001년에는 강원도 공근과 충남 아산, 그리고 충북 보은 등 세 곳에서 단오잔치가 열렸다. 참가한 조합원만도 모두 1,500명을 훌쩍 넘겼다. 그때 나는 공근에서 열린 행사에 참가했다. 공근에서는 서울·원주·강릉의 조합원들과 생산자들이 모여 비가 오는데도 처음부터 끝까지 지경 다지기, 씨름, 장승 세우기, 그네뛰기 등 모든 놀이판을 신명 나게 벌였다. 특히 씨름은 아내와 아이의 성화에 마지못해 따라온 남편들이 나서서 즐기는 놀이였다. 처음엔 머뭇거리다가도 씨름판에 세워 놓으면 다들 투지를 불태웠다.

아이들 놀이 챙기러 다니는 엄마들이 꼭 관심을 기울이는 건, 산지 장터와 창포물에 머리 감기, 그네뛰기, 널뛰기다. 그건 남녀노소 가리지 않고 다 좋아하는 종목이기도 했다. 어르신들은 추억을 되새기고, 어린이들은 옛 놀이의 생소함을 맛보고, 엄마들은 어린 시절을 다시 즐기는 행복한 시간이었다. 화장이 다 지워져도 아이처럼 창포로 머리를 감은 뒤 찰랑거리는 머릿결에 감탄하는 엄마들의 화사한 얼굴도 좋아 보였다.

한때는 제초용 오리 넣기가 의미 있는 큰 행사였다. 조합원들이 마련한 오리를 생산지에 풀어 놓아 제초 작업을 마치면 가을걷이에 맞춰 그 오리를 조합원들에게 돌린다는 기획이었다. 오리를 한 마리씩 손에 들고 논으로 향하는 이들의 행렬은 장관이었다.

생산자들은 농약과 화학 비료를 쓰지 않고 정성껏 기른 농산물을 현지에서 판매하는 장터도 열었다. 한살림에 공급할 만큼 충분한 양은 안 되지만, 그 지역에서 나는 진짜 특산물들이 수두룩해 산지에서 장 보는 맛이 쏠쏠했다. 때론 조합원들이 본인은 사용하지 않지만 다른 사람이 쓸 만한 물품을 가져와서 전달하는 '알뜰 장터'도 열곤 했다. 가는 곳마다 벌어지는 진풍경인 '막걸리 주고받기'와 더불어 알뜰 장터는 도시 소비자들과 농촌 생산자들이 서로 정을 쌓는 중요한 자리였다.

단오잔치로 생산자나 조합원이나 각자 사는 곳에서 갖고 있던 시름을 다 내려놓고, 생산자와 조합원이, 어른과 아이가 자연 안에서 하나 되어 하루를 만끽한다. 신명 나는 가락에 맞추어 강강술래를 하며 모두 한마음으로 풍농을 기원하는 잔치를 마무리하는데, 쉽게 끝이 나지 않는다. 끝내라는 진행자의 재촉이 거듭된 뒤에야 겨우 아쉬운 작별을 고한다. 감사한 마음으로 무언가 가슴에서 뜨끈한 게 치밀어 오르는 걸 느낀다. 그 따스함을 고이 안고, 왔던 곳으로 되돌아간다. 마음이 가볍다. 우리가 모두 희망이 된 듯.

나 한 사람이 물 한 숟가락씩 맑게 하면
에코 가족 운동에서 배운 것

- 윤선주 -

협동조합 방식의 자동차 정비 공장을 만들어 볼까

1990년대 후반, 시민 단체 크리스찬아카데미에서 '에코 가족 운동'을 펼쳤다. 한살림 환경위원들이 참석해서 그 운동을 어떻게 풀어 나갈지 함께 공부했다. 우리의 생각과 같으므로 적극적으로 확산시키면 좋겠다고 생각했다. 한편으로는 우리가 지금 매일 살면서 하고 있는 일인데 굳이 '에코 가족 운동'이란 이름을 그대로 갖다 쓰는 것이 맞느냐는 의견도 있었다. 그러나 아무리 우리가 하고 있는 일이라도 우리에게는 그렇게 정리된 자료가 없었다. 그러니 에코 가족 운동을 먼저 이용하고, 점차 우리가 더 좋은 사례를 발굴하고 노력해서 한살림 자료를 마련하기로 의견을 모았다.

  마음을 다지고 그 일을 꾸준히 하기 위해서는 함께하는 사람들끼리 친해져야겠다고 생각했다. 매주 만나 서로 실천하면서 겪는 이야기나 어려움을 교환하고 서로 충고도 하면서. 그렇게 꼬박 매주 한 번씩 여섯 번 정도 만나다 보니 나는 미처 생각지도 못했던 방법이 있었고, 나름 절약하는 데는 자신이 있던 사람들도 다른 사람에게서 배울 일이 있었다.

가령 전기를 절약하기로 했다면 각자 하고 있거나 해 볼 수 있는 일을 나누고 앞으로 할 일들을 적었다. 집에 돌아가 식구들에게도 잘 설명하고 동의를 구했다. 쓰지 않는 모든 전열기는 플러그를 뺀다거나, 아이들의 컴퓨터 사용 시간을 정하거나, 전기밥솥 대신 압력솥을 쓰기로 하는 식이다. 그러면서 매번 밥을 하는 것은 낭비이니 하루나 이틀 치 밥을 해서 먹자는 이야기가 나오고, 그러면 남은 밥의 풍미를 최대한 살리는 보관 방법에 대해 살림 9단들의 정보가 활발하게 오간다. 그때 아마 먹을 만큼씩 용기에 담아 냉동하는 것이 최상의 방법이라고 결론이 난 모임이 많았다.

또, 각자의 방에서 저마다 불을 켜고 지내는 것이 옳은가 하고 누가 물으면 다른 방법은 무얼까 함께 고민한다. 누구는 아예 텔레비전을 없애고 온 가족의 책상을 마루로 갖고 나와 부분 조명을 사용하면서 함께 서재로 쓰기도 했다. 해 보니 아이들도 딴짓하지 않고 집에 오면 텔레비전만 보던 남편도 책을 읽기 시작했다는 낭보를 전하기도 했다. 그러나 누구는 식구들이 다수결에 붙이더니 안이 통과하지 못했다고도 하고.

전기를 아껴 쓰는 일은 계속하면서 그다음 주의 실천 과제를 의논하기 위해 다시 모이는데, 이번에는 물 아껴 쓰기였다. 물을 컵에 받아 양치하기, 변기 수조에 벽돌이나 물 채운 음료수병 넣기, 물 받아 설거지하기, 쓴 물 또 쓰기 등 이미 하고 있는 일은 단번에 나온다. 더 좋은, 획기적으로 아끼는 방법이 뭐 없을까 더 생각해 보기로 하고 누군가 좋은 생각이 날 때까지 기다린다. 지금도 기억에 남는 방법은 아침에 식구들이 모두 소변을 본 다음, 맨 마지막 사람이 변기 물 내리기였다. 좋은 생각이기는 한데 위생적이지 못한 점 때문에 깔끔한 식구들의 동의를 얻기 어려워 실행에 옮기는 사람은 적었다. 그런데 해 보니 그다지 더럽지도 않고 마음이 흡족하다는 장점은 있다. 설거지물을 욕실이나 베란다로 낑낑거리고 옮기는 것을 보고 식구들이 "엔간히 하라."거나 "궁상스럽게 살지 맙시다."라고 항의하여 좀 어렵기도 했다.

그 외에 공기를 깨끗하게 하기 위해 자동차 사용을 줄이고 대중교통이나 튼튼한 두 다리를 이용하는 방법, 혹은 자전거 타기를 생활화하자는 말이 오갔다. 자동차 정비를 제때 제대로 해서 오염 물질 배출량을 줄이자는 이야기도 나오고. 그런데 대부분의 주부는 정비 공장이 속임수를 쓰기도 한다는 불안한 마음을 갖고 있었다. 믿을 만한 정비 공장에 대한 정보를 주고받다가 다른 단체와 연결이 되어 협동조합 방식의 정비 공장을 만들려는 데까지 생각하기도 했다. 그때는 여건이 맞지 않아 실현하지 못했지만, 꼭 필요한 일이라는 생각에는 변함이 없다. 매장으로 장을 보러 갈 때도 짐 때문에 자동차를 타고 갔다면 앞으로는 손수레를 끌고 다니자는 주장도 있었고, 조금 더 나가 저마다 자동차로 장을 보러 가는 것이 매장에서 배달해 주는 것보다 더 대기 오염 물질을 내뿜는 거 아니냐는 의견도 제법 호응을 얻었다. 물론 실현되지는 않았지만, 앞으로 혹시 매장 배달이 이루어지면 대단히 앞선 생각이었다고 흐뭇해할 것 같다.

물건을 아껴 쓰자는 항목에는 당연히 '아나바다'를 일상적으로 실천하자는 이야기가 만장일치로 나왔다. 그래서 당장 다음 모임부터는 아이들 옷, 장난감, 교재, 그릇이나 작은 가전제품들도 들고나와 필요한 사람이 가져갔다. 당장 내일 아이가 써야 할 교재를 구한 사람은 "심봤다!" 하며 만세를 부르는 등 모임이 더욱 재미있어졌다.

이렇게 한 달이 지난 후 관리비 청구서를 놓고 그전의 관리비 청구서와 비교해서 들여다보면 확실하게 줄어든 것을 알 수 있었다. 특히 이렇게 자세히 조목조목 따져 보지 않았던 사람들은 더욱 그 차이에 놀라 이웃에 적극적으로 권하기도 하고 자신도 계속하겠다고 하였다. 생활비로 비교해도 차이가 나니, 그 돈으로 그동안 식구들 먼저 챙기느라 미루기만 했던 나 자신을 위해 선물하겠다는 설레는 계획을 세우기도 하였다. 처음에는 귀찮은 생각도 있었고 식구들 마음 맞추기도 어려웠지만 함께 모여서 하니 도중에 포기할 수가 없어서 끝까지 했다는 의견이 많았다. 전업주부라도 매주 일정한 시간을 내어 한 달 반이나 모인다는 것이 말처럼 쉽지 않다.

에코 가족 모임을 하면서 얻은 성과 중에는 절약해서 내 가족뿐 아니라 지구 전체에도 좋은 일을 했다는 뿌듯함이 컸다. 그리고 내가 하고 싶은 일을 하기 위해서 지금까지 진지하게 타인을 설득해 보겠다는 생각을 하지 못했는데 해 보니 되더라는 자신감도 있었다. 시어머니께도 시간을 조절해 달라 부탁하고, 해야 할 살림을 조금 늦추기도 하면서 자신이 원하면 도와주고 싶어 하는 사람이 늘 있다는 경험이 앞으로 내 삶을 바꿀 것 같다는 어느 조합원의 고백에 모두 동감했다.

이렇게 에코 가족 모임은 지역의 한살림 활동에 이바지한 바가 크다. 처음에는 마을 모임 위주로 하다가 점점 시간이 지나자 거꾸로 에코 가족 모임을 하려고 모인 사람들이 마을 모임을 만들기도 했다. 매주 모이기가 쉬울까 하고 우려했던 것과는 달리, 일관성 있게 요일을 정해 비워 두는 것이 더 낫다는 사람도 있었다. 성과가 이렇게 금방 나타나니 다음에는 우리가 어떤 일을 할까 기다려지기도 하고 이웃에게 권하기도 쉬워 덩달아 환경위원회의 활동이 늘었다.

생기기도 하고 없어지기도 하는 모임

그런데 참 이상한 점은 이렇게 잘되던 모임도 다른 활동으로 계속 이어지지 않으면 교재를 끝낸 다음 마치 할 일을 다했다는 듯이 기운을 잃는 것이다. 그래서 '어떻게 만든 모임인데……' 하며 안타까워하고 지속시키려고 노력해도 잘되지 않는다. 처음에는 그것이 무척 서운해서 마음이 상하기도 했는데 모임도 마치 세상일과 같아서 생로병사를 겪는다고 이해하게 되었다. 가만히 보니 우리가 쓰는 말도 시대에 따라 새로 생기기도 하지만 안 쓰고 사라지기도 하지 않는가. 위원회나 소모임도 마찬가지여서 애쓰고 만들어 잘 활동하다가도 어느 날 없어지기도 하니까.

한살림 초기에는 공부 모임 위주여서 그런지 환경위원회가 물품위원회 못지않게 활발하게 활동했다. 골치 아프다면서도 폐식용유로 비누 만들기에서부터 에코 가족 운동까지 참 열심히 활동했는데 어느 날 보니 환경위원회가 없는 지역도 많았다. 특별히 머리 싸매고 공부할 활동이 준 것이 이유라고 보기는 어렵다. 지금도 조금만 주의해서 보면 고쳐야 할 생활 습관은 많은데 재미있게 활동할 방법을 못 찾는 게 아닌가 싶다. 그래도 서울 지역은 꾸준하게 활동하면서 다른 지역에서 환경에 대한 접근을 어떻게 해야 할지 많은 제안을 하고 있다.

특히 2002년 서울환경위원회에서 그동안 우리의 실천 사례와 경험을 담은 지침서 〈생각을 행동으로〉를 발간했다. 김종우 위원장을 비롯해 11명의 위원이 한 부분씩 맡아 글을 쓰고, 윤선혜 활동가가 편집한 이 작은 책자는 우리를 닮아 소박하고 따스한 책이다. 평소에 늘 실천하며 사는 데는 자신 있지만, 전국의 조합원들에게 교재로 나간다는 사실에 쓰고 고치고 함께 검토하느라 시간이 오래 걸렸다. 그만큼 정성도 많이 쏟았다. 글귀 하나에도 엄마의 마음이 담겨 있고, 동시에 지구인의 마음도 담겨 있어 정말 공부를 많이 하고 정리했다는 느낌이 든다. 당시 15개 각 지역에 보내어 한살림다운 나와 지구 생태를 동시에 껴안고 치유하려는 마음을 담은 교재로 많이 활용하였다.

　설거지물을 아껴서 쓰고, 양치는 반드시 컵에 받아서 하고, 변기에는 벽돌을 넣어 두는 일을 하면서 간혹 이러는 게 의미가 있으려나 좌절할 때가 있다. 잊을 만하면 뉴스에는 허옇게 몸 뒤집고 죽은 물고기 떼가 떠오르고, 비 오는 틈을 타 독성 폐기물을 몰래 버린 공장이 나오고, 녹조로 가득한 하천이 나오는데, 하는 생각. 그럴 때면 환경위원회 모임에서 "그렇더라도 우리가 옳은 일을 하고 있다. 한강 물 한 숟가락씩만 맑혀도, 함께하는 사람이 늘면 그 한 숟가락이 열 숟가락, 만 숟가락 되지 않겠나? 그러다 보면 언젠가는 한강에서 다시 멱 감고 낚시하며 즐거워하는 사람들을 보게 될 거다." 하고 서로 힘을 돋우던 생각이 난다. 그래, 지치지 말고 욕심부리지 말고 내가 먼저 실천해서 우리 아이들, 그때 못 이루면 그 아이들의 아이들은 그렇게 살기를 바라자고 서로를 격려했다.

문제가 있는데 덮어 둘 순 없어요
수돗물 불소화 반대 운동

- 서 형 숙 -

수돗물 불소화 반대 문제를 거리로 들고나와

1999년 3월 초, 한살림에서 '수돗물 불소화 사업'에 대해 공식적으로 반대 성명서를 냈다. 이어서 4회에 걸쳐 수돗물 불소화의 문제점을 시민들에게 알리기 위해 거리로 나섰다. 소비자 활동위원회에서는 각 위원회가 개최되는 날, 그 주변 지역 번화가에 나가 성명서와 불소 문제 요약서를 시민들에게 나눠 주기로 했다. 이렇게 되기까지는 한살림에서도 우여곡절이 있었다. 논쟁과 격렬한 토의 끝에 하나씩 공부하며 이루어 낸 거다.

 1998년 〈녹색평론〉 42호(9·10월 호)에 '수돗물 불소화의 위험과 비윤리성'이란 글이 실렸다. "불소가 기본적으로 효소 활동을 저해하고 면역 체계를 손상하는 독극물"이라는 것. 가히 놀랄 내용이었다. 일반인들은 불소치약을 쓰며 '불소는 충치 예방'이라는 믿음이 있었다. 그간 우리의 상식이 얼마나 무지 그 자체이며, 얼마나 위험한 일을 건강을 지키는 방법으로 여기고 행하였는지 생각하니 기가 막혔다. 〈녹색평론〉에서는 이어 〈수돗물 불소화의 문제〉 특별 자료집을 냈다.

김종철 녹색평론 발행인과 천규석 한살림대구생협 이사가 걱정 어린 전화를 주곤 했다. 수돗물 불소화 반대, 돈 안 되는 그 일에 관심을 두는 이들은 없었다. 그때 수돗물 불소화 사업을 선도한 단체가 '건강사회를 위한 치과 의사회(건치회)'였다. 건치회는 좋은 일도 많이 하고 사회문제에 재정 후원도 했기에 누구도 나서기를 꺼렸다. 그간의 지식이 잘못되었다는데 잘 모르면서 내용을 알아보려는 이들도 없었다. 이름 있는 단체들은 수돗물 불소화의 문제에 귀 기울이지 않았다. 산재한 환경 문제, 인권 문제에 파묻혀 있는 형편이기도 했다. 한살림도 마찬가지였다. 어려웠다. 하지만 우린 엄마다. 아이들 입에 들어가는 건데, 학교에서 불소 양치도 하는데, 어떤 건지 알아봐야 하지 않을까? 〈녹색평론〉을 읽고 혼자 갖은 궁리를 하다가 늦가을 소비자 대표인 부회장으로서 윤선주 환경위원장, 하선주 물품위원장에게 먼저 이 문제에 대한 해결 의지를 전하였다. 그리고 그때 상무였던 이상국 씨와 논의했다. 날씨가 추운데 급히 이야기를 나눌 적당한 장소가 없어 점심 먹으러 갔다 오는 길에 승용차 안에서 처음으로 의논을 했다.

그런데 한살림에서 그 운동을 하는 것은 단호하게 '안 된다.'고 했다. 그동안 우리에게는 공부할 거리가 넘쳐 났다. 농약과 씨앗 공부부터 시작해 방사선 조사와 농산물의 후처리 문제, 낙동강 페놀 오염 사태, 유전자 조작, 내분비 교란 물질 등 이제 좀 알았는가 싶으면 새로운 오염 문제가 나타났다. 부지런히 읽고, 배우고, 알아낸 건 쉬운 말로 바꾸어 이웃에 나누는 중이었다. 차라리 나도 수돗물 불소화 문제를 모르고 싶었다. 피하고 싶었다. 아니었으면 좋겠다. 그런데 엄마니까 그럴 수가 없었다. 그래서 완강한 이상국 상무에게 이야기했다.

"알아봅시다. 궁금하지 않아요? 남들이 다 농약이 문제없다고 하는데도 우린 아닌 걸 아니까 농약 안 치고, 화학 비료 안 뿌리고……. 그렇게 하지 않았어요? 그런 우리가 이 문제를 살피지 않는 건 말도 안 됩니다. 일단 그냥 공부만 해 봅시다."

그래서 한살림에서 수돗물 불소화에 관해 공부하기 시작했다. 소비자 활동위원회는 매달 한 번씩 서울 명동 전진상교육관에서 환경학교를 열어 공부하였다. '수돗물 불소화의 이해'란 제목으로 김종철 발행인이 강의한 뒤, 판도는 바뀌었다. 참석자 누구나 '더 알아봐야겠다. 제대로 알아봐야겠다. 막아야겠다.'라고 생각했다. 이상국 상무도 물론 마찬가지였다.

11월 27일 세종문화회관에서 열린 서울시 수돗물 불소화 공청회에 참가했다. 사실상 전국의 전문가들이 죄다 모인 행사였다. 참여한 시민들의 반응이 재미있었다. 들어갈 때는 그간의 지식만으로 '뭘 이런 걸 다 걱정하지?' 하다가 나올 때는 불소화에 '절대 반대'라는 관점으로 바뀌어 있었다. 12월엔 국회 법제사법위원회(법사위) 소속 의원에게 불소화 사업 항의 및 반대 팩스 보내기를 시작으로 1999년 3월 8일 '수돗물 불소화 반대 대책위원회'가 결성되고 드디어 성명을 발표하기에 이르렀다. 한살림 소식지에 독성물질 전문가인 안혜원 수원대 교수의 글을 싣고 그때부터 한살림이 수돗물 불소화 반대 운동에 앞장서게 되었다.

소비자 활동위원회가 거리에서 앞장서

3월 9일에는 물품위원회가 중심이 되어 명동성당 앞에서 전단을 나누어 주었다. 처음 거리로 나왔기 때문에 조합원 대부분은 어색해했다. 그러나 누구나 알아야 할 일을 우리가 모르는 채로, 몇몇 왜곡된 입장을 가진 전문가가 독단적으로 처리한다니 불쾌했다. 그러므로 적극적으로 불소의 유해성에 관한 우리의 생각을 알렸다. 이날 시위에 앞장선 물품위원들과 하선주 위원장의 적극성 덕분에 우리 모두 낯선 거리에서 힘이 솟았다.

하지만 명동이라는 지역 특성 때문인지 무척 바삐 오가는 사람들의 발걸음을 멈추게 하기는 역부족이었다. 명동은 늘 갖은 시위와 전단의 홍수 속에 휩싸여 있으니 사람들도 무덤덤했다. 대부분 전단을 받아 읽지도 않고 쓰레기통에 넣고 갔다. 다만 몇몇이 명동성당에서 여럿에게 전하겠다는 말을 남기며 총총히 사라졌다. 우리가 준비했던 전단 500장을 다 돌리고 쓰레기통에 버려진 전단까지 주워 모아 다시 돌렸다. 다음에는 현수막을 하나 준비하여 멀리 지나가는 사람들도 우리가 왜, 무엇을 말하려고 거리로 나왔는지 알도록 하자고 의견을 모으고, 첫 거리 행사를 마쳤다.

3월 11일. 이번에는 환경위원회가 중심이 되어 강남 고속버스 터미널 앞에서 가로수와 가로수 사이에 긴 현수막을 걸어 놓고 주변을 돌며 전단을 돌렸다. 현수막을 거니 '우리는 수돗물 불소화를 반대한다.'라는 내용을 길 가는 사람뿐만 아니라 버스를 탄 사람들도 '수돗물 불소화에 문제가 있구나.' 하고 알 수 있어서 좋았다.

거리에서 만나는 사람들이 현수막을 통해 우리의 뜻을 알고, 왜 아까운 시간을 내어 이렇게 거리로 나왔을까 궁금해했다. 버스 정류장 앞이라 사람들은 버스를 기다리는 동안 시간적으로도 비교적 여유가 있었다. 젊은 엄마 아빠들은 "그럼 불소 양치액, 불소치약에도 문제가 있나요?", "어떻게 풀어야 할까요?" 하고 물으며 열심히 듣고 자료를 읽고 이웃과 나누겠다며 전단을 더 챙겨 가기도 했다. 시사 문제에 관심이 있고 불소의 문제점을 제대로 아는 사람도 만났다.

다음 날엔 과천지역 활동가들이 중심이 되어 전단을 나누었다. 시민회관 앞에서 유동 인구가 가장 많은 점심시간에 하기로 했다. 걱정도 많았다. 경기도 과천시는 이미 수돗물이 불소화된 지역이었고, 건치회에서 열심히 활동하는 곳이었기 때문에 혹시 공격적인 말을 들으면 어떻게 대응할까. 우선 우리는 '한살림 물품처럼, 모두 안전하다고들 해도 안심할 수 없는 물질을 거부하듯이 불소도 안심할 수 없으니 거부한다. 만일 이용하더라도 개인이 선택하게 해야 한다.'라고 우리의 주장을 정리하고 거리로 나섰다.

역시 지역과 밀접한 주제여서 그런지 만나는 사람마다 적극적으로 응했다. 이미 수돗물 불소화 지역이라 관심이 아주 높았고, 뜻밖에 불소화의 문제점을 지적하는 사람들이 많았다. 불소화 이후 반점치(치아에 나타나는 하얀 반점)가 나타났다거나 친구의 이가 부러졌다는 사람도 있었다. 반면, 불소화 시행한 지 몇 년 됐다고 또 반대파들이 나와 떠드느냐며 눈살을 찌푸리고 가는 이도 있었다. 건널목 앞이어서 보행 신호를 기다리는 동안 전단 내용을 읽어 보는 사람도 있었고, 아직 전단을 못 받았지만 건널목 저편에서 현수막 내용을 보며 서로 대화하는 젊은 직장인들도 있었다. 대부분이 한마디씩은 다 하고 지나갔다.

네 번째 거리 홍보는 3월 29일 김종철 녹색평론 발행인의 강연회를 앞두고, 불소에 대해 제대로 된 정보를 얻을 최고의 기회이니 강연회에서 판단해 보자고 알렸다.

처음에는 불소 문제를 무조건 여러 시민에게 알려야 한다고 거리로 나섰는데, 조합원들에게는 그동안 공부한 내용을 스스로 정리하는 기회가 되었다. 또 여러 사람에게 다양한 어휘로 설명하는 방법을 터득하는 기회가 되기도 했다. 그리고 많은 사람이 이 문제에 관심을 두고 지켜보고 있다는 확신도 얻게 되었다.

3월 29일엔 경기도 과천, 서울 반포 두 지역에서 김종철 선생을 모시고 〈수돗물 불소화의 문제〉 강연회를 개최했다. 조합원들은 불소화 문제에 집중하여 열심히 활동했다. 그리고 학교에서 아이들에게 하는 불소 양치를 어떻게 막을까 고민했다.

임시방편으로 그동안 공부하여 이해한 불소화의 문제점을 조합원 각자가 아이들 담임 선생님에게 알려 우선 불소 양치를 중단해 달라고 전했다. 많은 조합원이 실천하고 성과를 올렸다. 하지만 아직도 문의가 많은 실정. 특히 한살림 조합원인 보건교사 한 분은 불소 양치를 적극적으로 권장하다가 도리어 불소 양치의 유해성을 얘기하자니 여간 힘든 것이 아니라고 하소연하기도 했다.

불소 문제에 관해서는 풀어야 할 문제가 많았다. 하지만 문제가 무엇인지 알았고, 해결할 의지가 우리에게 있으니 잘 풀리지 않을까. 우리는 긍정적이었다. 그 무렵 한살림 소식지에 불소 양치를 하지 말아 달라고 부탁하는 편지글을 실었다.

우리 아이에게 불소 양치를 하지 말아 주세요

선생님께

안녕하세요? 홍원이를 통해 선생님의 지극한 어린이 사랑 얘기를 자주 듣습니다. 그래서 아이들 모두가 행복해하고 있다고요. 여러모로 감사드립니다.

저희는 학교 교육이 최고라고 여기기 때문에 선생님의 교육관을 다 따르고 지지합니다. 하지만 불소 양치는 선생님의 교육 내용과는 무관하다고 생각하기 때문에 감히 다른 견해를 말씀드립니다. 그간 근 30년 동안 우리나라에서는 충치 예방에는 불소 사용이 안전하며 최상의 방법이라 들어 왔습니다. 그런데 최근에 인터넷, 논문 등을 통해 불소의 위험성에 관해 세계 각국에서 발행된 자료를 계속 접하게 되었습니다.

안전하든 않든 일단 의심이 가는 물질, 즉 안심되지 않는 물질은 사용하지 말았으면 좋겠습니다. 사실 수돗물 불소화의 종주국이라 할 수 있는 미국에서도 50년 동안 50%의 도시민에게 시행하며 계속 논쟁하는 중입니다. 우리나라 언론, 국회에서도 심사숙고하고 있는 형편입니다.

그래서 우선 홍원이가 불소 양치를 하지 않았으면 좋겠다고 말씀드립니다. 욕심 같아서는 모든 아이가 그렇게 했으면 좋겠습니다만, 그건 과욕이겠지요?

무척 바쁘신 줄로 압니다만, 제가 드린 자료 가운데 한 장짜리 쪽지와 책《위험하다! 불소를 이용한 충치 예방》의 '19쪽(1), 20쪽(2), 27쪽(1), 57쪽 Q1-24, 65쪽 Q1-A, 98쪽 Q2-2' 내용을 읽어 주실 것을 부탁드립니다. 10분만 시간을 내어 주십시오. 바쁘신 줄 알면서 부탁드려 송구합니다. 안녕히 계세요.

1999년 4월 1일 서형숙 올림

조합원들은 소식지의 편지글을 모범 답안 삼아 각자 써서 담임 선생님들에게 불소 반대 편지를 보냈다. 환경학교에서 안혜원 교수의 강연을 들으며 불소 관련 공부를 해 나갔다. 7월 2일 한살림의 수돗물 불소화 반대 활동 내용을 정리했고, 9월 13일 한살림의 적극적인 활동에 힘입어 '수돗물 불소화 반대 국민연대'가 결성되었다. 구체적인 반대 활동을 재개했다. 성명을 발표하고 자료집을 제작하고 국회 법사위를 방문했다. 초등학교 운영위원장들에게 편지를 보내고 방송 인터뷰에도 적극적으로 응하는 등 쉼 없이 활동을 이어 갔다.

2001년 6월 14일 '수돗물 불소화를 우려한다' 전국 대회가 과천 시민회관에서 열렸다. 엄마들의 힘으로 여기까지 왔다. 한살림이라는 올곧은 조직이 떡 버텨 준 덕분이기도 했다. 한때 반대하던 이상국 상무, 박재일 회장이 앞장섰다. 경제적 여건이 되는 한살림이 대회 예산의 많은 부분을 담당했다.

행사 시간 5분 전 시민회관에는 사람들이 많지 않았다. 김종철 선생은 내게 "서울 한살림 조합원들 뭡니까?"라고 했다. 시간이 다 되도록 조합원들의 모습이 보이지 않으니 걱정이라는 말이었을 게다. "기다려 보세요. 아직 시간 안 되었어요. 저희도 마누라가 있으면 빨리 와 앉아 있을 거예요. 엄마들은 남편 보내고 아이 챙기고 제시간에 겨우 맞춰 와요. 시간 아끼느라 자신은 굶고 올지도 몰라요." 나도 어디 행사에 갈 때 가장 쉽게 시간 아끼는 게, 내 밥 굶기였다. 정말 그랬다. 정시가 되자 마누라 없는 엄마들이 물밀 듯 들어와 자리를 채웠다. 그 뒤로도 수년 동안 수돗물 불소화 문제로 방송에 나가거나 자료 들고 국회 드나들기를 반복했다. 그때 담당 실무자가 참 많이 고생했다. 둘이 툭하면 자료를 바리바리 싸들고 국회에서 만나 의원실 문을 두드렸다. 2005년 우리 아들 대학 입시 날에도 나는 수돗물 불소화 문제를 붙들고 긴급 토론회 자리에 있었다. 수돗물에 불소를 넣겠다는 데, 국회의원회관에 가 보면, 의원실 입구마다 커다란 생수통이 떡 버티고 있다. "마시지도 않을 불소를 왜 수도에 넣겠다는 건지요, 수돗물은 목욕하고 빨래하고 청소하는 데 거의 다 소비되는데 불소를 넣어 뭐하겠다는 건지요?" 하며 이야기를 건네면 다들 일단 수긍한다.

수돗물 불소화 반대 운동을 하는 동안, 한살림은 건치회 불소화 전문가들의 공식적인 방문을 받았다. 수돗물 불소화 반대 국민연대 공동 대표로서 그들을 맞이하기도 했다. 그간 만난 건치회 사람들은 다 훌륭한 사람들이었다. 하지만 이 사안은 아니다. 찬성론자들, 건치회에서 보내준 불소화의 이로운 점에 관한 논문들을 이미 다 읽은 터였다. 진짜 그때 공부 많이 했다. 매일 세계적인 석학들, 노벨상 수상자들의 논문을 수도 없이 줄 그어 가며 읽었다. 한살림을 하면서 항상 느끼는데, 학교 다닐 때 공부 안 하다가 이제 아이 지키겠다고, 살 만한 세상 만들겠다고 악착같이 공부한다. 우리 조합원님들, 박사 학위를 여러 개 딸 만큼 공부했다.

특히 과천지역 조합원들은 수돗물 불소 투입을 반대하는 '안먹수' 모임을 조직하여 시민들에게 수돗물 불소화 사업의 위험성을 구체적으로 알리고 공무원을 직접 만나 토론을 펼치기도 하였다. 그 결과 과천시는 2003년에 10년 동안 시행해 온 수돗물 불소화 사업을 중단하기에 이르렀고 청주시, 포항시를 포함해서 전국 여러 지역에서 수돗물 불소화 사업을 중단하기에 이르렀다. 이런 과정을 거치며 한살림에서 불소 무첨가 치약을 개발했다. 1999년부터 2001년까지 공부하는 가운데 운동을 생활의 실천으로 옮긴 것이다. 환경위원회와 물품위원회가 중심이 되어 추진하여 마침내 안심하고 쓸 치약, 계면 활성제와 불소가 들어가지 않은 안전한 치약이 나왔다.

평화는 평화로울 때 지켜야 해요
한일 수요시위

- 서 형 숙 -

한살림-일본 그린코프의 우애

1999년 일본 후쿠오카 콘서트홀에서 열린 그린코프 10주년 기념행사에 초대받아 인사말을 했다. 그린코프는 일본 규슈와 중서부에서 활동하는 생활협동조합들의 연합 조직으로, 그때 조합원이 32만 명 정도였다.

하지메마시테.
저는 서울에서 온 한살림 소비자 대표 서형숙입니다.
그린코프가 사람과 사람, 남자와 여자, 사람과 자연, 남과 북의 공생 이념을 실천하듯 한살림도 밥상살림, 농업살림, 생명살림을 통한 공생 운동을 하고 있습니다.
　각자 다른 사람, 다른 곳에서 만들어 내고 가꾸어 왔지만, 서로 같은 지향을 갖고 같은 일을 해낸 데 대해 깊은 동지애를 느낍니다. 여러 번의 교류를 통하여 그린코프사업연합의 많은 활동을 듣고 보아 왔습니다. 그리고 감동하고 있었습니다.

어제 "일본 경제는 어렵지만 그린코프는 OK"라는 말을 들었습니다. 환경 호르몬, 이상 기후 등 환경 파괴 현상 속에서 온 세계가 혼란을 겪고 있는데, 그린코프가 굳건한 것은 바로 조합원 여러분이 계셨기 때문이라고 봅니다.

눈앞의 이익과 편리함만을 좇는 현대 개인주의 사회에서 먼 미래를 내다보고 공생 운동을 펼쳐 온 여러분의 예언자적 삶이 있었기 때문입니다. 여러분 모두가 예언자라고 생각합니다.

오늘 제 눈으로 본 여러분의 몸짓은 기적처럼 느껴집니다. 여러분 모두에게 박수를 보냅니다.

그리고 이 자리를 빌려 작년 그린코프 조합원 모두가 북한 어린이 돕기 성금 모금에 한마음으로 참여하심에 고개 숙여 감사드립니다.

그린코프의 10주년을 다시 한번 축하하며 아시아와의 교류를 이루어 내신 많은 일을 바탕으로 공생, 평화 운동이 온 세계로 뻗어 나가길 기원합니다. 그래서 모든 생명체가 하나 되어 살 수 있는 세상이 오길 빕니다. 감사합니다.

전날 갑자기 행사에서 인사말을 해 달라는 부탁을 받고 밤새 뒤척이며 무슨 말을 할까 고민하였다. 그런데 어떻게 내 입에서 동지라는 말이 나왔을까 참 신기하다. 일본에 대한 원망이나 미움이 모두 사라지고, 아주 평정한 마음이 되어 나 스스로 놀랐다.

어렸을 때는 일본이 몸서리나게 무섭고 싫어서 일본으로 출장 간 아버지가 고문이나 당하지 않나 걱정까지 했다. 일본이 했던 잔학한 행위에 관한 영화를 많이 봐서 그랬던 것 같다. 그동안 그린코프와의 교류를 통해 그런 감정은 완전히 씻겼다. 사람과 사람의 만남으로 평화를 소중하게 지켜야 한다는 다짐만 하게 되었다. 그 우애의 시작은 몇 년 전으로 거슬러 올라간다.

1996년 여름, 일본에서 온 교류단이 우리 한살림을 방문했다. 자세한 영문도 모르고 그냥 그동안 우리를 찾아오던 일본 사람쯤으로 여기며 맞이했다. 그런데 이들은 좀 달랐다. 수행원 한 명과 통역 한 명을 빼고 여남은 명 모두 여성이었다. 그린코프에서 '평화의 다리'라는 한국 이름으로 한일 간의 평화 운동을 펼치고 있는 모임이었다. 미리 한국과 일본의 역사를 공부하고 우리에게 온 남다른 사람들이었다. 다음 해 우리를 다시 찾아와서는 그들이 펼친 자전거 평화 대행진 비디오를 보여 주었다.

그들은 늘 과거를 사죄했다. 그때 만난 이들은 모두 규슈지역에서 사는 순박한 사람들로, 태어나 처음으로 외국에 나온 참이었다. 그런데 한국에 와서는 3·1 공원과 독립 기념관에 들르고 우리 한살림과 교류회만 하고는 돌아간다. 여행이라고 와서 가슴 아픈 내용만 보고 죄의식을 갖고 가는 것이 안타까웠다. 여행이란 즐겁기도 해야 하는데.

그렇지만 내겐 꼭 해야 할 말이 있었다.

"과거의 일로 사죄하는데 우리는 지금도 전쟁을 치르고 있습니다. 일본군 '위안부' 피해 할머니들은 오늘도 날마다 그 악몽에 시달리고 있으며, 캄보디아에 사는 훈 할머니는 다 자란 처녀로 끌려가 '위안부'가 되었고 살아남기 위해 모국어마저 잊고 살았습니다. 일본군이 얼마나 잔학한 일을 했는지. 저지른 사람은 과거이나 당한 사람은 과거로부터 현재까지입니다."

그들의 평화에 대한 인식은 충분히 이해한다. 한일 역사 왜곡을 바로잡으러 한국에 자기 돈 들여서 오는 사람들이다. 하지만 자꾸 과거라고 말해서는 안 된다. 모두가 놀랐지만, 현실을 아는 것이 필요하다. 우리에게는 오늘의 일이다. 아직도 전쟁의 아픔을 안고 산다. 일제 강점기를, '위안부' 문제를 생각하면 아직도 피가 거꾸로 솟는 사람들이 많다. 1998년 평화의 다리에 현실을 직시할 것을 제안하고, 그다음 일은 그들의 문제로 두었다. 1999년 평화의 다리 일행을 우리 집에서 맞이하여 점심을 대접했다. 박재일 회장을 비롯한 한살림 식구들과 그린코프 평화의 다리 식구들, 모두 스물네 명이었다. 자주 만나니 반가운 얼굴들을 해마다 그것도 집에서 보니 더욱 좋았다. 진짜 식구가 되었다. 환대에 만족했는지, 다음 해 일본 그린코프를 방문한 우리 한살림 식구들도 극진한 대접을 받았다고 한다.

일본군 '위안부' 문제는 현재까지

다음 해인 2000년 초, 그린코프에서 어떻게 '위안부' 피해 할머니들과 접촉할 수 있느냐고 조심스럽게 물어 왔다. 덕분에 한살림에서도 소비자 활동위원회가 중심이 되어 수요시위에 참여하고, 나눔의 집을 찾는 등 일본군 '위안부' 문제에 관심을 기울이고 있었다. 그전까지는 분명히 중요한 일이지만 우리가 여러 사회 문제에 대해 백화점식으로 다 참여할 수는 없다고 생각했다. 그러나 평화의 문제만큼은 꼭 관심을 가져야 한다고 생각하게 되었다.

한살림이 수요시위를 할 때까지 쉽지는 않았다. 문제는 한살림 안에 도사리고 있었다. 조직에서 일제히 반대하고 나섰다. "이제 한살림이 자력갱생하고 등 펴고 활동할 만하니 평화로울 때 평화를 가르치는 게 필요하지 않을까요?" 하고 설득해 보았다. 그래도 반대했다. 그럼 소비자 활동위원회에서 하겠다고 했다. 시위 당일 할머니들의 식사비 등을 내가 개인적으로 부담하는 것으로 하고 수요시위를 진행했다. 우리 활동가들이야 지난번 수돗물 불소화의 문제 때처럼 '척 하면 척'이었다. 뜻을 함께하니 자연히 행동도 함께했다. 한 치의 오차도 없이 일사불란하게 움직였다.

2001년 1월 17일 444차 수요시위를 진행하며 그동안 밀린 숙제를 하는 기분이었다. 참 묘하기도 하지. 처음에는 우리가 그린코프에게 길을 보여 주었는데, 이제는 그들이 우리에게 길을 보여 준다. '생협이 서로 키우고 살리는 운동'이라는 것을 명쾌히 보여 준 사건이었다.

우리는 시위를 평화롭게 하며 주변 사람들이 이 문제에 관심을 가지고 지켜보게 하는 데 중점을 두었다. 곁에 서 있는 사람들이 이해하지 못하는 운동을 어떻게 멀리 있는 누군가에게 이해시킬까. 우리의 안전한 시위를 도와주는 전경들에게도 인사를 건네는 다정한 엄마들의 시위였다. 그들도 우리의 성명서에 귀 기울였다.

또 할머니들의 한을 풀어 드리는 데도, 아이들에게 평화는 평화로울 때 지켜야 한다는 생각을 심어 주는 데도 집중했다. 지신밟기와 풍물과 창을 보태 돌아가신 할머니도, 살아 계신 할머니도 위로해 드리려고 했다. 우리가 여기 온 이유는, 오직 우리가 평화만을 바라기 때문이라는 내용을 성명서에 담았다. 우리의 평화만이 아니라 일본 전쟁 원흉들의 평화도 빌었다. 날씨가 추웠지만 겨울 방학을 맞은 아이들과 함께했다.

처음에는 그렇게 반대하더니 2월에 한살림 총회가 열리자 이남선 담당 부장은 수요시위를 한살림 활동 영역으로 발표했다. 하고 나서 보니 수요시위가 한살림의 좋은 활동으로 여겨졌던 모양이다. 소비자 활동위원회 활동은 앞서간다. 반 발짝씩.

몇 년 전 〈반딧불의 묘〉라는 일본 만화 영화를 보았다. 윤택하게 살던 아이들이 전쟁고아가 되어 버림받고 방황하다 병들고 굶어 죽는 내용이다. 전쟁이란 승자에게나 패자에게나 엄청난 상처를 주고 여성, 아이들, 그리고 전쟁에 참여했던 많은 군인에게도 육체적·정신적 고통을 준다. 전쟁을 일으킨 일본의 참상을 그 아이들을 통해 보았다. 참 가엾구나. 절대 전쟁은 안 된다. 그건 어떻게든 막아야 한다는 각오를 새로이 다졌다.

그린코프 평화의 다리는 계속되고 있다. 2001년부터 나눔의 집을 방문하더니 얼마 전부터는 서대문 형무소까지 들른다. 또 그들이 앞섰다. 우리도 앞으로 나아갈 때다. 우리 한살림과 그린코프 평화의 다리 교류회는 서로 어울려 즐기며 노래하고 논다. 또 정동극장의 전통 공연을 같이 관람하기도 한다. 보는 것보다 더 좋은 것은 함께하는 뒤풀이다. 그때는 꼭 소리 잘하는 조합원들이 가서 그들을 맞는다. 잡은 손마다 평화의 소중함을 새긴다. 이런 우리가 어떻게 서로에게 총부리를 겨눌 것인가. 아니다. 내가 더 먹자고 누구의 것을 앗을 수 없을 것이다.

우리 쌀 농업이 다시 살아나기를
우리 쌀 지키기 100인 100일 걷기

- 서 형 숙 -

이번에도 우리가 나섭시다

2002년 '우리 쌀 지키기 100인 100일 걷기'라는 이름으로 정농회 부회장인 전북 부안의 정경식 생산자가 중심이 되어 진도부터 서울까지 걷는 고행을 했다. 하루 평균 20km, 105일을 걸어 서울 여의도까지 왔다. 아스팔트 거친 길을 걸으며 뙤약볕을 이겨 내고 장맛비를 맞아 가며 외치는 소리는, 오직 이 땅 쌀 농업의 회생이었다.

우리도 같이 걷고 싶었다. 걷는 게 뜻을 모으는 거다. 특히 한살림서울 생협 도봉지부의 조합원 곽금순 씨가 제일 간절했다. 이사회에서 참가를 반대하자 성이 나도록 안타까워했다. 이때 나를 비롯해 우리 소비자 활동위원회에서 나섰다.

"그냥 우리가 원하는 구간, 걸읍시다. 우리끼리 참가비 냅시다. 열 낼 것 없어요. 수요시위도 수돗물 불소화 문제도 우리가 앞장서서 하다 보니 잘 풀렸잖아요? 이번에도 우리가 나섭시다. 행합시다."

그렇게 우리는 아산~천안 구간 1박 2일을 같이 걸었다. 천안역 앞에 서서 꺼져 가는 불꽃 같은 우리 농업의 현주소를 말하는 정경식 씨를 보는 심정은 정말 착잡했다. 야윌 대로 야윈 얼굴엔 유기농으로 농사를 지을 때보다 더욱 절실한 다짐이 보였다. 그것은 마치 독립운동가의 모습 같기도 했고, 그래서 일경에게 핍박받는 우리 선조들의 모습 같기도 했다. 오래전 멀리서 생산자들을 보며 눈물짓곤 했는데, 지금 그 마음이 다시 살아났다. 누구라도 그 처절한 몸부림을 보면 다 이런 마음이 들 거다. 벼랑 끝에 와 있는 우리 농업.

누가 이들을 핍박하는가? 그건 농업에 관심이 없는 정부와 소비자들이 아닐까? 부끄러워 고개를 들 수 없었다. 우리 농업은 사그라지어 농민 스스로 일으켜 보려 안간힘을 쓰는데, 그것으로 밥상을 차리는, 거기에 목숨이 걸려 있는 소비자는 오히려 무관심하여 만사태평이다. 누가 누구를 위해 걷기를 하는지.

현재 우리는 먹을거리의 75% 이상을 외국 농산물에 의지해 살고 있다. 주곡인 쌀을 빼면 식량 자급률이 3.7%밖에 되지 않는다. 아무리 잘 차려도 쌀마저 수입되면 밥상에서 두 숟가락만 뜨면 우리 농산물은 없는 것이다. 그런데 외국에서 농산물을 팔지 않으면 돈을 가지고도 우리나라 사람 75%(약 3,000만 명)가 굶어 죽어야 한다. 북한은 자급률이 우리보다 높은 65% 이상이라고 하는데도 기근으로 굶어 죽어 가는 사람들이 있다. 돈이 없어 그렇다는데, 식량은 어느 정도 자급률이 확보되지 않으면 돈이 있든 없든 거지로 전락하여 먹을 것을 구걸하는 신세가 된다. 내 밥상을 남에게 내어 주고는 안전한 밥상을 기대할 수 없다.

설탕·우유·달걀·버터 등이 꼭 들어가야 하는 빵을 즐기는 문화보다 첨가물이 거의 들어가지 않는 떡을 즐기는 문화로 간식 생활을 바꾸어 보면 어떨까. 그러면 우리 농업도 살고 내 생명도 산다.

국수를 먹더라도 쌀국수로 하면 어떨까.《지구를 살리는 7가지 불가사의한 물건들》(2002, 존 라이언 지음)에 나오는 불가사의한 물건 중 하나가 타이 쌀국수다. 타이 국수는 쌀국수에 마늘과 달고 시고 짜고 향긋한 양념을 적당히 섞어서 튀겨 낸다. 거기에 채소와 양념을 얹고, 취향에 따라 닭고기나 새우, 두부 등을 보태 먹는다. 타이 국수는 쌀과 채소로 만들기 때문에 지방질이 적고 영양 면에서 우수하다고 한다.

벼꽃의 향기를 맡을 수 있다면

1999년 여름, 일본 그린코프 10주년 행사 가운데 후쿠오카의 야나가와에서 나가사키 원폭 투하 장소까지 자전거로 가는 평화 대행진에 함께했다.

야나가와는 마을 전체가 논이다. 논과 논 사이는 넓은 수로로 연결되어 있고, 수로에 사공이 조각배를 저어 다닌다. 관광객들이 타는 배다. 일본에서 손꼽히는 신혼 여행지라고 한다. 아름다운 벼를 볼 수 있기 때문이라고.

보통 관광지라고 하면 떠오르는 풍경과 비교하면, 그곳에는 벼밖에 볼 것이라곤 아무것도 없다. 그런데 그 푸른 벼가 자라는 논 사이 수로를 느리게 배를 타고 지나다니는 기분은 꽤 근사하겠다. 멀리서도 벼 냄새가 향기롭다. 동네 전체가 벼 냄새로 가득하다. 벼가 패는 때는 꽃향기가 진동한다는데, 그때는 8월 초라 꽃향기는 아니었을 테고 풀 냄새인데도 마치 밥이 익을 때 나는 냄새처럼 깊고 구수했다. 야나가와가 여러 사람에게 알려진 것은 한 시인이 그 벼꽃의 아름다움을 읊으면서부터라고 한다. 그 유려한 농촌 풍광이 또 다른 옷을 입고 다시 태어났다. 여행객들은 그 시를 읊조리며 야나가와 구석구석을 작은 배로 다니는 것이다.

벼꽃 향기는 어떨까? 오래도록 그게 궁금했다. 쌀 생산자에게 물어보니 아침에 잠깐 짧게 피기 때문에 농민들도 그때를 잘 모른다고 한다. 어지간한 관심이 아니고서는 그 꽃향기를 맡기 어렵단다. 다만 꽃은 추수하기 딱 40일 전에 피는데, 꽃이 필 때를 아는 것은 벌이다. 벌만이 그 잠깐을 알고 찾아와 즐기고 간다. 생산자가 일에 치여 모르는 그 순간을 벌은 놓치지 않는다고 한다.

나도 그 꽃향기를 맡고 싶다. 우리 농촌에 앉아 벼꽃 향기를 맡고 싶다. 우리 농민들도 여유롭게 그때는 일손을 놓고 벼꽃 향기를 감상하며 여유 있게 농사를 짓는다면 얼마나 좋을까? 그때는 그 쌀로 밥을 지어 먹는 도시 사람들이 같이 즐기고 한살림 소비자 조합원들은 논의 살랑거리는 얕은 물속에 발을 넣고 피를 뽑을 때의 분주함만 느꼈는데, 벼꽃 잔치를 즐긴다면 또 다른 의미에서 쌀을 사랑하게 될 수도 있겠다.

얼마 지나지 않아 우리 박재일 회장을 비롯한 한살림 실무자 임원들도 100인 100일 걷기에 참여하고 이 운동의 대표들이 되었다. 결국 여의도에 도착하는 마지막 날엔 한살림 전체 조합원, 생산자, 실무자가 우리 쌀 지키기 100인 100일 걷기에 동참했다. 권영길 국회의원 등 정치인들도 현수막을 들고 앞장서겠다고 다짐할 정도로 의미 있는 행사가 되었다.

그냥 물류센터가 아니랍니다
전기도 만들어 쓰는 물류센터

- 윤 선 주 -

자전거에 쌀자루를 싣고 배달하다가

나는 처음에 한살림에서 물류센터를 운영하는 것이 조금 낯설었다. 물류센터라면 흔히 고속도로 주변에 있는 커다란 창고가 떠오른다. 한살림에도 그런 물류센터가 있다. 생산자들이 정성을 다해 키운 물품이 전국 각지에서 들어왔다가 각 매장이나 조합원의 집으로 가는, 물품이 잘 흐르게 하는 시설이다.

일원동이나 양재동 시절에는 산지에서 그날그날 올라오는 물품을 오는 대로 공급 차량에 싣거나 주차장 한쪽에서 작업했다. 우리 공간이 없으니 회의 도중에 차 빼라는 관리인의 목소리에 뛰어나가는 실무자를 보는 일이 흔했다. 그렇게 지내다 양재동의 비닐하우스를 빌려 물류센터로 사용했다. 그러는 사이 환기도 잘 안 되고 노동량은 많아 폐결핵에 걸린 실무자도 있다. 원래 유기 농산물 직거래 운동은 다품종 소량 유통을 원칙으로 삼는다. 그러다 보니 아무리 중간 마진을 없앤다 해도 효율성이 떨어져 유통에 비용이 많이 든다. 그것을 메우는 길은 오직 생산자와 소비자의 믿음과 자기 몸을 아끼지 않는 실무자들의 헌신뿐이었다.

농산물의 유통은 수급 조절과 물품 보관의 어려움 때문에 늘 결품과 하자가 생길 수밖에 없다. 그런 데다 한살림에서는 약을 마음대로 치지 못하니 아무리 병충해가 들끓어도 발만 동동 구를 뿐 방도가 없어 약정한 수확량을 내지 못하는 일이 잦다. 또한 가뭄과 폭우 등 자연재해를 겪으면서 물품을 공급하지 못하거나 품질이 떨어지는 일이 일어나곤 한다. 또 한살림은 결품이 되풀이되고, 보관과 운송 과정에서 온도의 변화가 심해 시들거나 상태가 좋지 않은 물품이 늘어 어려움을 겪는다. 그래서 자칫하면 오래도록 쌓아 온 생산자와 소비자의 믿음이 약해질 수도 있다. 특히 1995년 조합원이 1만 세대가 넘고, 월 공급액이 6억 원을 넘자 그때까지 사용하던 창고로는 몰려오는 물량을 감당할 수 없었다.

그런 문제를 해결하기 위해 한살림은 물류센터 건립추진위원회를 구성했다. 전 조합원을 대상으로 특별 증자 운동을 펼치고 생산자들이 큰 힘을 보태어 1995년 9월 16일 경기도 광주 오포읍 문형리에 땅을 사고 기공식을 하고 7개월 후인 1996년 4월 27일 한살림 물류센터 준공식을 했다. 어려운 가운데 힘을 모아 물류센터를 만들었다는 감격에 모두 덩실덩실 춤을 추었다.

일주일 전 주문 제도 대실패

유기 농산물의 직거래를 위해서는 세 가지의 흐름, 즉 정보, 물품, 돈이 잘 흘러야 한다. 정보의 흐름은, 생산자와 소비자가 공급과 주문을 원활하게 하도록 하는 것이다. 물품 안내지 등을 통해 소비자에게 생산지 정보를 전달하고, 소비자는 자신에게 필요한 물품을 골라서 주문한다. 실무자는 그렇게 모인 주문 정보로 생산자에게 주문한다. 물품의 흐름은, 주문한 내용에 따라 해당 생산자가 물품을 수확해 물류센터로 보내면, 이를 분류하고 집품해서 소비자에게 갖다 주는 것이다. 돈의 흐름이란, 소비자가 낸 물품 대금을 한살림이 생산자에게 보내는 일련의 과정을 말한다. 한살림은 초창기부터 이 세 가지 흐름을 체계화하려고 끊임없이 노력했다. 물류센터를 준공하면서 정보와 물품, 돈의 흐름을 통합하여 관리하는 전산화가 이루어졌다.

조합원들이 물품을 주문하는 방식도 조금씩 변했다. 처음부터 지금까지 물품 주문을 전화로만 하는 나 같은 사람도 있지만, 요즘은 인터넷으로 하는 사람들의 비율이 점점 높아져 80%를 넘는다. 한때는 우리도 일본의 생협들처럼 물품을 받는 날에 다음에 받을 물품을 주문지에 적어 공급 실무자 편에 보내려고 해 봤다. 전화도 에너지를 쓰는 일이고 미리 계획적으로 식단을 짜 버릇하면 된다는 말에 시도해 봤지만 잘되지 않아 그만두었다. 사흘 전 주문도 갑자기 일이 생기거나 귀찮으면 취소하고 싶은데 일주일 전 주문이라니! 아무리 노력해도 나도, 다른 조합원들도 지키기 어려워 몇 번 하다 결국 그만두었다.

2000년부터 한살림 장보기 인터넷 쇼핑몰을 개설하고 온라인 주문을 받게 되었다. 이를 계기로 생산지에 물품을 주문하는 일이 획기적으로 개선되었다. 일일품이나 채소류는 대부분 인터넷 주문이 집계되면서 동시에 자동으로 생산지에 전달된다. 소비자들은 늦은 시간까지 주문할 수 있고 생산자는 다음 날 아침에 확인하고 그날로 물품을 물류센터로 보낼 수 있어 신선도나 품질이 한결 좋아졌다. 이와 함께 2001년부터는 물류, 공급, 회계, 인사, 급여를 함께 처리하는 통합전산관리시스템(ERP)이 정착되면서 한살림의 정보 흐름이 훨씬 좋아졌다.

　초창기에는 주문 물량이 너무 적어 운송 비용이 많이 드는 것이 큰 문제였다. 열 상자든 백 상자든 트럭으로 싣고 매일 와야 하니 품은 품대로 들면서 기름값도 안 나오는 일이 흔했다. 다른 생협들과 연대해서 트럭 한 대 분량의 양파를 공동 구매한 것도 이런 어려움을 헤쳐 나가기 위한 시도였다. 그러나 조합원이 늘어나고 주문량이 늘어나면서 자연히 해결되었다. 신선식품은 변하기 쉬우므로 유통 과정에서 늘 조심스럽고 재빠르게 다루어야 한다. 그래서 물품의 분류와 집품을 효율적으로 하는 일이 중요하다. 오포 물류센터 완공 후에는 주문회계시스템이 전산화되고 집품 라인을 설치하여 공동체별로 물품을 담을 수 있게 되어 이 문제도 해결되었다.

　물품 공급 방식도, 예전에는 한 대의 차에 두 명이 타고 일일이 주문서를 보고 물품을 골라 주었다. 1993년 무렵에는 공동체나 개인 세대별 물품을 싣고 한 대의 차에 운전자 한 명이 타고 공급했다. 그러는 와중에 조합원은 늘고 일은 많아지는데 공급 실무자를 구하기 어려워 차량 소유자가 자신의 차로 공급을 대행하는 지입제가 도입되었다. 또 조금이라도 효율을 높이기 위해 서울지역은 1996년부터 권역별로 공급을 통합하여 중간 거점인 지부 공급센터를 마련했다.

　대금 지급 방법도 변했다. 전대와 계산기가 필수품이었던 시기를 지나 1994년 사단법인 한살림으로 바뀐 뒤에는 지로로도 낼 수 있게 되었다. 2000년부터 현금자동이체서비스(CMS)가 정착되어 시민 사회 단체들도 회비를 이 방식으로 거둘 수 있어 재정 안정에 큰 도움을 받았다. 한살림은 관련 기관에서 일하던 조합원의 도움으로 비교적 일찍 이 방식을 도입했다.

　오포 물류센터 준공식에서 그렇게 뿌듯해하며 한동안은 물류에 대한 걱정은 안 하겠다고 좋아했는데, 10년이 채 지나지 않아 늘어난 물량을 감당하기 어려워졌다. 그만큼 조합원도 늘고 이용도 빠르게 늘고 있었다. 또다시 물류센터 건립준비위원회가 꾸려지고 절실하게 새로운 장소가 필요했던 한살림의 모든 구성원과 회원 조직이 참여하여 기존의 물류센터 가까이에 새 건물을 증축했다. 증축 자금이 부족하자 생산자들은 물품 대금을 한두 달씩 늦게 받으면서 자금을 융통하라고 했다. 덕분에 2005년 1월 15일 드디어 새로운 물류센터를 완공했다. 만약 도시 소비자들이 월급을 그렇게 못 받는다면 얼마나 불안했을까? 언제나 생각하지만, 우리 생산자들은 참 대단하다.

순환의 중심이 되는 물류센터

한살림 물류센터는 물품만 오가는 곳이 아니었다. 처음부터 모든 자원을 다시 쓰고자 했던 한살림은 조합원들이 채소 봉지를 묶은 철사 끈이나 비닐봉지, 양파망 등 포장 용기도 다 깨끗이 해서 공급 실무자 편에 되돌려 보냈다. 폐식용유도 모아서 보내고, 우유갑도 깨끗이 씻어 말린 후 보내고, 각종 유리병도 잘 닦아 도로 보냈다. 옆에서 왜 그렇게 어렵게 사느냐고, 궁상 좀 떨지 말라고 해도 참 열심히 씻고 닦고 말려 보냈다. 생산자들도 차라리 새로 사는 것이 더 경제적이라고 말하면서도 한살림의 되살림 운동에 동참하느라 불편을 참았다. 조합원들이 어떤 이물질도 참지 못하는 데다가 생산지 자체도 위생을 중요하게 여겨 다시 닦고 소독하느라 품이 더 많이 들었던 까닭이다.

환경위원회 시절 우리 조합원들이 집집마다 그렇게 보낸 포장재들이 어떻게 되고 있는지 보러 물류센터에 간 적이 있었다. 가서 보니 쉴 새 없이 일하는 물류 실무자들에게 잔소리할 수는 없었지만, 우리가 애써 모아 준

포장재가 마당 한쪽에 비바람 맞으며 그냥 쌓여 있는 게 아닌가. 할 수 없이 소매를 걷어붙이고 다시 씻어서 정리하고 왔던 기억이 있다. 좁은 공간에 달리 어디 둘 데도 없고 할 일은 태산이라 그랬을 것이다.

그런 노력이 2014년 안성에 새로 지은 물류센터에 이어져 한살림의 뜻을 차곡차곡 담았다. 지붕 위 5,200㎡에 햇빛 발전소를 설치하여 운영한다. 협동조합으로 운영되는 이곳의 전기 발전량은 월 440kWh로 핵 발전에 대한 대안을 스스로 마련했다는 점에서 더욱 뿌듯하다. 우리 조합원들도 햇빛 발전협동조합 조합원으로 많이들 참여했다.

또 오랜 바람이던 병 세척 시설도 본격적으로 가동되어 잼병 같은 작은 병은 하루 1,800병, 큰 병은 하루 600병 정도까지 재사용하기 위해 닦을 수 있다. 빈 병 회수율을 높이기 위한 노력으로 2014년 2월부터 빈 병 1개에 50원씩 적립금으로 돌려주고 있다.

아, 그리고 보니 한동안 지역 생협이나 연합 사무실에서 실무자들이 남은 음식물을 처리하는 지렁이 화분(화분 밑에 또 다른 화분을 두고 흙에 지렁이를 몇 마리 넣은 뒤 계속 음식물을 넣으면 지렁이가 먹고 분해한다. 그 흙은 지렁이의 분비물이 섞여 기름진 흙이 되고 음식물은 냄새 없이 지렁이의 밥이 된다. 위의 화분도 비옥해져 식물이 아주 잘 자란다.)을 두기도 했던 것이 생각난다. 관리가 어려워 지금은 텃밭이나 옥상 화분이 있는 곳에서만 하고 있다.

그런 마음, 끊임없는 시도들이 모여 한마디로 쓰레기가 없는 물류센터를 만들어 가고 있는 셈이다. 아직 완벽하다고는 할 수 없지만, 우리가 꿈꾸는, 버려지는 것이 없이 끊임없이 순환되는 유기적인 세상을 물류센터가 먼저 만들어 가고 있다.

| 한살림 사람들 |

한살림 요리의 절대 강자

채송미 요리연구가

- 윤 선 주 -

수줍던 새댁, 요리의 고수가 되다

얼마 전에 한살림답지 않게 예쁜 요리책이 나왔다. 《우리 땅 친환경 제철 먹을거리로 만드는 한살림 요리》(2015). 자세히 보면 겉표지에 화려하고 먹음직스러운 요리 사진이 아니라 익숙한 재료들이 담겨 있다. 그러니 한살림다운 요리책인데 정다우면서도 고급스럽다. 배춧잎, 통마늘, 콩꼬투리, 고춧잎과 고추꽃, 말린 강낭콩과 약간의 새싹 채소로 된 표지를 보니 주연 배우들이 정말 한살림답게 소박하다.

지은이 채송미 씨는 나와도 인연이 깊다. 부산에서 나고 자란 이가 남편의 직장 따라 경기 고양시로 이사 오면서 한살림을 알게 되었다. 당시 채송미 씨 이웃에 한살림 고양지부 물품위원이던 오여라 씨가 살았는데 그이의 권유로 활동을 시작했다. 내가 고양지부에 있던 2000년에 채송미 씨가 요리 교실을 시작해 2007년까지 달마다 어른을 위한 요리 교실, 방학에는 어린이 요리 교실을 꾸준히 열었다. 식품영양학과를 나오고 그 뒤로도 꾸준히 요리에 관한 공부를 그치지 않아 매달 하는 요리마다 늘 새로웠다. 한살림 재료로 맛과 모양을 낸다는 것이 쉽지 않은데다 툭 하면 소비가 좀 늘었으면 하는 재료들을 써 달라는 압박이 있었는데도 척척 해냈다.

처음에는 주엽 매장 한쪽에 마련한 좁은 공간에서, 나중에는 정성을 모아 마련한 번듯한 주방에서, 그이는 쉬지 않고 자기가 익힌 모든 정보를 알려 주면서도 잠시도 손을 놀리지 않았다. 두 시간 남짓 동안 두세 가지 요리를 만들고 밥을 지어 요리 교실 참가자들이 점심을 맛있게 먹고 갔다. 물품위원들이 일손을 돕고 때로는 사무국에서도 도왔지만, 어찌나 손이 빠른지 재료 마련에서 뒷설거지까지 대개 그이가 다 했다. 시설이 제대로 갖추어지지 않았을 때는 집에서 온갖 조리 도구를 들고나오기도 했다. 때로는 물품위원들의 도움을 받아 지부 대회의 음식도 마련하고 단오잔치에 생산지에 가서 나눌 반찬을 만들기도 했다.

그때 방과 후 교실을 함께하던 아이들과 엄마 이상희, 김해진 씨와 함께 《땅땅이의 친환경 요리 교실》(2009)이라는 한살림 최초의 어린이 요리책도 만들었는데 전국적으로도 귀한 일이었다. 아이들과 함께 요리하는 것은 채송미 씨가, 그림은 김해진 씨, 글은 이상희 씨가 맡은 소박한 책이었다. 그 뒤로도 좀 더 시간이 흐른 후에야 어린이 요리 교실이 교육 효과가 높다며 유행하기 시작했다.

그런 그이가 고양시를 떠나 서울로 이사 간다기에 몹시 서운했다. 누가 요리 교실을 그렇게 계속할 수 있을까 하는 마음도 있었고 여름이면 실무자들 고생한다고 집으로 초대해 한정식을 차려 주고 마을 모임에서 대접하는 점심도 유명한 음식점 못지않게 차려 내는 마음 따듯한 이를 또 만날 수 있을지 걱정도 되었다. 게다가 나는 혹시라도 이사 갔다고 한살림과의 관계가 멀어지면 어쩌나 하는 마음도 있었다.

그러나 얼마 후 서울에서 한살림요리학교를 만드는 데 채송미 씨가 함께했고, 전국 한살림 소식지에 매번 먹음직스러운 요리를 선보였다. 아마 소식지 필자 가운데 제일 인기가 많을 것이다. 또 매달 소개되는 어린이집 식단은 어린이집은 물론 각 가정에서도 아이를 위한 밥상 차림으로 많이 쓰인다. 어떤 이들은 요리 만드는 방법이 소개된 면만 따로 모아 스크랩하기도 했는데 조합원들의 계속되는 요청에 따라 이번에 드디어 요리책이 되어 나온 것이다.

수줍음 많고 낯가림도 심했던 초기의 채송미 씨를 아는 사람들은 전국을 휘저으며 부르는 곳마다 달려가는 지금의 모습이 가끔 낯설다고 할 정도다. 그이는 자신만의 요리 비법과 함께 그동안의 활동이 녹아 있는 귀한 정보를 아낌없이 퍼 준다. 그이 같은 사람이 자신의 재능을 아낌없이 나누며 자신도 더욱 성장한 덕분에 한살림도 같이 크고 내용이 풍부해졌다. 모두 참 고맙다.

4장

생산자와 소비자가 하나라는데

생산자들과의 추억

"생산자는 소비자의 생명을, 소비자는 생산자의 생활을 책임진다."는 호혜와 협동이 한살림의 마음입니다. 한살림 초기부터 이어져 온 굳은 인연, 생산자들과의 추억을 되새깁니다.

메뚜기 잡기는 아무나 하나?
우리가 생산지에 가는 이유

- 윤 선 주 -

하늘과 친한 사람들

언젠가 '명색이 우리가 한살림 활동가인데 논의 피사리도 못 해 봤다는 게 말이 되나?' 하는 도전 정신에 버스를 빌려 충남 아산으로 갔다. 우선 벼와 잡초, 특히 피를 구분하는 법부터 시작해서 논에 엉덩방아를 찧지 않고 피를 뽑는 요령 들을 배운 뒤 논에 들어갔다. '엉치가 빠질 듯이' 힘들어 시간이 많이 흐른 줄 알고 물어보면 겨우 30분 했다, 아직 멀었다는 대답만 들려오고. 여기저기서 이런 생각을 한 사람이 도대체 누구냐, 가는 길에 두고 보자 하는 소리가 들렸다.

'정말 더는 못 하겠다, 논바닥에라도 앉아야겠다.' 싶은데 그제야 참 먹으러 나오라 했다. 대강 손 씻고 나무 그늘에 앉으니 한 생산자가 씩 웃으며 "힘들지요? 그래서 우리 안사람한테는 피사리 안 시켜요." 한다. 아니, 뭐여? 어쩐지 여성 생산자들이 우리를 흐뭇하게 웃으며 보더라니! "와, 세상에 믿을 사람 하나도 없다." 하며 한바탕 크게 웃었다. 그렇게 죽어라 힘들게 뽑아 버렸던 피의 높은 영양가가 알려지면서 지금은 한살림에서 물품으로도 공급하고 있으니 참 느낌이 새롭다.

그런데 참외를 반씩만 잘라 주고 그냥 손에 들고 먹으란다. 껍질째 먹어도 되는 데다가 그렇게 손에 들고 우적우적 먹어야 훨씬 아삭하고 맛있다고. 우리는 참외 반쪽을 손에 들고 마주 보며 "폼은 딱 머슴이네!" 하며 웃었는데 그때 먹은 참외의 맛을 아직도 내 혀는 기억하고 있다. 한살림에서 활동하는 조합원 중에는 나중에 귀농, 하다못해 귀촌이라도 하리라 마음먹은 이들이 대부분이었는데, 돌아오는 차 안에서 심각하게 다시 생각해 보겠노라는 말이 많이 오갔다. 그래서 오히려 역효과만 낸 거 아니냐고 웃기도 했지만, 그 후부터 늘 쌀농사의 고단함이 떠오른다. 물론 참외도 껍질과 함께 먹는다.

오후에 옆 논으로 옮겨 일하는데 잡초 싹이 나지 않게 하느라고 쌀겨를 뿌린 곳이었다. 그런데 미끌미끌하고 따가운 햇볕 아래서 쌀겨가 발효되느라 그런지 이상한 냄새도 나고 부글거리기까지 해서 미끄러지거나 엎어질까 봐 걱정깨나 했다. 나중에 들으니 생산자가 피사리할 일이 너무 끔찍해 욕심껏 너무 많이 넣었다고 했다. 과유불급過猶不及이라는 말이 어디에서나 통하는구나. 그런데 이 쌀겨 농법도 적당히 치면 퇴비 역할도 하면서 잡초가 싹이 나지 않게 막아 주는 효과가 있어 많은 농가에서 시행하고 있다.

농부와 눈 맞추며 크는 벼

힘들게 농사짓는 한살림 농부들이 한결같이 마치 상이라도 받은 듯 자랑스러워하는 일이 있다. 바로 자취를 감추었던 메뚜기가 논에 돌아오고 미꾸라지, 새뱅이(민물새우) 같은 수생 생물이 다시 돌아오는 것이다. 메뚜기는 아이들 간식이나 어른의 술안주로 즐겨 먹었는데 녹색혁명 이후 눈을 씻고 찾아도 안 보이던 것들이다. 그래서 시중의 미꾸라지와 메뚜기는 거의 전부 수입이나 양식이다. 논과 땅을 살린다더니 저러다 자기가 먼저 굶는 거 아니냐는 염려가 섞인 따가운 시선을 견디어 낸 후, 동네 사람들의 눈에 살아 돌아온 메뚜기를 보여 주며 감격했다는 농부가 많다. 그 메뚜기를 보고 비로소 함께하겠다고 나서는 이웃도 있었고. 대부분 그렇게 맨 처음 시작한 이가 있고, 그 우직함을 보고 따라 하는 사람들이 모여 공동체를 만들었다.

우리 한살림은 그렇게 이웃을, 세상을 조금씩 몸으로 밀고 나가 바꾸었다. 메뚜기를 돌아오게 하고, 논의 다양한 생물들이 본래 자신의 영토로 돌아오게 하면서. 그렇게 만들어 가는 세상을 우리 아이들에게 주고 싶다. 아이들이 양파망에 메뚜기를 잡으며 까르르까르르 웃고 떠드는, 안전한 그들의 세상을 갖게 하고 싶다. 그러다 보면 단지 1등을 하고 싶어 열심히 잡았지만 먹지는 않겠다고 다시 날려 보내는 아이도 있고, 집에 갖고 가서 키운다는 아이도, 아빠랑 같이 먹겠다는 아이도 나온다.

추수가 끝난 논에서 마음껏 뛰놀고, 닭을 만져 보고, 고구마를 캐 본 아이들은 자라서 비록 모든 먹을거리를 매장에서 사더라도 그 뿌리가 농업과 농민에게 있다는 것을 기억할 게다. 그리고 자신이 맛본 즐거움을 자신의 아이들에게도 누리게 해 주려고 노력하겠지. 그중에는 농사에 뜻을 두거나 연관되는 일을 하려는 아이들도 있을지 모른다. 어쩌면 삭막한 도시의 산부인과 병원에서 태어난 많은 아이들이 늘 가서 쉬고 싶은 곳으로 농촌을 떠올릴 것이다. 한살림이 시작할 때부터, 고향을 만들어 주는 마음으로 어린이를 위한 프로그램을 계속해 온 이유다.

내 마음의 잡초를 뽑아야지
생산지 일손 돕기

- 서 형 숙 -

그냥 주세요!

1990년 처음 경기도 이천 유정란 생산지에 갔을 때였다. 조합원들과 함께 닭장을 돌아보고 나서 달걀 껍데기에 묻어 있는 오물을 칼로 긁는 일을 도왔다. 그냥 물로 씻으면 달걀 껍데기에 있는 작은 구멍 때문에 안으로 들어갈 염려가 있어 일일이 긁어 버린다고 했다. 그런데 나는 한 판도 아직 다 못 했는데 손마디가 뻣뻣해졌다. 농민들이 종일 고된 들일을 하던 몸으로 오로지 달걀의 겉모습이 보기 좋아지라고 이런 노동까지 해야 하다니. 껍데기 긁기에 참가했던 우리 조합원 30여 명은 한결같이 "껍데기 긁지 말고 그냥 주세요!"라고 부탁했다.

아무리 뽑아도 뒤돌아보면 어느새 성큼 자라 있는 풀과 씨름하며, 말 그대로 여름내 땡볕에서 피땀을 흘린 대가로 생산된 포도가 공급될 때, 그 현장을 아니 그 껍질마저 아까워 껍질과 설탕을 고아 주스를 만든다. 풀 한 포기 뽑지도 않은 주제에, 응당 씨 뿌린 이가 맛보아야 할 수확의 기쁨인 벼 베기 행사에 감히 참가하여, 서툰 낫질로 벼를 베며 느끼던 감흥을 나는 쌀 한 톨을 볼 때마다 되새기곤 한다.

    생산지를 방문하면서 조금씩 고민이 생겼다. 그동안 조합원들이 생산자를 방문하는 일은 행사 위주여서 우리는 손님처럼 가서 생산자의 겉모습만 보고 오는 식이었다. 물론 소비자로서 생산지에 가서 생산자를 만나는 경험 하나만으로 많은 것을 얻는다. 가령 공급된 물품마다 생산자의 모습이 떠올라 밥상을 대할 때 감사 인사가 절로 나온다. 그러나 생산지에서 돌아올 때 항상 개운치 않았다. 폐만 끼치고 오는 것 같아서. 그래서 시작한 것이 주중에 소규모 인원으로 가는 생산지의 일손 돕기다. 생산자에게 폐 끼치는 일을 최소한으로 하고 싶어 각자 먹을 것을 챙겨 가는 원칙을 세웠다. 직접 논밭에서 일하면서 생산지의 현실을 조금이나마 알게 되었다.

    1992년 한여름, 우리 서초지역에서 충북 괴산 충북농촌개발회(현 눈비산마을)를 찾았다. 우리는 고속도로를 벗어나 음성으로 접어들면서부터 창문을 열고 향긋한 풀 냄새 섞인 시골 냄새를 맡으며 좋아했다. 언덕 위의 하얀 집(농촌개발회 건물)에 이르러 인사하고 곧바로 닭장으로 향했다. 크레솔 액 같은 소독약에 신발을 소독하고서야 닭장으로 들어갈 수 있었는데, 안내자는 닭이 놀라지 않도록 목소리를 낮추라고 일러 주었다. 우선 작은 방에서 바구니 가득 담긴 달걀을 판에 담는 일을 했다. 금방 꺼낸 듯 알이 아직 따뜻하다. 달걀은 아주 깨끗한데 가끔 오물이 묻어 있는 것은 칼로 긁어 버리고 사포로 문질러 판에 담았다. 가끔 늙은 닭이 낳은 굵은 알이 눈에 띄었는데 그건 서울 한살림 식구들이 싫어한다며 따로 빼놓으라는 귀띔에 '서울 식구들은 왜 그럴까?' 생각했다.

이어서 닭장 구경에 나섰다. 수탉과 암탉이 어울려 지내는 닭장은 자동 시설을 갖추어 보통 때는 천장의 문을 열어서 햇볕을 쬐어 주고, 비가 오면 닫았다. 한창 모래 목욕 중인 닭들이 많았는데 바닥 흙은 보송보송하고 냄새 하나 없이 쾌적했다. 나중에 이 흙은 거름으로 쓴다는데 우리 조합원에게도 봄가을 분갈이 거름용으로 공급하면 좋을 듯싶었다. 닭에게 풀을 많이 먹이려 하나 한꺼번에 너무 많이 주면 다음번부터는 먹지 않으려 해서 알맞은 양을 조절해 주어야 한단다. 사료는 하루에 한 번 주는데 그 역시 알맞게 다 먹을 만한 양을 봐 가면서 주어야 한다. 그래서 닭과 꾸준한 대화가 필요하다니 보살피는 이의 정성이 대단하겠다.

우리가 싸 간 도시락과 그곳에서 준비한 반찬을 서로 나누며 점심을 먹었다. 반찬 가운데 산란계로 만든 닭조림이 있었는데 별로 질기지 않고 고소했다. 그래서 비교적 안전하게 자라난 닭이라 알 낳기를 그친 닭을 분쇄육으로 만들어 공급하면 어떻겠느냐는 의견도 나왔다. 한살림 식구 누구나 겪는 일이겠지만 도시락 반찬거리가 적은 터에 채소를 더해 동그랑땡이나 수프로 만들어 이용할 수 있을 것 같았다.

느긋하게 식사를 마치고는 조희부 생산자가 가르쳐 준 대로 뜰에 있는 앵두나무에서 앵두를 후식으로 양껏 따 먹었다. 숨 가득 들이마셔도 향기로운 깨끗한 공기. 한가로이 떠도는 몇몇 구름 말고는 햇살을 가리는 것이라곤 없는 맑은 하늘. 식탁 가득 차려진 무공해 식품. 게다가 수도꼭지 틀어 그냥 마실 수 있는 안전하고도 맛있는 물. 사실 서울 살면서 항상 그리워하는 것은 다른 게 아니라 그런 것들이었다. 거기에는 그 모든 것이 다 있었다. 온 우주를 가득 안고 행복에 겨운 어미 닭과 병아리들의 나들이는 이곳을 더욱 아름다운 곳으로 여기게 했다.

그런데 이런 꿈은 고추밭을 매면서 바로 산산이 부서졌다. 훅훅 찌는 지열과 함께 따가운 햇볕이 사정없이 내리쬐어 등줄기에선 땀이 쉴 새 없이 흘러내렸다. 열심히 해 대는 서툰 호미질에 가뭄으로 굳은 땅은 끄떡도 안 했다. 억센 잡초는 어찌 그리 깊이 뿌리를 내렸는지.

두어 시간 계속하다 보니 팔다리도 아프고, 허리도 심상치 않았다. 여럿이서 여유롭게 하는 데도 이렇게 고된 일을 매일 혼자서 하려면 얼마나 어려울지. 제초제 뿌리지 말아 달라는 무농약 고추 타령이 얼마나 현실감 없는 주문인지 새삼 뉘우쳤다. 간간이 보이는 무당벌레에도 아랑곳없이 고춧잎에는 진딧물이 빽빽했다. 아직은 고추가 잘 견디나 끝내 이겨 낼 수 있을까 싶었다. 무농약도 좋지만 그래도 고추가 살아야겠기에.

"약 좀 뿌려야 하지 않아요?"

"비가 오면 약간 씻겨 내려갈 거예요."

유기 농법으로 재배하면 무조건 땅이 살아나고, 생산자와 소비자가 직거래를 통해 서로의 생활을 보장한다는 말은 얼마나 허울 좋은 기대일 뿐인가. 그 땅을 살리기 위해 얼마나 오래 참고 무참히 쓰러져 가는 제 몸과도 같은 작물들을 지켜보아야 했을까. 왜 그것은 항상 생산자의 몫이어야만 할까. 조희부 선생의 말씀처럼 '좀 더 나은 것이 생산되면 또 더 나은 것, 좀 더 나은 것을 계속 요구하는 일은 과연 옳은가?' 다시 한번 생각하게 되었다.

항상 얻는 것이 더 많은 생산지 방문. 나는 이곳에서 잡초를 캐며 오히려 내 마음에 우거진 잡초 몇을 뽑고 왔다.

책상 앞에서 못 배우는 생명의 공부

아이들과 함께 한살림 생산지를 방문해 보면, 아이들에게도 여간 의미가 있는 게 아니다. 다행히 여러 생산자가 아이들의 방문을 기꺼이 환영해 주니 다녀올 만하다. 주말이나 방학에 아예 생산지를 목적지로 정해도 좋고, 여행지 중의 한 곳으로 정해 다녀와도 좋다.

농민들이 날이 밝으면 일어나 해가 기울 때까지 땅과 씨름하며 일궈 낸 농작물들을 보면서 아이들은 또 다른 감명을 받는다. 단 생산지에는 일하러 가는 것이지 손님으로 간다는 생각은 버려야 한다. 그렇지 않아도 한창 바쁠 철에 폐가 될 일만 삼가면 서로에게 도움이 되는 소중한 시간이 된다. 제초제를 뿌리지 않는 우리 생산지들에서는 풀 뽑는 일이 큰일 가운데 하나이다. 풀 뽑는 일은 조금만 배우면 어린이도 쉽게 할 수 있다. 또 기회가 닿는다면 감자나 당근 캐기 같은 일을 하며 농부들이 맛보는 수확의 기쁨을 함께 경험할 수도 있다. 사과, 배 등 과일 봉지 씌우기나 다른 잡일도 찾기만 하면 얼마든지 있다.

한살림 조합원들의 생산지 일손 돕기 방문은 처음에는 초기 물품위원회가 중심이 되어 이루어졌다. 그다음에는 각 지역 모임에서 가고, 차차 한살림 전체 조직 차원에서 교육 사업으로 힘을 기울이게 되었다. 생산지 방문이 인기를 얻으면서 소식지에 생산지 방문 안내가 나오자마자 바로 마감되기도 했다. 그런데 생산지에 가서 따로 버너를 켜 놓고 음식을 해 먹거나 커피를 끓여 마시는 얌체족이 있는가 하면 일손을 돕기는커녕 자신의 수저도 씻지 않는 이들도 있었다. 물론 조합원들이 다 그렇지는 않았다. 생산지에 선물을 싸 들고 가고 감사 인사를 머리가 땅에 닿게 하는가 하면 생산자의 손을 부여잡고 우는 이들도 있었다. 생산자와 조합원의 만남은 오작교를 걷는 견우직녀만큼 애틋했다. 또 생산지에 가고 오며 왕복 2~3시간 동안 한살림 이야기를 할 수 있어서 좋았다.

이런저런 이유로 생산지 방문이 이어졌다. 그런데 점차 그냥 미뤄 둘 수 없는 문제가 생겼다. 참가 신청을 해 놓고 오지 않는 사람, 약속한 시각에 나타나지 않는 사람 때문에 출발하는 데 30분을 넘게 기다리는 건 보통이고, 차량 반을 겨우 채워 가는 게 다반사였다. 참가비를 미리 받지 않거나 받아도 참석하지 않으면 환급해 주곤 했는데, 참가 신청 때는 경쟁률이 치열하다가 막상 가는 날 약속을 깨는 일이 많았다.

적자와 불평이 난무한 생산지 방문을 바로잡을 묘수는 없을까? 시간과 환급 규정을 만들기로 했다. "출발 사흘 전이 아니면 무조건 환급하지 않는다. 방문 차량은 무조건 정시 출발한다." 이에 마음 착한 실무자가 반대했다. 한살림이 어떻게 그렇게 야박할 수 있느냐고. "개인 돈이면 푸근히 나누고 내가 손해 보고 하겠다. 조직의 돈이다. 허투루 쓰면 안 된다. 더 나쁜 건 안 나타나서 생산지 방문을 기다리는 다른 조합원들 못 가게 하는 사람이다. 이를 막아야 한다." 모두를 위해, 잘 안내하고 밀어붙였다. 약간의 불협화음은 있었으나 안 될 리 없었다. 그 후로는 우리에게 '코리안 타임'은 없다. 정시, 생산지 방문 버스에 조합원들이 꽉꽉 찼다. 처음이 어렵지 뭐든 제대로만 해 놓으면 많은 게 쉬워진다. 원칙대로 하기, 이렇게 좋다.

생산지에서 손님들 식사 준비도 여간 큰일이 아니다. 우리는 도시락을 싸 가거나 생산지에 밥, 국만 부탁하고 우리가 반찬을 해 갔다. 밥상 차리는 게 얼마나 어려운지 아는 주부의 관점에서 여성 생산자와 의논했다. 그게 얼마나 큰일인데 덤이나 호의에 마냥 기댈 수만은 없다고 생각했다. 만약 생산지에서 준비한다면 우리가 비용을 내고 정식적인 일로 여성 생산자와 풀어 나갔다. 그렇게 해도 조합원들의 생산지 방문이 번거로울 테지만, 여러모로 현실적인 부담을 더는 방식을 고민했다. 서로의 만남이 가볍고 더 반갑도록.

차라리 농약을 좀 쳐 주세요
25년 전 아산 음봉면의 한마음공동체

- 서 형 숙 -

1970년대부터 유기 농사를 지어 온 아산

1991년 초여름, 나지막한 야산에 둘러싸인 한살림 생산지, 충남 아산시 음봉면의 한마음공동체에 갔다. 온양에서 8km 떨어진 음봉면 산정리는 서울의 강남 고속버스 터미널에서 불과 한 시간 반 거리에 있었다.

마을 어귀에 들어서자 드넓게 펼쳐져 있는 채소밭이 찾는 이의 마음을 싱그럽게 해 주었다. 그때 트럭 한 대가 다가오더니 옆에 섰다. 한마음공동체 총무 이호열 생산자가 불편한 몸으로 차를 끌고 마중 나온 것이다. 우리는 잠시 벌판을 더 구경하다 이호열 씨 댁으로 향했다. 집 앞에서 부모님과 부인 그리고 두 아들이 반갑게 맞아 주었다.

아산 지역에서 처음 유기 농업을 시작한 때가 1975년이라고 하니 아주 역사가 깊다. 한마음공동체는 1987년에 설립되어 한살림과 함께해 왔다. 이미 그전부터 유기 농업을 하며 교회를 중심으로 '무공해 쌀 직거래 운동'을 펼치기도 한 터였다.

　공동체 회원은 30여 명이었는데, 서로 같은 뜻으로 일하되 각자가 가장 잘할 수 있는 품목을 찾아내 조정해서 나누어 재배하고 있었다. 한마음공동체에서 출하하는 품목은 쌀, 상추, 오이, 부추, 쑥갓, 배추, 고추, 수박 등 매우 여러 가지였다. 조금 떨어진 부추밭은 여기저기 베어 낸 자리가 눈에 띄었다. 잘 자란 부추는 도톰하고 잎맥이 넓다. 한 가닥 뜯어 코에 대니 달콤하고 아린 맛이 물씬 풍겨 왔다. 장대비가 몇 번 퍼부은 뒤였는데도 부추밭의 검은 땅이 부슬부슬했다. 손가락으로 땅을 뒤집어 보니 어느 곳에나 지렁이가 튀어나왔다. 이호열 씨가 지렁이에 관해 설명해 주었다.

　"지렁이는 흙을 비옥하게 만들지요. 지렁이가 많은 흙은 양분이 있을 뿐만 아니라 흙이 살아 있다는 증거지요. 화학 비료를 뿌리면 당장 지렁이가 죽고 땅도 딱딱해집니다. 끊임없이 퇴비를 주고 정성을 쏟아야 땅이 조금씩 살아나 제 모양을 갖게 됩니다."

　예로부터 지렁이와 거미가 많아 아침에 논바닥이 뽀얗게 이슬로 덮여 있어야 상답으로 쳤다. 그만큼 거미와 지렁이는 해충을 막고 토양을 기름지게 하는 데 없어서는 안 되는 존재이다. 그런데 지렁이는 산성 물에 조금 적시기만 해도 금방 죽는다. 흔히 산성화된 토양을 중화하기 위해서 석회를 쓰는데 석회를 투입하면 땅이 딱딱하게 굳어져 토양은 지렁이가 살지 못하는 죽은 토양이 되어 버린다.

　다시 차를 타고 산정리에서 조금 떨어져 있는 오이밭으로 가는 길에 여기저기 퇴비가 쌓여 있는 모습이 보였다. 돈분(돼지 똥)과 톱밥을 발효시키며 여러 번 뒤집어 5~6개월 뒤에 퇴비로 쓴다고 했다.

그 어렵다는 무농약 오이 농사

그때 우리가 음봉에서 가장 궁금했던 것은 오이였다. 오이는 워낙 무농약으로는 농사짓기 어렵다고 하는데, 그즈음 조합원들이 애원하여 오이 농사를 시작한 때문이었다. 오이는 진딧물이 잘 낀다고 했다. 노란 꽃이 달린 채 어린아이 손가락만 한 오이가 주렁주렁 열렸다. 다 자란 오이도 눈에 띄었는데 그중 한 개를 따서 까슬까슬한 가시를 만지며 입에 베어 넣으니 백다다기라 껍질이 얇고 맛이 부드러웠다.

"원래 이 백다다기는 병이 많아 일찍 씨 뿌리고 재배하는 것을 원칙으로 합니다. 내년부터는 좀 더 일찍 출하할 계획인데, 이번에 일본 연수 다녀온 한마음 회원과 농협 직원의 도움을 받으면 잘될 것 같습니다."

일본에서는 6개월 이상 숙성된 100점짜리 퇴비를 3년간 넣어서 만든 토양에서 오이를 기르는데, 25m나 뻗는 한 줄기에서 열 달 동안이나 오이를 수확한다고 한다. 우리는 두 달간 20~30개 정도 따는 것이 고작이었다. 물론 나날이 우리의 땅과 재배 기술도 나아지고 있다.

퇴비 만들기, 풀 뽑기, 각종 병해 방제하기 등 농사짓기가 무척 힘들 텐데 가장 어려운 점이 무엇이냐고 물으니 계획성이 없는 게 가장 힘들다고 했다. 소비량이 불확실하면 얼마를 파종하고 수확해야 할지 모호하기 때문이란다.

"조합원들에게 부탁드리고 싶은 거야 많지만, 열심히 먹어 주시는 것만으로도 큰 도움이 됩니다."

그렇게 아산에서 오이가 생산되는 걸 손꼽아 기다리는데 역시나 올해도 진딧물을 이겨 내지 못했다는 소식이 전해져 왔다. 다음 해에는 조합원들이 "차라리 농약을 조금 치고 오이를 먹게 해 주세요. 다른 데 오이보다는 덜

칠 것 아니에요?"라고 했다. 조합원들의 요청이 거듭되자, 이호열 씨는 마지못해 그러마 했다. 기어이 농약통을 짊어지고 밭에 들어가기까지 했는데, 끝내 농약을 치지 못하고 돌아 나왔단다.

다다음 해에 드디어 오이가 제대로 맺혔다. 그런데 이번에는 소비가 맞춰 주질 않아 남아돌았다. 할 수 없이 박영천 씨와 둘이서 양재동에서 항아리에 오이지를 담갔다. 오이뿐인가. 배추가 계속 남아서 알음알음 화곡동까지 김치 명인을 찾아다녔다. 주문자 상표 부착 생산(OEM) 방식 배추김치를 본부에서 작은 단위로 나누어 팔았는데 공급하는 동안 발효가 되어 비닐이 빵빵해지고 시어져서 반품되기도 했다. 여러 가지 다 열악한데 어떻게든 산지에서 썩어 가는 먹을거리를 없게 하겠다는 일념으로 조합원들이 이리저리 뛰어다니며 궁리를 했다. 주먹으로 운하 틈을 막은 꼴이었으나 그래도 그때 그런 노력이 하나둘 모여서 오늘의 한살림이 되었으리라. 지금도 전국 곳곳에서 각자의 역할에 충실한 이들이 있어 오늘도 살아 있는 한살림이듯.

한마음공동체에서 아산연합회로

1996년 한마음공동체, 가람공동체, 아산시 친환경 수도작 생산농가, 풍물패 후원회 등 4개 조직이 모여 1996년 한살림아산시생산자연합회를 창립하였다. 1998년 아산연합회에서 콩나물을 생산하여 한살림에 공급하게 되었는데, 물량이 점점 늘어나면서 1999년 아산연합회 회원들이 출자하여 아산시 친환경 농산물을 가공, 유통하는 푸른들영농조합법인 설립을 추진하고 2000년에 설립했다.

단 하루만이라도 설거지통에서 손을 빼고
여성 생산자 연수를 시작한 이야기

- 서 형 숙 -

"남의 남편은 자가용 태워 주는데, 우리 남편을 밭이랑만 태우는구나!"
1995년 즈음, 충북 영동 옥잠화공동체의 서순악 생산자와 박영천 실무자가 여성 생산자들이 모이는 연수회를 하자고 했다. 몇 달 전부터 일부러 영동으로 서순악 씨를 찾아가 의논했다. '이 바쁜데 또 새로운 일을?' 싶었으나 한살림 한 지 10년이 다 되도록 소외된 여성 생산자들을 생각하니 꼭 해야 할 일이었다.

사실 농민 중에서도 여성이 더욱 고생한다. 농사일 같이해야지, 바깥일을 끝내고 집에 들어와도 밥, 빨래, 애 보기, 청소 같은 집안일이 기다리고 있지. 한살림 여성 생산자들은 일반 농민보다 더욱 고생스럽다. 약으로 처리하면 간단할 일을, 손으로 직접 풀 뽑고 몸으로 다 때워야 하니. 더구나 유기농 공부다 모임이다 하며 집을 비우는 남성 생산자의 자리를 고스란히 채워야 한다. 남성들은 모임에 나와 조합원들에게 직접 고생한다는 말을 듣고 위로도 받는다. 또 생산자들끼리도 교육이나 만남을 통해 유기농을 꼭 해야 한다는 의지를 새롭게 할 수 있다. 본인의 의지를 다지는 배움의 기회가 많다. 하지만 대부분의 여성 생산자들은 그냥 남편 따라 오리무중 어디로 가는지 모르는 채 따라가는 경우가 많았다. 남편들이 나가서 공부한 내용이나 여럿이 나누었던 이야기를 집에 가서 가족들에게도 찬찬히 전하면 좋으련만 시간도 여유도 없어 그냥 스쳐 지나가고 만다. 어찌어찌 얻은 자료를 전해 주어도 고된 일 끝에 혼자서 읽을 겨를도 없다. 그래서 여성 생산자들의 노고에 고마움을 표하고 칭찬하는 연수를 하자고 했다.

그러자 남성 실무자들은 "그게 왜 필요합니까?", "모이는 목적이 무엇입니까?", "어떤 프로그램을 할 건가요?" 하고 반문했다.

하긴 우리 조합원 활동을 위한 예산은 다 생산자, 조합원, 실무자 주머니에서 나오니 단 한 푼도 허투루 쓸 처지가 아니다. 그런 관점에서 보면 실무자의 이런 확인 작업은 너무도 당연하다.

첫 여성 생산자 연수는 1996년 1월 17~18일 대전 신협연수원에서 열렸다. 조합원들이 좀 참석했어야 하는데 둘뿐이었다. 이 무렵엔 정말로 조합원 활동가 기근 시대였다. 1994년 말부터 겨우 물품 모니터지를 만들고 모니터 모임을 꾸리는 실정이었다. 위원회라곤 하나도 없었다. 미리 도착해 생산자들을 기다리는데 마음이 설레었다.

'얼마나 오실까. 부담은 안 될까.'

생산지 방문에서 보았던 반가운 얼굴은 서로 얼싸안는다. 생산지에서 일 가운데 만나지 않고 이렇게 오로지 서로 보기 위해 만나니 그것도 참 좋다. 새로운 얼굴이라 해도 이름표를 보지 않아도 남편 이름을 맞힐 만큼 부부가 똑 닮았다. 남성 생산자만 알고 있다가 그 짝을 보니 너무도 닮아서 같은 그림끼리 짝 맞추기를 하는 기분까지 들었다. 그렇게 40명이 모였다. 첫 모임을 하기에 딱 좋은 숫자다.

오후 모임을 시작하려고 보니 현수막에 '생산자 부인 모임'이라 쓰여 있는 게 아닌가. "무슨 소리예요? 생산자 부인이라니. 이분들은 당당한 '여성 생산자'이니 얼른 바꾸든지 당장 내려 주세요."라고 했다. 우리는 그렇게 여성 생산자 연수를 시작했다.

서로의 고생담에 마음을 열고

'같은 여자라는 것, 나이 먹어 간다는 것이 이렇게 좋은가.'

우선 각자 소개를 하고 좀 부족한 것은 서순악 씨, 박영천 씨, 내가 도드라지지 않게 도왔다. 남편인 남성 생산자들끼리는 전국 각지에 살면서도 자주 만나 잘 아는 사이여도 여성들끼리는 서로 만난 적이 거의 없는 사이라 처음에는 서먹서먹했다.

소개가 끝나고 돌아가면서 한 사람씩 살아온 이야기를 하는데 모두 넋을 놓고 들었다. 내가 말하지 않아도 모두 내 얘기인 셈이었다. 충북 보은의 강순희 생산자(남편: 고 이철희 생산자)의 쌀농사 고생담을 들으며 다들 눈물짓기 시작했다. 충남 당진의 김남숙 생산자(남편: 정광영 생산자)는 "우리는 감히 고생했다는 말도 못 꺼내겠시유." 하기도 했다. 압권은 경북 봉화에서 온 고 최정화 생산자(남편: 강문필 생산자)의 고생담이었다. 해마다 너무나 농사를 많이 망치고 또 망치니 농촌에 살면서도 날마다 밥을 굶었단다. 그때는 말하는 사람이나 듣는 사람 모두 같이 울었다.

얌전한 생산자, 나서는 생산자 모두 소개를 하고 노래자랑을 펼치니 이제 또 아주 다른 모습이다. 다 그런 건 아니지만, 말 잘하는 사람은 노래를 못하고, 말할 때 얌전하던 이들은 기다렸다는 듯이 춤까지 추고 굉장하다. 여기에서도 가톨릭농민회 활동을 하였던 김영희 생산자(남편: 고 최재두 생산자)는 농민가를 불렀다.

"남의 남편은 자가용 태워 주는데, 우리 남편은 논두렁만 태우누나."

다음 날, 여성 생산자 회장으로 선출된 서순악 씨가 말했다.

"우리도 세상을 살리는 유기농을 한다는 사명감을 갖자. 열심히 기쁜 마음으로 농사짓자. 그래서 우리도 몇 년 뒤엔 비행기 타고 놀러도 다니자."

유성에서 온천욕을 했다. 하룻밤 같이 잔 데다 벌거벗고 만나니 정이 속속 깊어진다. 볼 것 다 보여 주었으니 가릴 게 무엇이랴.

그동안 남자 생산자들 헛공 들였다. 그렇게 오래 만났는데 서로 좋아도 악수나 하고 잔치 때 어깨동무하는 게 고작이었는데 여성들은 만나자마자 얼싸안고 난리가 났다.

여성 생산자의 첫 만남은 그렇게 아쉽게 일단락했다. 내년을 기약하며.

논두렁만 타더니 비행기도 타네

땅만 들여다보던 여성 농민들이 바닷바람 쐬어야 한다며 다음 해는 강원도 강릉에서 모였다. 그다음 해는 전라도 부안 채석강이었다. 전국 각지에서 차를 빌려 중간에서 만나 구경도 하고 저녁에야 모임 장소로 집결했다. 만나면 모두가 그야말로 하나다. 견우직녀의 만남처럼 애틋하다. 이젠 이력이 나서 생산 공동체마다 먹을거리를 마련해 와서 나눠 먹었다. 떡과 술, 마실 거리에 김치, 오징어 안주까지 풍성하다. 여기저기서 조금씩 모인 것들이 돌아갈 때까지 먹고 남았다. 네 번째로 충북 제천의 덕산온천에서 모였을 때는 주변 가까운 지역의 남성 생산자들이 저녁에 술과 과일을 싸 들고 지원을 왔다. 처음에 조직에서 일 삼아 준비했던 것에 비하면 얼마나 자발적인지. 이제는 중간 장소나 모이는 곳까지 '마나님을 모셔다드리는' 남성 생산자 역시 익숙하다. 흔쾌히 해낸다.

처음 모임은 만나서 서로를 알아 가는 것으로 충분했으나 점점 구체적인 무언가를 좀 꾸려야겠다는 서순악 회장의 말대로 이번에는 구체적인 주제를 정해 보기로 했다. 환경 문제였다. 농촌에서 환경 문제라고 하면 논밭에 농약을 뿌리지 않는 것만 생각하곤 했는데, 이제 농촌에서도 전반적인 생활 환경에 변화를 일으켜 보자고 했다. 그래서 그때 환경위원장이던 윤선주 씨가 도시 소비자 조합원들의 환경 운동을 정리하여 발표했다. 사실 생산지에 가면 놀랄 때가 한두 번이 아니었다. 논밭에는 목숨을 걸고 농약을 안 치지만, 집 안에서는 일상적으로 갖은 합성 세제를 다 쓴다. 그런 모습은 보통 한살림에 관심 있는 소비자들보다 못한 모습이었다. 이런 문제는 확실히 여성 생산자와 얘기를 나누니 바로 소통이 된다.

"합성 세제 양을 어떻게 줄일까요?"

"어떤 물품을 쓰면 좋을까요?"

"재생 휴지는 어떻게 구할까요?"

한살림 생산자는 누구나 생산자이자 소비자이다. 어차피 공산품은 사서 써야 한다. 그러니까 한살림에 물품 보낼 때 사 오거나, 아니면 장기간 보관이 가능한 물품은 가을걷이 잔치 한마당 때 일 년 치를 사 두고 써도 좋겠다는 의견들이 나왔다. 오랫동안 말만 하고 잘 못 풀던 문제가 곧 풀릴 것 같았다. 여성 생산자들과 생활 속의 고민과 한살림의 나아갈 길을 걱정하는 많은 이야기를 나누었지만, 그래도 정이 나는 이야기는 무엇보다 수다다. 여성 생산자들이 흥이 나서 집으로 돌아가지 않겠다고도 했다. 딱 하루만 더 있자고.

한살림에 대한 열정이 한껏 무르익었다. 모임의 살림도 잘 해내 이윤이 많이 생겼다. 이만큼 이루었으니 이제 첫 약속처럼 비행기 타고 제주도를 갈 때다. 처음 모였던 숫자의 배가 넘는 95명이 1999년 제주도에서 만났다. 지리적 조건 때문에 항상 도외시되던 제주도 생산 공동체 사람들을 만났다. 제주시 한림에서 감귤·양파·양배추 등을 생산하는 신두옥 생산자(남편: 고임선준 생산자) 등 여성 생산자들이 합류했다. 함께 다니며 5년 만에 이룬 우리의 결실이었다. 열심히 농사짓고 만나자던. 쉬지 않고 앞으로 나아간 서로를 격려하고 포옹했다. 참 용하다. 그리고 장하다. 깜깜한 새벽, 성산 일출봉에 앉아 해 뜨는 장관도 보고, 비싼 경비를 들여 온지라 관광도 꼼꼼히 했다. 언제나 그렇지만 여러 실무자가 고생이 많다. 해마다 여성 조합원들 사이에서 노고가 보통이 아니다. 조금이라도 편안하게 하려고, 조금이라도 맛난 것 먹게 하려고 부지런 떤 걸 다 안다.

해를 거듭하여 오래 만나니 여성 생산자들 서로의 사이가 좋아지는 건 당연하고, 떠나보낸 남성 생산자들의 반응도 좋았다. 동네에서 다 같이 아내들을 한살림에 보내고 혼자 집을 지키며 그간 아내가 맡았던 일들을 하며 느끼는 게 많단다. 또 희망과 용기를 갖고 돌아오는 아내를 맞이하는 맛도 좋고. 더 자주 데리고 다니라는 요구도 했다.

2006년 여성 생산자 모임 10주년에는 충남 아산에서 큰 행사를 했다. 기념 강연 요청을 받았는데 특히 감회가 새로웠다. 내가 한살림을 처음 시작할 때 두 돌 된 작은아이를 업고 안고 다니며 활동했다. 그런데 이때 훌쩍 다 자란 그 아들이 차를 운전하여 나를 강연장에 데려다주었다. 우리 아이처럼 한살림이, 여성 생산자 모임이 이렇게 당당하게 자랐다.

우리 여성 생산자들의 꿈
최정화 생산자와 김남숙 생산자

- 윤 선 주 -

우리 잡은 이 손 놓지 않고

고 최정화 생산자는 다부진 몸매에 성격도 활달해 일을 참 시원하게 했다. 곁에서 보면 그리 힘도 들이지 않는 것 같은데 음식 하는 걸 보면 엄청난 양을 아주 맛있게 했다. 사무실 마련한다, 무슨 기금을 마련한다 하면 묵은지, 절임 반찬 등을 보내 왔다. "좀 많이 했더니 남아서 보냈다. 그냥 나누어 잡쉬라." 했다. 먹어 보면 맛이 기가 막혔다.

1996년 여성 생산자 모임을 창립하고 처음으로 간 여성 생산자 연수에서 소비자 조합원 자격으로 참여해 최정화 씨를 만났다. 거침없는 말솜씨에 눈물겨운 이야기도 어찌나 재미있게 하는지 다들 이야기를 들으면서 울다 웃다 정신을 차리기 힘들었다. 시골에서 농사를 지으면서도 굶기를 밥 먹듯 했다는 이야기, 약을 치지 않으니 벌레를 잡다 잡다 두 손 다 들고 목사님 모셔서 기도까지 드렸다는 이야기, 고집불통인 남편 강문필 생산자에게 "나냐, 유기농이냐?" 열 번 물으면 열 번 다 "유기농!"이라고 대답하는 통에 못 살겠다고 집을 나왔다는 이야기, 대처로 나와 덩치 큰 남자 고등학생들 하숙을 치며 불호령을 내리고는 해서 학생들 사이에서는 악명 높았지만, 부모들은 사람 만들어 주는 하숙집이라고 줄을 서서 기다렸다는 이야기, 돈이 좀 모이니 '웬수' 같은 남편 굶을까 봐 주섬주섬 보따리 챙겨 갔다는 얘기를 듣다 보니 시간 가는 줄 몰랐다. 그런데 그 '웬수' 같은 남편 이야기를 할 때에도 눈에는 사랑과 존경이 담겨 있다. 그래서 한살림의 남성 생산자들이 이구동성으로 하는 이야기가 "이 사람 아니었으면 아무리 뜻이 높아도 이런 농사를 지을 수 없었다."이다. 서로를 인정하고 모시는 마음으로 한살림을 이룬 생산자들이 서로 다잡아 꿈을 이루는 첫 장소가 가정인 까닭이다.

어르신들과 함께 가는 공동체를 만들고 싶어

딱 한 번 선으로 만나고 그 첫 만남에서 '어떻게 사람이 사람을 보고 나서 마음에 안 든다고, 싫다고 할 수 있나?'라는 생각에 혼인했다는 정광영 생산자의 아내인 김남숙 생산자는 우리가 일손 돕는다고 가서 어쭙잖게 엉기고 있으면 "성가시기만 하다. 그러려면 도로 가라."라는 말을 웃으며 아무렇지도 않게 하는 사람이다. 잘 다져진 흙 마당에 언제나 티끌 하나 없다. 그래서 그이 집에 들어서면 두 팔 벌려 환영하는 것 같다. 어느 사이에 가꾸는지 마당엔 꽃이 한가득 피고 주인이 없어도 누구라도 들러서 물도 마시고 차도 타 마시는 마을의 사랑방이다. 몇 년 전 손자 손녀가 생기기 전까지 그이의 집에는 생태 뒷간이 있었다. 그 뒷간조차 어찌나 깨끗한지 냄새가 하나도 나지 않았다.

지금은 한살림연합의 실무자인 진명숙 씨가 고양에서 활동가로 같이할 때, 김남숙 씨 댁에서 쌀 한 가마니를 고아 조청을 만든 적이 있다. 가 보니 이미 쌀을 씻어 안치고 있을 정도로 미리 알아서 챙기는 성격이고, 작은 몸에 비해 다부지고 손끝이 여물다. 아궁이에 불을 조절해 가며 때고, 저녁 먹고 고구마, 과일 등 간식을 먹으면서 거의 잠을 자지 않았다. 몸 재고 손끝 여물기로 둘째가라면 서러운 진명숙 씨가 주인장과 손발을 척척 맞추며 다음 날까지 잠시도 쉬지 않고 일을 끝냈다. 새벽의 차고 맑은 기운을 뜨끈뜨끈한 방에 앉아서 맛보는 기분이란 정말 말로 표현하기 어렵다. 눈 내리는 한겨울, 마치 깊은 산속의 노천 온천에서 얼굴만 내밀고 있는 기분이랄까? 그저 재미있기만 했던 우리는 "다음에 또 합시다." 하고 돌아왔지만 바쁘기도 하고 사전 준비가 힘들어 다시는 하지 못했다.

이렇게 공동체도 꾸리랴, 찾아오는 조합원 맞이하랴, 본업인 농사지으랴 몸이 두 개라도 모자랄 것 같은데 지난해 봄에 공동체 사람과 둘이 '노인요양보호사' 자격증을 땄다. 힘들지 않으냐고 물으니 매번 공부하는 게 어렵지만 재밌다고 대답했다. 어려움을 자기 성취의 즐거움으로 알고 살아 그런 모양이다. 어렵고 힘든 일을 두려워하며 망설였다면 한살림 생산자로 여기까지 오지 못했을 거다. 마을의 어르신들을 생각하며 공동체를 좀 더 따듯한 곳, 끝까지 함께 가는 곳으로 만들고 싶어서 시작했다는 그 일이 계속 이어지기를 바란다. 그래서 마을의 어르신들이 다른 데 가지 않고 자신의 추억이 고스란히 담긴 매산리에서 남은 생을 편안히 보내는 진정한 공동체 마을이 되기 바란다.

책을 편집하던 중인 2016년 7월 안타깝게도 최정화 생산자가 지병으로 유명을 달리하셨습니다. 그가 가꾸던 방주공동체 살림은 남편인 강문필 생산자와 아들 내외, 손주들이 이어가고 있습니다. 수많은 소비자 조합원들에게 깊은 감동을 주었던 최정화 생산자의 명복을 빕니다.

농촌에서 도시에서
살림 세상을 만드는 생산자들

- 서 형 숙 -

물품보다 관계

한살림 활동을 하면서 '내게 이런 자녀를 주소서!' 하는 기도처럼 '내게 이런 생산자를 주소서!' 하는 꿈을 꾸게 되었다. 열심히 농사짓는 생산자, 이웃과 의논하며 서로 보살펴 더불어 사는 생산자, 미래를 생각하는 생산자.

전국에 이런 생산자가 그득한데 굳이 누구를 꼽기가 퍽 어렵다. 20여 년 같이한 생산자들을 더듬어 보니 내가 아둔하여 생산자들께 감동하는 것은 물품이 아니라 늘 관계와 말 한마디와 행동거지 하나다. 열 마디도 아닌 단 한마디로 몇 십 년을 붙들고 산다. 20년 세월 속에서 가장 고마운 생산자들을 몇 분 소개해 본다.

충북 음성 성미마을 고 최재두 생산자

초대 한살림생산자연합회 회장을 역임했던 고 최재두 생산자는 충북 음성 성미마을에서 채소와 고추장을 생산했다. 초기 한살림의 이상적 생산 공동체인 '흙'을 꾸리기도 했다. 흙공동체는 공동 경작, 공동 생산을 하였다. 그때 가장 감동했던 기억은 쌀 한 말마다 써 넣었던 편지다. 왜 그거 한 장 보관해 두지 않았는지 후회막심이다. 열심히 일하는 모습이 고스란히 밴 손글씨 편지가 우리 식탁에 왔었다. 때론 총각무가 열무처럼 길러져 와도 다 이해하던 그때였다. 그 가운데 고 최재두 회장이 있었다.

강원도 횡성 공근공동체

초창기 생산지 강원도 횡성 공근마을에는 모두가 주인공이라 누구 한 명을 꼽아 이야기하기 어렵다. 1985년부터 마을 공동체를 만들고 친환경 농사를 지어 온 곳이니까. 다른 지역보다 농사를 소규모로 짓고 사정도 어려우나 어느 곳보다 기쁘게 농사짓고 더불어 살기를 잘하는 곳이다. 그곳에는 '옥수수 장학금'이 있다. 옥수수 뻥튀기 수익금의 일부를 떼어 내어 장학금으로 쓴다. 존경스럽다.

경북 영천칠곡 햇빛공동체 장현기 생산자

사과 하면 가장 먼저 떠오르는 경북 상주가 우리의 이상적인 공동체 산지다. 그래도 칠곡 역시 빼놓을 수 없다. 사과 상자에 "사과나무를 하느님 보시기에 좋은 형태로 하늘을 향해 초승달 모양이 되도록 해마다 조금씩 다듬어 만들면 농약을 덜 쳐도 잘 견디는 사과나무가 된다."는 글과 그림을 보냈던 장현기 생산자가 좋다. 장현기 씨는 1990년부터 한살림과 함께했는데, 경북 중남부 지역인 칠곡과 영천에서 친환경 과수 농업을 확대하려고 2000년에 공동체를 만들었다. 장현기 씨는 공동체에서 생산한 사과를 출하할 때, 저장 시설이 있다고 자신의 사과를 맨 나중에 출하하는 여유도 부리고는 했다.

충남 부여연합회 강수옥, 조계숙 생산자

충남 부여에는 항상 웃고 밝은 낯으로 농사짓는 '십자매 가족'이 있다. 강수옥, 조계숙 생산자와 아들 원율 씨까지. 원율 씨는 한때 한살림대전생협 실무자로 일했다. 부여 초촌에서 딸기 농사를 짓는데 우리나라에서 둘째가라면 서러울 생산자이다. 처음 외지에서 들어와 남의 논을 빌려 약도 안 치는 딸기 농사를 시작했을 때는 동네에서 미친 사람 취급을 당했다고 한다. 사람이 좋아 차츰 인심을 얻었고, 서울에서 버스로 사람들이 몰려와서 "선생님, 선생님." 하며 생산자에게 머리 조아리고 결실을 거두면 무조건 다 사가는 것을 보며 동네 사람들 마음이 달라져 곧 10여 농가가 같이 공동체를 일구게 되었다. 딸깃값이 시중과 비교해도 엄청나게 싸지만 얼마 전에는 백화점 가격의 3분의 1밖에 되지 않을 때도 있었다. 그래도 개의치 않고 평당 얼마씩 물품이 생산되는 데 든 비용이면 적정하다는 뜻을 고수했다. 강수옥 생산자와 공동체 모두의 뜻이어서 더욱 고마웠다.

하월곡동 동월교회 미숫가루

서울에도 한살림 물품을 생산하는 생산지가 있었다. 1990년경 미숫가루는 하월곡동에서 생산했다. 하월곡4동 산동네에 있는 동월교회 여신도 회원들이 공동으로 만들어 냈다. 그곳 사정을 고려하여 좀 수고스럽더라도 재료를 한살림 실무자들이 실어 나르고 생산자들은 정성 들여 만들었다. 산 고개를 짐을 지고 오르내리기가 쉽지 않을 텐데 운동으로 풀고는 했다. 도라지도 그렇다. 껍질을 깔 도라지를 일원동에서 월곡동까지 가깝지 않은 거리를 옮겨야 하는데 감내하며 해냈다. 가끔 사람들이 묻는다. 동네에 손이 쌨는데 왜 거기까지 가느냐고. 실무자들은 도시 빈민들의 자립 기반을 마련하기 위한 공동체 운동의 하나로 묵묵히 해냈다.

그때 지역 생활 형편은 어려운 편이었다. 대부분 일용 노동자와 제품 공장의 미싱사나 잡일꾼으로 일하며 낮은 임금을 받았다. 한살림에 생산자로 참여하면서 동네 아기 엄마들은 유정란, 배추, 채소 등 시중 가격과 그다지 차이 나지 않는 한살림 물품을 이용하게 되었다. 동참하는 것을 뿌듯해하며.

어느 날 윤희진 실무자와 우리 아이 둘과 함께 그 동네에 갔다. 산동네라 해서 오르막을 오를 줄 알았는데 그게 아니다. 차가 산꼭대기에 서고 거꾸로 내리막을 내려가야 닿는다. 비탈이 가파르고 좁았다. 내려오며 보니 집집마다 여러 가지 용기에 모두 흙을 담아 좁은 담벼락이나 협소한 지붕 위에 올려놓고 꽃을 심어 놓았다. 참 예쁘다. 살아 있는 것을 사랑하는 마음을 보니 좋았다.

동월교회에는 통나무를 그대로 잘라 십자가를 만들어 세워 두었다. 나무껍질이 그대로 살아 있어 마치 예수 시대를 보는 듯 착각에 빠진다. 교회 건물도 내부도 통나무 십자가처럼 단순하다. 커다란 민속화 같은 걸개그림이 온통 채우고 있다.

교회 아주머니들은 하루에 미숫가루 50kg 정도를 만든다. 쌀을 물에 씻어서 시루에 찐 다음 교회 2층 옥상으로 가지고 올라가 말린다. 뜨거운 뙤약볕에서 손으로 비비는 작업을 할 때나 오전에는 날씨가 좋았다가 갑자기 소나기가 쏟아질 때 늘어놓은 것을 정신없이 걷다 보면 온몸이 땀으로 범벅이 된단다. 그래도 더 많은 정성을 곡식에 쏟는 농부를 생각하면 자신들의 고생은 사치라는 생각을 한다나.

　작업해서 받는 품삯의 10%는 지역 봉사비로 적립되어 지역 발전을 위해 쓴다고 했다. 우리 실무자들 수고는 많지만, 할 만한 가치가 있는 일을 한다 싶었다. 그저 고마울 따름이다. 생산자나 실무자나 무늬만이 아닌 진짜 살림 세상을 만드는 운동가들이다.

부림제지 우유갑 재생 화장지
1991년부터 우유갑으로 재생 화장지를 만들어 온 부림제지 윤명식 대표도 남다르다.

　한살림에서 처음에 쓰던 화장지는 와이셔츠 상자, 헌책이 원료인, 삼보 제지의 검은 재생 화장지였다. 생각해 보면 호랑이 담배 피우던 시절, 참 옛 날 이야기다. 아무리 10개에 1,000원짜리라 해도 종이가 치밀하지 못해 잘 못하면 닦을 때 오물에 젖어 손가락이 쏙 하고 나올 때도 있었다.

　그런 실정이었으니, '품질이 떨어진다.' '색이 눈부시게 희고 곱지 않다.' 라는 핀잔만 받아 일반 판매를 포기했다는 부림제지의 우유갑 재생 화장지 는 우리에겐 명품이었다. 우유갑이나 종이컵에 내수 처리가 되어 있어서 재 처리할 때에 화학 약품을 써서 색도가 선명치 못한 점도 있으나 높은 온도 로 살균하고 표백 처리하지 않은 무형광이라 오히려 안전하다. 거기다가 새 로이 나무를 자르지 않고도 만들 수 있으며, 가공도 간편해서 에너지를 적 게 써 환경 오염을 줄일 수 있는 데다 가격까지 저렴하다.

　재생 화장지를 쓴 지 5년 만에 윤명식 대표를 만나게 되었는데, 그의 소 박한 모습을 보고 물품에 대한 신뢰가 더 높아졌다. 화장지 만들기에는 전 재산을 다 들여 일구면서 컨테이너 사무실에, 의자는 다 낡아 떨어진 상태였다. 일상을 통해 진심을 보았다. 그 뒤로 시간이 또 흘러 다녀온 지도 벌써 18년이 지났다.

한살림을 하면서 좋은 사람들을 많이 만나는 기쁨을 누린다. 그런데 그 좋은 사람들이 언제나 고생만 한다는 생각에 행사나 가을걷이 잔치 때에 멀리 서 있는 생산자들을 보며 눈물지을 때가 있었다. 하지만 몇 해 전부터는 그러지 않는다. 우리처럼 생산자와 소비자가 서로 사랑하는 데가 어디 있을까. 그런 긍정적인 마음을 갖기로 했다.

다만 아쉬운 점이 있다. 세월이 흐르면서 보니 우리나라 소비자들은 과거에 비하면 생활이 아주 윤택해졌다. 한살림 실무자들 역시 초창기에 비하면 많이 나아졌다. 그런데 생산자는 10년 전이나 20년 전이나 30년이 지난 지금이나 어려운 형편이다. 더 늙고 힘은 더 없어지고. 그런 것에 생각이 미치면 긴 시간 조합원으로서 애쓴다고 애썼지만 무얼 해냈는지 착잡하다. 최선을 다했고 앞으로도 노력하자고 다시금 마음을 먹는다.

오래된 미래, 우리 씨앗
토박이 씨앗 지키기

- 윤 선 주 -

목숨 걸고 지켰던 씨앗 주머니

"농사꾼은 아무리 배를 곯아도 씨앗을 베고 죽는다."라는 말이 있다. 죽을 정도로 굶으면서도 내년 농사를 위해 씨앗을 목숨처럼 소중하게 여겼다는 말이다. 같은 땅에 심어 같은 정성으로 키워도 씨앗에 따라 수확량이 달라진다. 그야말로 심은 대로 거두는 것이 농사이니까. 그래서 한 해 농사가 끝나면 가장 실한 씨앗을 정성껏 가려 잘 보관하는 일이 중요했다. 더러는 처마 밑에 매달기도 하고 더러는 깨끗한 무명천에 넣어 두기도 했다.

그러나 선조들이 개량하고 보존해 오던 우리 씨앗이 지금은 거의 사라진 상태이다. 1997년에 외환 위기를 겪으면서 우리나라 종자 기업들이 다국적 기업들에 넘어갔다. 지금은 이런 다국적 기업에서 채소 종자의 70% 이상을 독점적으로 공급한다. 이뿐 아니라 정부에서 주로 공급하던 곡물 종자도 민간이 맡아서 개발, 공급하는 방향으로 가고 있다. 이제 씨앗의 대부분을 시장에 맡긴 셈이다.

종묘상에서 씨앗을 사기 시작하면서 농민들은 씨앗에 관한 정보, 농사 방법, 가격을 전부 종묘상에게 의존할 수밖에 없다. 종묘상마다 가격이 달라도, 병충해 처리와 생육 처리를 했다고 1상자에 7,000원 하던 배추 모를 1만 원을 불러도 그 값을 주고 사야 한다. 그러면서도 불량 씨앗에 대한 책임까지 농부가 떠안는다. 종묘상은 씨앗을 원하는 값에 팔고 나면 그뿐, 그해의 농사에 대해서는 전혀 책임지지 않는다. 단 싹이 하나도 나지 않아도 그것이 씨앗 탓이라는 것을 농부가 증명하지 않으면 소용이 없다. 그야말로 달걀로 바위 치기, 백전백패인 뻔한 논쟁이다. 씨앗을 키우고 갈무리할 권리가 농민들의 손에서 벗어나면서 정부나 종자 기업들의 선전과는 달리 종자의 안전성은 점점 떨어지고 있다.

이런 사실을 일찍이 알고 준비해 온 곳으로 한살림, 흙살림, 여성민우회생협, 전국여성농민회, 환경운동연합 등이 있다. 그중에서 한살림은 전국에서 잡곡, 채소 등의 토종 씨앗을 계속 찾아내고 키우는 중이다. 25년 전 수입 밀에 대항해서 우리 밀 씨앗을 찾은 일부터 시작했다고 본다. 수입 밀의 안전성을 믿을 수 없어 우리 밀을 찾아 재배한 것인데 그때 어렵게 출자금을 모으고 사회적인 운동으로 확산시키지 않았으면 지금은 온통 농약 범벅의 비싼 수입 밀을 고스란히 수입해 먹고 있을지도 모른다.

우리 것이 좋은 것이여!

10년쯤 전부터 충북 청주의 홍진희 생산자가 토종 씨앗을 보존하고 발전시켜야 한다고 생각했고, 그 뒤를 이어 괴산의 박명의 생산자 등이 함께했다. 또 드러내지 않아도 곳곳에서 대대로 물려받은 소중한 씨앗으로 농사짓는 사람들이 많을 것이다.

    토종 씨앗을 향한 한살림의 노력은 더디기는 하지만 성과를 내고 있다. 한살림서울생협이 주축이 되어 '토박이 씨앗살림'을 꾸준히 펼쳐 2014년에는 전년에 비해 물품 28%와 재배 면적 17%를 확대했고 2015년에는 30여 가지 품목에 재배 면적 약 56만여 ㎡(17만 평)로 꾸준하게 확대하고 있다. 앞서 말한 앉은뱅이밀도 꾸준히 확산시키고 있으며 호남을 중심으로 시험 재배하여 좋은 결과가 나오리라고 믿는다. 계속해서 우리 씨앗을 찾아내어 매년 공급하는 품목이 늘고 있다. 이름도 정다운 뿔시금치, 어금니동부, 갓끈동부, 솔부추, 쥐이빨옥수수, 선비잡이콩, 아주까리밤콩 등을 다시는 잃어버리는 일 없이 대대로 우리 밥상에 올리고 싶다. 열 명이 도둑 하나를 못 막는다고 지키기는 어렵고 다시 찾기는 더욱 어렵기 때문이다. 조금 작고 맛이 익숙하지 않아도 꿋꿋하게 친환경 농산물을 지키고 퍼뜨린 것처럼 소비자의 힘이 더해져야 할 것이다.

    한살림은 농작물뿐 아니라 소, 닭, 돼지 등 우리 밥상에 자주 오르는 가축도 토종을 찾아 복원하는 일을 열심히 한다. 소는 누런소, 칡소, 흑소, 제주흑소가 한살림 축산 농가에서 자라고 있으며 닭은 청리닭, 고려닭 등을 유정란에서 부화시켜 키우고 있다. 이 닭들 또한 나라의 운명과 같이하여 일제 강점기를 거치며 대부분 없어졌던 종자를 복원한 것이다. 우리 정부는 2012년 24종의 토종 가축을 유엔 식량 농업 기구(FAO)의 가축 다양성 정보 시스템에 추가로 등재했다. 해마다 겪는 조류 독감이나 구제역 피해를 보며 가축의 종 다양성이 얼마나 필요한지 절감한다. 비좁은 시설에서 오직 사람의 요구에 맞는 한 종의 가축을 대량으로 키우는 한 그런 재앙은 계속될 것이기 때문이다.

2014년 12월 충북 괴산의 산골짜기 약 1만 3,200여 ㎡(4,000평)의 땅에 한살림 토종 씨앗 채종포(우리씨앗농장)가 들어섰다. 오랫동안 괴산의 눈비산 마을에서 닭을 키웠고 2003년부터 한축회(한살림축산생산자연합회)를 만들고 이끌어 온 안상희 생산자가 부모로부터 물려받은 땅에 만들었다. 한살림과 거의 함께한 세월, 애들 키우고 이만큼 살면 잘 사는 거 아니냐는 웃음과 함께 늘 마음이 넉넉한 그이다. 그가 앞장서고 각 지역 한살림이 참여한 이 채종포를 통해 우리 토종 씨앗이 풍성해지고 더불어 다양한 음식 문화가 다시 피어나기를 기대한다.

| 한살림 사람들 |

옥잠화를 닮은 우리의 첫 여성 생산자 대표
충북 영동 옥잠화공동체 서순악 생산자

- 윤 선 주 -

대학원 등록금을 털어서 귀농한 꽃 같은 사람

나는 서순악 생산자가 일일이 핀셋으로 뒤집어 가며 정성스레 만든 구절초 차를 오래도록 마셔 왔다. 그이 말대로 마시는 순간 온몸에 감도는 향기로 마치 내가 꽃이 되는 듯 느껴진다. 몸에 한기가 돌거나 머리를 맑게 하고 싶을 때, 뜨거운 물에 활짝 피어나며 방 안 가득 국화꽃 냄새로 채운 차를 마실 때마다 나는 차를 만든 이가 꽃 같은 사람이라고 생각한다.

그이는 한살림의 대표적인 여성 생산자로 평생을 홀로 사는 사람이다. 자신이 낳은 피붙이는 없지만, 마당 넓은 그 집에는 사람들이 많이 찾아온다. 옥잠화공동체에 참여하고 있는 식구들과 가까운 지역의 소비자, 오랜 친구인 한살림 식구, 학교 후배들이 때로는 쉬러, 때로는 일손을 도우러, 주로 이야기를 나누고 위안을 얻으러 찾아온다.

그이가 영동의 후미진 골짜기 심천면 고당리에 3,000㎡(897평)의 땅을 사서 내려온 것은 1981년, 그의 나이 서른다섯 살 때였다. 중앙대학교 사회복지대학원 마지막 학기 등록금을 다 털어서 땅을 샀다. 서른다섯, 그 나이 때 나는 뭐했더라? 어리지도 늙지도 않은 나이지만, 혈혈단신으로 타향에 삶터를 마련하기가 쉽지는 않았을 거다. 게다가 농사라니! 늘 잘 웃고 사람 좋아하며 누구나 반기는 여린 그를 농담처럼 '순악질 여사'라고 부르는 이유가 짐작이 간다. 자신도 가끔 그렇게 자신을 소개하는데 그런 굽힐 줄 모르는 결기가 없었다면 오늘의 옥잠화공동체도 없었을 것이다.

학생 때부터 농촌과 여성 농민에 대해 남다른 애정을 품고 있던 그는 토박이들을 설득해 공동체를 만들기 시작했다. 그러나 옥계리 일대는 지금도 땅을 파 보면 자갈투성이의 척박한 땅이다. 그가 전 재산을 털어 산 땅 역시 마찬가지여서 퇴비를 줘도 비가 내리면 다 빠져나가 소용이 없었다. 그 땅에서 논농사 1,322㎡(400평)와 포도 농사 1,322㎡(400평)를 짓기 시작했다. 매일같이 산에서 부엽토를 긁어 오고 그것으로도 안 돼 트럭 수백 대분의 흙을 퍼 나른 뒤에야 가까스로 농사를 지을 수 있게 되었다. 그래서 지금도 그이는 농작물이나 자신에게도 귀한 물건을 쌓아 두지 않고 기꺼이 나눠도 뿌리에 붙은 흙은 아낀다. 자기 몸 돌보지 않고 10여 년을 목초액이나 미생물 발효 퇴비 등을 이용하며 꾸준히 노력한 끝에 1998년 국내에서는 처음으로 노지 재배 포도 최초의 유기농 인증을 받았다.

배추와 배추벌레 사이 같은 한살림

한살림과 인연을 맺게 된 것은 1993년, 포도 잼을 내면서부터였다. 건국대학교에서 열린 한살림의 가을걷이 잔치 한마당에 무작정 올라가 식빵에 잼을 발라 나눠 주면서 '홍보'를 했다. 깔끔한 맛을 본 실무자 박영천 씨, 조합원 이사이던 서형숙 씨와 나의 주선으로 이사회에 참석해 자신이 생산하는 가공식품에 관해 설명하였고, 포도 잼과 딸기 잼, 포도즙 등을 한살림에 안정적으로 공급하게 되었다. 공동체 운영이 안정화된 것은 이때부터였다.

1995년 포도 생과 공급을 시작한 옥계리 공동체가 옥잠화공동체로 커지고, 또 옥잠화영농조합으로 바뀌기까지 그이와 후배 김도준 생산자의 고생도 만만치 않았다. 그들을 만나면 말은 없지만, 속 깊은 오누이 같은 따스함이 보여 마음이 편해진다. 그래서 위로가 필요할 때 조합원들이 자주 찾는다. 예나 지금이나 도시 나들이가 쉽지 않은 그이가 한살림고양파주생협의 생산자 이사로서 정광영 생산자와 함께 꾸준히 이사회에 참석해 품 넓게 안고 격려해 준 것이 나는 늘 고맙다. "흔들리지 않고 피는 꽃이 어디 있느냐!"라며 힘들어하는 우리를 토닥이며 응원하던 기억이 지금도 새롭다.

농사일도 힘들다면서, 꽃을 좋아하는 그이는 늘 손에 호미를 쥐고 산다. 씨앗을 뿌리기도 하고 얻어다 심기도 하며 조금씩 늘린 꽃밭을 잔치마당으로 내주어 찾아오는 소비자를 즐겁게 맞이한다. 또 며칠 전부터 부산하게 마련한 먹을거리로 풍족한 하루를 만들기도 한다. 야생화는 그저 저 홀로 잘 살고 꽃 피는 줄 알던 나는 처음엔 늘 엎드려 풀을 매는 그이가 의아했다. 그런데 보기에 예쁘게 가꾸려면 정말 쉴 틈 없이 보살펴야 한다. 그래도 사람들이 좋아하는 것이 고마워 힘에 부쳐 농사는 줄일망정 꽃은 가꾼다. 얼마나 꽃을 좋아하면 공동체 이름을 '옥잠화'라 했을까. 실제로 8월 말, 그곳은 온통 옥잠화 향기로 가득하다. 보기에도 아까운 그 꽃으로 차도 만들고, 비빔밥도 만들고, 쌈도 싸 먹으며 툇마루 가득 들어온 달빛 아래 시간 가는 줄 모르고 앉아 있노라면 마치 신선이라도 된 듯한 기분이다.

또 그이는 찾아오는 사람에게 한살림을 참 쉽게 설명한다.

"배추와 배추벌레는 우리가 보기에 원수 같지요. 그렇지만 배추를 먹은 애벌레가 나비가 되어 배추꽃에 날아와 꽃가루를 묻히면서 씨앗을 맺게 해요. 나비 없이는 배추도 씨를 맺을 수 없고, 배추 없이는 애벌레가 나비로 변하지 못하지요. 이렇게 서로 먹이고 살리는 세상이 한살림이지요."

그렇구나! 유난히 꽃과 나비가 많은, 그의 밭을 보면 저절로 고개가 끄덕여진다.

어떤 사람에게서는 설명 없이도 그 사람의 삶이 읽히는 경우가 있다. 조금만 이야기를 나누어도, 일상을 힐끗 엿보아도, 아니면 그냥 얼굴만 봐도 어떤 생각을 하고 사는지 알 수 있는 사람. 가꾸지 않아 햇볕에 타고 주름져 있어도 웃는 모습이 맑은 그이는 몸으로 자신을 알리는 흔치 않은 사람이고 한살림 사람이다. 아마 그래서 유난히 오랜 벗들과 따르는 사람들이 많을 게다.

더하기

/

자연과 사람
사람과 사람이
사이좋게

•

한살림의 생각과 말들

〈한살림 선언〉(1989)에는 '살림'의 가치를 중심에 두는 생각이 담겨 있습니다. 조합원들은 〈한살림 선언〉을 늘 살아 움직이는 마음의 지표이자 실천 도구로 삼기 위해 고쳐 쓰고 다시 읽고 나누어 왔습니다.

우리 시대의 보석
〈한살림 선언〉

- 윤 선 주 -

주부가 앞장서는 한살림

지금이야 한살림이 널리 알려져서 '살림'이라는 말이 두루 잘 쓰이지만, 한살림을 처음 시작할 때만 해도 살림이라면 '집안 살림'만 이르는 말이었다. 여자라면 누구나, 구태여 가르치거나 배우지 않아도 제법 잘하니까 특별히 대접하지도 않았고 의미를 두지도 않았다. 오히려 못하면 흉이지만 잘해도 별 볼 일 없었다. 그런데 그 시절 한살림농산을 연 박재일 씨는 자신을 '살림꾼'이라 부르고 한살림에서 일하는 실무자도 그렇게 불렀다.

또 한살림운동의 핵심적인 가치를 살림에 두었고, 그러니 항상 티도 내지 않고 그 일을 잘 해내는 주부를 이 운동을 이끌고 갈 주인공이라고 했다. '그림자 노동'이라고 불리는 살림을 통해 세상을 바꾼다니! 세상을 바꾸는 혁명적인 일이란 세상에 맞서 싸우는 게 아니라 세상을 품고 살리면서 일상적으로 누구나 할 수 있다는 생각은 당시로서는 획기적이었다.

이렇게 살림이 중요하다는 한살림운동의 생각은 〈한살림 선언〉에 담겨 있다. 이 선언문은 누가, 언제, 왜 만들었을까?

먼저 1988년 6월 25일 결성된 '한살림연구회 준비 모임'부터 이야기해야 한다. 생명에 대한 존중은커녕 개발과 경제 성장의 이름 아래 훼손하고 더럽히고 심지어 죽이는 일도 서슴지 않던 시절. 그런 죽임이 아무 일도 아니라는 듯 일어나는 이 세계를 진단하고 되살릴 방안으로 한살림을 어떻게 하면 지속적으로, 더욱 넓게 할 수 있을까 연구하는 모임이었다.

다섯 차례의 준비 모임을 통해 오늘날 세계 곳곳에서 벌어지는 반생명적인 문화를 철저히 깨닫고 반성하면서 대안을 찾게 되었다. 살아 있는 모든 존재와 생명이 살 수 있는 토대를 제공하는 자연 생태계를 회복하는 일을 지금부터라도 시작해야 한다는 데 동의하였다. 그 일을 한살림이 도시와 농촌이 함께 잘 사는 생활협동운동과 함께 가장 먼저 해야 할 일이라고 판단하였다. 1989년 1월 '한살림모임 창립준비위원회'로 이름을 바꾸고 한살림을 본격적으로 펼치기 위한 '한살림모임'의 창립을 준비하였다. 그리고 '한살림 공부 모임'을 마련하여 공부 모임 11번, 자체 토론회 4번을 열며 한살림의 내용과 나아갈 방향, 행동 양식에 대해 공부하였다. 마침내 그해 10월 29일 '한살림모임'을 창립하고 〈한살림 선언〉을 발표하였다.

한살림은 먹을거리 직거래 사업을 통해 '생산과 소비가 하나'라는 협동운동을 하고 이와 함께 또 다른 축에서 한살림의 생명 문화 운동을 펼치기 위해 만든 게 한살림모임이다. 무위당 장일순 씨, 시인 김지하 씨, 최혜성 씨, 김영주 씨, 박재일 씨 등 주로 원주 지역을 중심으로 활동하던 사회 운동가를 비롯하여 60여 명이 참여했고 현재 극단 학전의 대표이자 가수인 김민기 씨가 사무국장을 맡았다.

이처럼 〈한살림 선언〉은 일 년여에 걸쳐 공동체 운동과 세계의 협동운동, 환경 위기와 생태주의, 동학을 비롯한 전통 사상 등 다양한 분야를 공부하고 세계사의 흐름을 검토하며 토론을 통해 정리한 내용을 최혜성 씨가 대표 집필해 발표한 것이다.

한살림모임은 1992년까지 공부 모임을 지속해 우리나라 생태·환경 운동의 중요한 지침이 되는 책들을 발행하기도 했다. 그러나 경영이 어려워지고 그로 인해 구심력이 약해져서 해산하게 되었다. 이때 모였던 사람들은 1994년 사단법인 한살림 출범 시에 다시 합류하였다. 지금은 '모심과살림연구소'에서 그 역할을 이어받아 우리 사회에 생명 문화 운동을 꾸준하게 확산시켜 나가고 있다.

87쪽짜리 책자에 담은 한살림의 생각

〈한살림 선언〉 책자는 손바닥만 한 크기에 87쪽짜리로, 어쩌면 한 시간 만에 읽을 수 있을 것 같다. 그런데 한살림에 몸담은 사람 중 다 읽어 봤다는 이는 그리 많지 않다.

〈한살림 선언〉은 우리 시대의 우주, 생명, 생태, 사회에 대해 다르게 생각하는 것으로 시작했다. "19세기 산업 혁명이 이룬 삶의 방식이, 대량으로 만들어 값싸게 공급해서 마구 쓰고 버리는 지금의 현실이 과연 옳고 행복한가?" 하고 묻는다. 이런 방식으로 계속해서 모든 사람이 사는 것이 가능한가도. 여기저기의 논과 밭이 파헤쳐진 자리에 공장이 들어서고 매연으로 점점 숨쉬기조차 어려워져 가는 지금이 행복한지를 묻고, 민족의 젖줄인 하천에 죽은 고기 떼가 떠오르는 것이 옳은지 묻는다. 겉보기에 풍요로운 이 시대가 사실은 수많은 희생 위에서만 가능한 것을 정확하게 바라보고 이런 삶을 바꾸려면 어떻게 살아야 하는지를 말한다.

한살림의 '한'은 한 울타리, 한 가족처럼 전체로서의 의미도 있고 한 개, 한 사람처럼 낱낱의 개체를 말하기도 한다. 하나이면서 전체란 무슨 말일까?

우리의 몸은 수많은 세포로 이루어졌지만 나는 하나이다. 태중의 아이는 하나의 온전한 생명체이지만 엄마를 떠나서는 살 수가 없고 엄마 또한 아이를 분리할 수 없다. 나는 혼자서 충분히 잘 사는 것처럼 보일지 몰라도 가족이나 이웃, 공동체의 도움이 꼭 필요하다. 또 매 순간 숨 쉬지 않으면, 며칠 물을 먹지 않으면, 수십 일 밥을 먹지 않는다면 나라는 존재는 살 수가 없다.

눈으로 보기에는 저 산과 이 시냇물이 나와 아무런 상관이 없어 보이지만 사실은 그런 자연 만물이 나를 만들고 먹이고 키운다. 마치 눈앞에 있는 쌀 한 톨도 우주의 모든 도움과 사람의 노력으로 만들어지는 것처럼. 이렇게 누구라도 혼자서는 살 수 없다는 것을, 그래서 이 세상 모두가 서로 돕고 살려야만 건강할 수 있다는 것을 한살림이라고 한다. 낱낱의 생명은 서로 거미줄처럼 얽혀 천하의 영웅이라도 눈에 보이지도 않는 흙 속의 미생물이 도와 농작물을 내지 않으면 살 수가 없다. 우리가 교과서에서 배운 것처럼 인간이 만물의 영장이라서 모든 생명체와 지하자원, 생태계를 마음껏 짓밟고 수탈해도 사람은 어떤 피해도 겪지 않고 영원히 잘 사는 것이 결코 아니라는 것이다.

바로 이런 깨달음이 〈한살림 선언〉의 출발이자 우리가 한살림을 하는 이유이다. 너 따로, 나 따로가 아니라 서로가 없으면 살 수 없는 전체로서의 하나라는 생각! 생산자 없이는 도시의 소비자가 살 수 없고, 제값을 치르는 소비자가 있어야 누가 먹어도 안심이 되는 농산물을 내어 주는 생산자가 살 수 있다. 서로 싸게 사겠다 하고 비싸게 팔아 이익을 많이 챙기려고 하는, '당신의 손해가 나의 이익'이라는 시장 논리로 움직이는 것이 아니다. 서로 함께 잘 살자는 마음으로 다른 사람의 사정과 형편을 헤아리는 것이 한살림의 직거래 방식인 것도 우리가 하나, 남이 아니라는 생각에서 출발한 것이다.

우리의 미래는 지속 가능할까?

여기서 조금 더 생각의 폭을 넓히면 '남'에는 나 이외의 다른 사람만이 아니라 무수히 많은 존재, 우주 만물이 포함된다. 숨 쉴 공기, 마실 물, 움직일 에너지, 밤길을 밝히는 전기, 땀을 식히는 한 줄기 바람, 따사로운 햇볕도 필요하지만 쉴 그늘도 내가 지금 여기에 사는 데 필요하다.

    이렇게 적고 보니 우리는 의식하든 하지 않든 항상 무수한 존재에 기대어 살고 있다. 이 글을 쓰고 있는 이 순간도 나는 쉴 새 없이 숨을 쉬고 물을 마시고 무언가를 먹고 있다. 아직은 컵에 담겨 있지만, 곧 내가 마시려고 손에 들고 있는 물은 언제까지 내가 아니고 너일까? 수시로 드나드는 공기와 나의 경계, 물과 나의 경계를 무 자르듯 가를 수 있을까?

    그렇게 생각의 폭을 넓히면 물과 공기도 나를 이루는 한 요소이니 딱 잘라 공기와 나를 구분하기 어렵다. 우리는 흔히 욕심을 부리면 제대로 현실을 보지 못한다고 해서 "욕심에 눈이 어두워"라거나 "욕심에 눈이 멀어서"라고 한다. 우리가 마치 그런 모양새다. 생활의 편리를 위해 욕심껏 한계가 있는 생태계를 더럽히고 파괴하고 고갈시켜 왔다. 마치 나와 나를 둘러싼 환경은 아무런 상관이 없다는 듯이. 그런데 계속 그렇게 살 수 있을까? 그렇게 살아도 우리나 우리 아이들이 아무 탈 없이 잘 살 수 있을까? 우리의 미래는 지속 가능하고 안전할까?

서구 문명이 여태껏 해 온 대로 산업 발전과 경제 개발을 최우선의 가치로 삼으면서 인류는 삶의 터전을 죽음이 넘쳐 나는 곳으로 만들고 말았다. 오랜 빈곤과 결핍의 세월을 견디어 온 사람들은 그 풍요로움에 빠져 한 치 앞을 내다보려 하지 않았다. 공장 폐수 때문에 강물은 못 마시는 물이 되고 굴뚝마다 뿜어내는 연기 때문에 하늘은 늘 뿌옜다. 그뿐 아니라 우리 입에 넣을 먹을거리에도 식량 증산을 위해 거리낌 없이 약을 뿌렸다. 논과 밭에 마구 살충제와 농약을 뿌려 대면서 뿌리는 농부도, 먹는 소비자도 함께 서서히 죽는 것이 '죽임의 문명'이다.

그렇다면 〈한살림 선언〉에서 이렇게 살자고 하는 살림의 문명이란 무얼까? 다름 아니라 '너와 나'의 경계를 허무는 것이다. 사람이 개인으로 시작해서 가족으로, 친척으로, 마을로, 국가로 끊임없이 관계를 잇고 확장하는 것처럼 세상의 모든 존재가 서로 이어져 있다는 것을 알고 그렇게 사는 것이다. 뒷산이 개발에 밀려 사라지는 일이나 동구 밖의 냇물이 흐르지 않는 일이 나와 깊은 관계가 있는 것처럼. 일본의 후쿠시마 원자력 발전소 폭발 사고 피해를 우리나라에서도 겪는 것이나 중국 베이징의 대기 오염으로 인해 우리가 황사 피해를 겪는 것처럼. 누구도, 그 무엇도 단절되어 홀로 있는 것이 아니라 서로 긴밀하게 연결되어 있다는 것을 아는 일이다. 작은 꽃 하나가 바로 나의 삶과 연결되어 있고, 꽃과 내가 생명의 연결 고리로 이어진 이상 꽃이 바로 나라는 것을 깨닫는 것이다. 가냘픈 여린 꽃이 잘 살아야 우리 삶도 편안하다는 것을, 그래서 우리와 미래를 위해서는 작은 생명도 귀하게 모셔야 한다는 것을 알고 그렇게 사는 일이다.

우리의 지향을 만들어요
⟨한살림운동의 지향⟩

- 서 형 숙 -

우리가 쉬운 말로 만들어 봅시다

윌리엄 와일러 감독이 영화 ⟨벤허⟩를 만들어 놓고 '주여, 진정 제가 이 영화를 만들었습니까?' 했다더니 ⟨한살림운동의 지향⟩을 보며 내가 그런 마음이 든다. 물론 다섯 명 우리 조합원들이 함께 만든 것이지만. 지금 한살림에서 행사마다 읽히는 ⟨한살림운동의 지향⟩은 1999년 2월 탄생되어 그해 총회에서 내가 읽었다.

"어휘가 너무 어려운 ⟨한살림 선언⟩을 우리가 쉬운 말로 만들어 보자."

이런 이야기가 나오기 시작했다. 결국, 가장 답답했던 우리 조합원 활동가 윤선주, 유영희 씨와 나, 그리고 실무자 윤희진 씨 넷이서 1999년 1월 11일부터 잠원동 우리 집에 매주 월요일마다 한 달간 모여서 책자를 만들었다. ⟨한살림운동의 지향⟩이라 이름 붙였다. 나오자마자 대환영을 받았다. 바로 다음 달 총회는 물론 각종 행사, 생산자 모임에서도 이 책자를 읽으면서 모임을 시작하거나 마쳤다. 지금도 한살림 행사 때마다 읽힌다.

시작은 1998년 가을, 소비자 활동가 연수회 때 〈한살림 선언〉을 읽으면서부터였다. 사실 대부분의 소비자에게 〈한살림 선언〉은 안중에 없었다. 알고 있는 이들도 귀했으며 알아도 열어 보지 않는 그냥 한 권의 작은 책자에 불과했다. 아이를 키우며 '내 아이, 네 아이 구분하지 않고 우리 아이로 키우는 엄마들'이니, 한살림이 몸에 밴, 운동가를 뛰어넘는 생활자들이었다. 그런데 동양철학 전공 박사 유영희 씨가 활동가로 합류하며 작정을 하고 읽기를 권했다.

"도통 이해가 안 된다. 다른 사람들은 이해가 되나?"

"해설 좀 해 봐라!"

"쉬운 말로 해도 될 건데 이렇게 써 놓아서 많은 사람이 어디 읽겠나."

"더 간략한 요약본을 만들자."

각자 〈한살림 선언〉을 읽고 나름대로 정리한 내용을 써 와서 같이 조합하고 수정하는 작업을 했다. 내용이 어려운 데다 다른 사람들이 이해하게, 그것도 긴 내용을 단 몇 단락으로 요약하는 작업은 고난의 연속이었다. 처음엔 우리도 정리가 안 되어 서로 횡설수설하고 맥을 못 잡아 난해한 문구의 바다를 둥둥 떠다니기 일쑤였다. 꼴을 갖추지 못했던 우리의 지향은 매주 토론을 거듭할수록 속이 차고 모양을 갖추어 나갔다.

윤선주 씨가 아름다운 문장을 내놓고 윤희진 씨가 요점을 짚으면 유영희 씨 특유의 재주로 그것을 한데 잘 아울러 냈다. 그다음 주가 되면 근사하게 정리해서 들고 나타났다. 만날 때마다 더 보태기도 하고 빼기도 하며 매끄럽게 다듬어 5주 만에 〈한살림운동의 지향〉이 탄생했다.

조합원 활동가 윤선혜 씨는 격려한다며 빵을 구워 와서 우리의 입과 배와 마음에 감동을 주었다. 생각해 보면 많은 사람의 지향으로 만들어졌다. 그동안 그런 삶을 오롯이 살아 낸 사람들의 지향까지 담아서. 이제 우리는 이것으로 더 명쾌하게 생명살림을 향해 나아갈 수 있겠다 싶었다. '한살림 물품을 먹는다'에서 '한살림운동을 한다'로.

한살림운동의 지향
한살림은 이렇게 살고자 합니다

우리는 우리 안에 모셔진 거룩한 생명을 느끼고 그것을 실현합니다
사람은 자기 안에 모셔진 거룩한 생명을 공경할 때 자기다움을 실현할 수 있습니다.
우리는 이렇게 나를 모시고 공경하듯 다른 사람의 거룩한 생명도 공경합니다.

우리는 우리가 딛고 사는 땅을 내 몸처럼 생각합니다
어머니의 젖을 통해 어린 생명이 길러지듯 우주의 젖인 안전한 밥상을 통해 인간의 생명은 길러집니다.
그래서 식량생산의 터전인 땅과 우리 농업을 살리기 위한 삶의 문화를 일구어 생명살림을 펼쳐 나갑니다.
우리는 지역의 이웃과 생산자와 소비자를 가족으로 생각합니다
무관심과 소외가 만연된 우리 삶에서 이웃간의 믿음과 사랑을 회복해 나가고자 합니다.

한살림의 생산자는 소비자의 생명을, 소비자는 생산자의 생활을 책임지면서 더불어 사는 공동체를 이루어 나갑니다.

우리는 우주 생명의 일원으로서 생태계에 책임지고자 합니다
생명의 근본은 함께 사는 것입니다. 오늘의 나를 있게 한 모든 자연환경, 햇빛과 그늘, 바람과 도랑을 흐르는 작은 물까지도 귀하게 여겨 사랑을 나누고자 합니다.
그래서 온 생명이 더불어 사는 생명살림 세상을 만들어 나갑니다.

우리는 더불어 사는 삶을 위해 나부터 시작합니다
한살림은 한 사람 한 사람이 자신의 존재를 넓혀 나감으로써 우리의 이웃과 자연 만물, 나아가 우리의 다음 세대에게까지 관심과 사랑을 가지고 서로 보살피며 돕는 운동입니다.
나부터 삶의 가치와 생활양식의 올바른 전환을 통한 실천이 있을 때 우리의 지역과 이웃을 함께 살기 좋은 곳으로 만들어 갈 수 있습니다.

다시 또 처음으로
〈한살림 선언〉 다시 읽기

- 윤 선 주 -

같이 읽고 바꿔 써 보고

작정하고 시간과 마음을 내어 〈한살림 선언〉을 읽기 힘든 사람들에게 쉽게 다가가려는 처음의 뜻대로 〈한살림운동의 지향〉은 각 지역 생협에서 이사회, 운영위원회, 전문위원회 등 회의나 모임을 여는 머리말이 되어 함께 생각할 거리를 마련했다. 〈한살림운동의 지향〉은 우리가 마을 모임을 통해, 매장 활동을 통해, 그 모든 것을 포함하는 조합원 활동을 통해 어디에 가 닿으려는지 밝혀 주었다. 그래서 매일매일의 일에 빠져 생각할 여유를 잃고는 했던 조합원의 마음을 가다듬는 역할을 해 주었다. 그런가 하면 서로 다른 입장과 의견의 차이를 슬기롭게 극복하고 앞으로 한 걸음 더 나가는 일을 쉽게 만들어 주기도 했다.

그런데 이렇게 되자 한편으로는 주객이 전도되어 〈한살림 선언〉을 아예 의식하지 않고, 알기 쉽게 간추린 〈한살림운동의 지향〉만 있는 듯 여기는 일이 많아졌다. 〈한살림운동의 지향〉을 읽은 것으로 마치 〈한살림 선언〉 전체를 다 읽고 이해한 것처럼 여기고는 더 공부하려고 하지 않는 것이다. 그러니 또 고민이다. 조합원들의 말로 쉽게 정리한 〈한살림운동의 지향〉은 그대로 계속 활용하면서 〈한살림 선언〉이 담고 있는 살림과 생명의 의미를 더 잘 알아보자는 뜻이 모여 다른 무언가를 해야겠다는 합의에 이르렀다. 한살림운동의 선후배들이 모여 시대의 흐름에 맞게, 선언에 담긴 문명에 대한 통찰과 깊고 넓은 철학을 다시 새롭게 우리 모두의 것으로 살려 내야 한다는 것이다.

많은 논의 끝에 2008년 모심과살림연구소를 중심으로 '〈한살림 선언〉 다시 읽기 모임'을 꾸렸다. 외부 전문가를 모시고 〈한살림 선언 의미 찾기〉 토론회도 여러 번 열었다. 선언이 나온 지 20년이 되는 2009년 1월에는 그간의 고민을 모아 〈새롭게 읽는 한살림 선언, 무엇을 어떻게 담을까?〉라는 주제로 토론회를 열었다.

그해 내내 도시와 농촌의 활동가, 실무자 등 12명이 모여 〈한살림 선언〉을 새롭게 해석하고 실천 과제로 풀어내는 작업을 진행했다. 그런 노력은 〈한살림 선언〉에 담긴 소중한 생각과 철학을 탐구하는 한편, 한결 가볍고 밝게, 다양한 모습으로 살아가는 지금의 세상 사람들과 소통할 방법을 찾는 과정이었다. 그 결과, 2010년 6월에 《죽임의 문명에서 살림의 문명으로-한살림 선언·한살림 선언 다시 읽기》를 모심과살림연구소에서 책으로 펴냈다.

《죽임의 문명에서 살림의 문명으로》가 나오니 전국에서 그동안 부족했던 이론적인 토대를 메우려고 많은 모임이 생겼다. 지역 생협 이사회, 실무자, 활동가 가리지 않고 함께 읽고 토론하는 시간을 가졌다.

쉬운 말도 왜 어렵게 느껴질까?

조합원도 생산자도 늘어나 서로 얼굴이 보이지 않는 관계가 되는데, 이 문제를 어떻게 해결해야 하나 늘 고민한다. 진지하게 토론할 여력도 많지 않다. 그때마다 〈한살림 선언〉에 담긴 생각을 나누려 했지만 낯섦이 쉽게 가시지 않았다.

평소에 우리가 겪는 삶에서 나온 내용인데도 왠지 말이 어렵고 설명을 달아도 개운하지 않았다. 아니 생활에서 쓸 땐 어렵지 않은 말도 선언에 들어가면 무언가 어려운 말처럼 느껴졌다. '모신다'는 말만 보아도 모든 초대장에는 '모시는 글'이라는 제목이 달리고 "아버지를 모셔 와라."라든가 "할머니를 모시고 산다." 등 자주 쓰이는데 '모심'이라고 하면 왠지 어렵고 나랑은 상관이 없는 말처럼 들린다.

살림도 그렇다. 남편이 밖에서 힘들여 일하는 것도 식구들을 먹여 살리기 위해서요, 주부가 집안을 잘 운영하는 것도 가족이 각자 자기 나름의 살아가는 방도를 위한 일이다. 화초에 물을 주는 것도 살리는 일이고, 성묘 갈 때 불조심하는 것도 숲 살림을 위해서이다. 종이와 물을 아껴 쓰는 것은 생태계와 우리, 그리고 우리의 후손을 잘 살리는 일인데, 요컨대 '모심과 살림'으로 말할 수 있는 〈한살림 선언〉은 왜 그렇게 어려운지……

어떻게 하면 한살림의 말들이 우리 조합원들에게 친근하게 다가갈까? 마침 2011년 전국 한살림의 모든 회원 조직이 참여하는 한살림소비자협동조합연합회가 창립되고, 한살림 소식지가 개편되었다. 그래서 그 소식지에 아예 〈한살림 선언〉에 대한 고정란을 만들었다. 한 달에 한 번 선언에 나오는 한살림의 말을 쉽게 풀어서 연재하기도 했고, 그렇게 풀어 쓴 글을 읽고 토론하는 모임들도 만들어졌다. 2015년 7월까지 연재했으니 이제 웬만한 말은 거의 다 풀어 쓴 셈이다.

〈한살림 선언〉은 현재 진행 중

지난 2015년 여름, 한창 뜨거운 더위도 아랑곳없이 전국에서 사람들이 모여들었다. 한살림연수원에서 '연찬(아무런 편견이나 선입견 없이, 오직 원점에서부터 집단 지성의 힘으로 진리를 찾아 나감)'의 방식으로 연 〈한살림 선언〉 다시 읽기 모임을 찾은 사람들이었다. 2박 3일 동안 틀어박혀 읽고 이야기를 나누는 모임인데 '과연 여름휴가를 반납하고 올 사람들이 있을까?' 하는 걱정과 달리 신청자가 많아 선착순으로 마감해야 할 정도로 인기였다.

2박 3일이 지나자 사람들은 한결 후련해진 얼굴로 헤어지면서 혼자가 아니라 여럿이 함께하니 훨씬 낫다고 했다. 하지만 전국에서 서울로 모이기 어려우니 시간과 장소를 다양하게 하자는 말도 덧붙였다.

2016년 12월이면 한살림 30주년, 새로운 미래를 〈한살림 선언〉에 기초해서 근본을 잘 살피는 것으로 만들어 가자고들 했다. 숙박은 어려우니 매주 한 번씩 모여 함께 읽는 모임을 서울에서 시작했다. 모이기 힘들면 장소를 옮겨서 충청권, 전라권, 경남권 등에서 해 볼 계획이다. 그렇게 한살림 30주년을 준비하고자 한다. 앞으로 모든 한살림 조합원들이 〈한살림 선언〉에서 비롯한 모심과 살림을 자기 말로 받아들이고 작은 일부터 실천한다면 살림 세상을 조금이라도 더 앞당길 수 있지 않을까?

낯설지만 친해지면 가까운
한살림의 말들

- 윤 선 주 -

한살림에서는 다른 곳에서는 잘 쓰지 않는 말들을 쓰는 때가 있다. 한살림의 표어는 '밥상살림·농업살림·생명살림'이다. 잘 생각해 보면 그리 어렵지 않은데 익숙하지 않아 그런지 처음 대하면 얼른 쉽게 와 닿지를 않는다. 마치 사랑이라는 말처럼 알기는 하지만 내 입으로 말하기도 듣기도 어쩐지 낯설고 어색해서 쉽지 않은 그런 말. 그렇게 우리와는 좀 거리가 있는 듯한 한살림의 말을 함께 생각해 친하게 잘 지내보려고 한다.

밥상살림
우리 조상들은 '신토불이身土不二'라는 말을 즐겨 썼다. 요즘 말로 '로컬푸드'인데 사람의 몸과 그 사는 땅이 다르지 않다는 말이다. 즉, 자기 땅에서 난 음식을 먹어야 체질에 맞아 건강하다는 뜻이다. 옛날에는 대부분의 먹을거리를 자급자족했고, 장터에서 이루어지는 물물 교환을 통해 지역에서 나지 않는 것은 서로 바꿔 쓰면서 살았다. 오로지 걸어서 장 나들이를 했으니 반나절 걸어 닿을 수 있는 거리의 먹을거리를 상에 올렸다. 별다른 방법이 없어 벌레 먹으면 벌레 먹은 대로, 모양이 못났으면 못난 대로 귀하게 먹었다. 물론 저장 방법이 많지 않으니 제철에 나는 것 위주로 소박한 밥상을 차렸다. 자기가 직접 농사를 짓지 않아도 먹을거리의 소중함을 아는 사람들은 으레 농부를 천하의 근본이라 여겼다.

그런데 요즘은 어떨까? 많은 사람이 반경 16km에 농지가 없는 도시에 살고 있다. 시대가 시대이니만큼, 지역을 크게 넓혀 범위를 우리나라로 정하면 온전히 우리의 밥상이 차려질까? 알다시피 그렇지 않다. 겨울에도 열대 과일이 수입되고 마늘종, 완두콩 등이 어디에서나 싼값에 산더미처럼 쌓여 있다. 그야말로 먹을거리의 세계화, 춘추 전국 시대이다. 물론 우리나라에서 생산한 음식 재료도 철을 가리지 않고 풍성하다. 겨울에 창밖으로는 얼음이 어는데 반바지 입고 수박을 먹는 풍경이 더는 낯설지 않다. 12월에 딸기가 한창이고, 때도 없이 포기김치, 오이소박이가 상에 오른다.

과연 이런 밥상이 어떻게 가능할까? 그리고 안전하긴 할까? 터무니없이 싼 가격을 위해서는 대량 생산을 위한 농약과 제초제, 살충제가, 예쁜 모양을 위해서는 착색제가 들어가고, 오랜 보관을 위해서는 수확 후에 농약 처리를 하거나 전기를 써야 한다. 제철이 없이 농산물의 모종을 기르려면 비닐하우스 같은 시설과 에너지를 써야 한다. 정부에서 나서서 농산물 시장을 개방하기도 하고, 혹시 흉년이라도 들면 서둘러 농산물을 수입해서 농가를 무너뜨린다. 이런 밥상이 과연 겉보기만큼 건강하고 좋은 밥상이어서 우리를 잘 살게 해 줄까? 우리 아이들의 밥상도 이렇게 차릴 수 있을까?

이런 고민이 고스란히 녹아 있는 말이 바로 '밥상살림'이다. 지금의 건강하지 못한 밥상, 튼튼하고 여물게 하기보다는 서서히 죽음으로 몰고 가는 밥상을 살림의 밥상으로 바꾸자는 의지의 표현이다. 힘은 많이 들어도 약 대신 사람 손으로, 화학 비료 대신 퇴비로 작물을 키우고 그 농산물을 제값 주고 사자는 운동이다. 우리 입으로, 사랑하는 가족의 입으로 들어가는 먹을거리를 얼마나 싸냐에 맞추지 말고 과연 안심되는가를 생각하자는 것이고, 이것이 바로 한살림이 힘써 해 온 일을 잘 나타내는 말인 밥상살림이다.

농업살림

너나없이 농사를 천직으로 알고 살던 시절에는 이런 말이 없었다. 농촌이 사는 것이 나 사는 일이고 온 나라를 먹이는 일이었으니까. 그러나 지금처럼 먹을거리가 공장의 생산 시설에서 나오듯 지역과 나라, 철을 가리지 않고 값싸게 들어오는데 우리 농업을 살리는 일이 가능할까? 게다가 농민은 차츰 나이 들고 뒤를 이어 농사를 짓겠다는 젊은이들이 없어 시골에서 아기 울음을 들으면 암도 나을 거라는 세상에서 농업을 살린다는 것이 가능하기는 할까? 해마다 농사지을 땅은 줄고, 농산물이 제값을 받을 보장도 없고, 하루가 다르게 수입 농산물이 들어오는 마당에 '농업살림'이라니?

참 거창하고 이룰 수 없는 꿈처럼 들리지만, 우리 한 사람 한 사람이 할 수 있는 일이다. 바로 내가 차리는 밥상을 살리는 일부터 시작하면 된다. 농산물을 고를 때 먼저 우리나라, 우리 농민이 지은 것을 고르고 농약과 제초제 없이 키웠는지 살펴본다. 고기 종류를 고를 때도 국내산인지, 사료는 무엇을 먹였는지, 어떻게 키웠는지를 꼼꼼히 살핀다. 혹시 사료에 유전자 조작 작물(GMO)은 섞이지 않았는지, 좁은 틀에 꼼짝도 못 하게 가둬 키운 것은 아닌지, 사료에 항생제, 성장 촉진제, 호르몬제를 넣지 않았는지를 잘 살펴야 한다. 매일 갈아입고 겉에 걸치는 옷을 살 때도 요리조리 살펴보고 섬유 혼성률이나 제조자를 따지는데 우리 몸에 들어오는 음식물 재료를 제대로 보지 않을 수는 없다. 음식물은 내 몸으로 들어와 나를 이루기 때문에 훨씬 더 잘 골라야 한다. 몸이 병들었다고 허물 벗듯이 갈아입을 수도 없으니까.

생명살림

생명生命은 '살라고 하늘이 내린 명령'이다. 볍씨 하나를 살리는 데도 그렇게 많은 사람의 손길과 우주의 도움이 필요한 것처럼 모든 존재는 태어나면서 서로 돕고 살리는 그물망 안에 있다. 그 그물망 안에서 각자 태어난 본성대로 잘 살게 서로 돕는 것을 '생명살림'이라고 한다.

사람은 사람답게, 꽃은 꽃답게, 강물은 강물답게, 자라면서 지혜로워지고, 이름답게 꽃 피고, 아래로 아래로 흐르도록 하는 일. 식물이 작은 동물을 먹이고, 작은 동물은 큰 동물을 먹이고, 큰 동물은 생명이 다한 후 땅으로 돌아가 다시 식물을 키우는 순환, 끊임없이 서로 되먹이며 살게 하는 것이 생명살림이다. 그래서 쓸모없이 버려지는 것이 없는 완벽한 세상이 생명살림이 실현되는 곳이다. 성서에도 나오듯 꺼져 가는 촛불도 끄지 않고 상한 갈대를 꺾지 않는 마음, 99마리의 양을 두고 잃어버린 단 한 마리의 양을 찾아 나서는 마음이 생명살림의 마음이다.

아무리 연약한 목숨도 어떻게 하면 살릴 수 있을까 애쓰는 마음이 생명살림의 마음이라면 건강한 땅에 농약과 제초제를 뿌리는 일은, 말할 것도 없이 해서는 안 되는, 땅을 죽이는 일이다. 당장 우리에게 불편하다고 파헤치고 꺾고 뽑아내는 일 또한 그렇다. 한살림의 밥상살림, 농업살림에서 비롯해서 그 생각과 실천이 온 우주, 삼라만상에까지 가닿는 큰살림이 바로 생명살림이 된다.

기름

사람을 비롯한 모든 생명 있는 존재들은 아주 작은 씨앗에서 시작한다. 씨앗에 따라 크기가 다르기는 하지만 큰 씨앗이 반드시 크게 자라거나 작은 씨앗이라고 작게만 자라는 것은 아니다. 어떤 환경에서 어떻게 기르느냐, 누가 기르느냐에 따라 전혀 딴판이 된다. 농부의 정성과 자연이 함께 기르는 농작물이 있는가 하면 우주 만물이 함께 기르는 들풀, 작은 벌레, 하늘의 새도 있다. 눈에는 보이지도 않는 흙 속의 미생물도 어머니 대지의 자식들을 함께 기른다.

그리고 사람은 자신의 아이를 자기 몸속에서부터 기르기 시작한다. 어떤 아이로 기를 것인지 부모가 함께 생각하고, 아직 눈에 보이지도 않는 아이를 위해 바른 생각, 고운 마음으로 자신을 기르기 시작한다. 아이로 인해 세상이 달라 보이고 내 아이가 귀하고 소중하므로 세상의 모든 아이를 사랑하게 된다. 열 달을 기다려 세상과 마주한 아이가 자기 힘으로 먹고 걸으며 크는 동안 부모도 아이로 인해 많은 것을 배우고 변화한다. 이렇게 보면 아이와 부모는 서로를 잘 기르는 관계인지도 모르겠다.

자연과 농부가 함께 기른 이 땅의 모든 먹을거리로 우리는 밥상을 차린다. 그 밥상을 식구가 둘러앉아 먹고 마시면서 아이들은 자라고 어른들은 단단해진다. 사람이 협력해서 기른 먹을거리가 이제는 사람을 기르는 셈이 되는데 아마도 일방적으로 기르기만 하거나 키워지기만 하는 사이란 없는 것 같다.

그렇게 서로를 변화시키고 기르는 일이 모든 생명체가 서로 관계 맺는 방식이고 살아가는 방법이다. 그러나 무엇보다도 자신을 기르는 것이 어쩌면 가장 중요한 '기름'이 아닐까? 내가 나를 잘 모신다는 것도 잘 기름을 말하는 것이라고 생각한다. 생명이 깃든 먹을거리로 나를 잘 먹이고, 올바르고 밝은 생각으로 자신을 지키고, 생각한 대로 움직이면서 나와 내 이웃의 행복을 이루기 위해 노력하는 것도 잘 기르는 것이라고 생각한다. 끊임없이 밀려오는 여러 가지 유혹에 맞서 자신의 본성을 잘 찾아내어 스스로 원하는 일을 이루려고 자신을 기르는 일은 아마도 자기 안의 여린 새싹을 정성껏 돌봐 큰 나무로 키우는 일과 같지 않을까?

모심

우리는 자신보다 나이가 많거나 지위가 높은 사람과 함께할 때 모신다고 한다. 부모님을 모시고 산다거나 선생님을 모시러 가겠다고 말하는 경우가 그런 예이다. 그런데 조금 더 생각해 보면 딱히 상대가 나보다 더 나은 면이 없는데도 모시는 경우가 있다. 누군가를 사랑할 때 우리는 늘 그를 내 마음에 모시고 무엇을 하든지 그를 중심에 두고 산다. 맛난 음식을 먹을 때 옆에 없는 그가 생각나고 아름다운 풍경을 대할 때도 그가 옆에 없어 안타깝다. 문득 비 갠 뒤 하늘에 떠오른 무지개를 보면서도 그가 함께 있다면 더 기쁠 거라고 생각하고 그 모든 것을 함께 나누고 싶은 마음에 "내 안에 너 있다."라고 말하기도 한다.

　더 나아가 아직 보지도 않고 만나지도 못한 누군가를 모시기도 한다. 아기를 가진 엄마는 이제 막 아기가 내 안에 있다는 사실을 안 그 순간부터 태어날 아기를 모신다. 좋고 바른 생각을 하고 아름다운 음악과 예쁜 사진으로 도배하면서 배 속의 아이가 건강하게 자라 주기를 바란다. 아기를 위해 즐기던 커피도 끊고, 아무리 추워도 전자파가 아기에게 나쁘다고 전열기도 켜지 않은 채 겨울을 지내기도 하고, 자기 몸이 아파도 약을 먹지 않고 견딘다. 물론 앉는 자리, 먹는 음식도 바르고 정갈하게 고른다.

아이를 키울 때도 어떻게 하면 잘 키울 수 있을지 늘 생각하고, 어쩌다 혼자 집을 나서면 아이가 눈에 밟혀 마음이 바빠지기 일쑤이다. 아이가 아프면 밤새 옆을 지키고 차라리 내가 아프기를 바란다. 이 아이가 자라서 키워 준 은혜를 갚고 내가 한 것처럼 이렇게 모시리라고 믿어서 그럴까? 아마 대부분의 부모는 그 순간 오로지 아이가 건강하기만을, 얼른 나아서 다시 집 안을 어지르고 말썽을 피우기를 바랄 것이다.

아이를 자신 안에 품고, 낳고 키우는 모든 부모처럼 누군가를 모신다는 것, 그 근본은 사랑이다. 대가를 바라거나 우열을 가리지 않는, 그냥 있는 것 자체를 귀하게 여기고 그 타고난 본성을 탓하거나 비판하지 않으면서 잘 지켜 나갈 수 있도록 돕는 일을 '모심'이라고 할 수 있지 않을까?

내 아이뿐만 아니라 남의 아이, 세상의 모든 아이를 그렇게 바라보고 사랑하는 일이나, 각자의 방법대로 살아가는 사람들을 이 세상에서 유일한 사람으로 대하는 것도 사람을 모시는 일이다. 내 아이, 내 가족을 뛰어넘듯이 사람을 넘어 우리와 함께 지구별에 깃든 모든 생명과 바위, 모래, 시냇물, 솔바람과 그늘까지도 그들이 제자리에 잘 있도록 마음을 쓰는 일은 온 우주를 향한 사랑의 마음, 극진한 모심이다.

| 이야기를 마치며 |

어제도 오늘도 끊임없는 물갈퀴질

– 서 형 숙 –

1,000만 관객을 동원했던 영화 〈국제시장〉에서 주인공 덕수는 "독일 광부로, 월남전으로 어려운 시대를 우리 아이들이 아닌 내가 겪어서 정말 다행"이라고 말합니다. 나는 동의하지 않아요. 요즘 젊은 세대들은 그들대로 어려움이 있고 매일매일 나름의 전쟁을 겪고 사투를 벌이며 생존합니다. 어찌 보면 과거보다 더 심각한 경쟁 사회에 살고 있지요. 한살림 초창기 조합원들에게 이런저런 어려움이 있었지만 지금 여러분들도 또 다른 어려움을 겪습니다. 그리고 매번 헤쳐 나와 오늘에 있습니다.

그러니 그때는 어려웠고 요즘은 한살림 할 만하다는 식의 이야기는 아닙니다. 다만 먼저 한살림을 만나고 즐긴 선배 조합원으로 그때는 그랬지 하고 옛이야기를 할 뿐이에요. 그런데 1989년부터, 28년 전 이야기를 몇 꼭지의 글로 단 몇 개월 만에 풀어 놓기가 정말 만만치 않았습니다. 머릿속에 꼬깃꼬깃 들어 있는 한살림 사연과 쌓아 놓으니 내 키의 몇 배가 되는 방대한 자료들―한 장 한 장을 꼼꼼히 살펴보게 되는―을 단번에 정리하는 건 불가능했어요. 그저 단편적인 단상 또는 과정을 나열하는 정도에 그쳤습니다.

한살림 20주년에 나온 책 《스무 살 한살림 세상을 껴안다》가 조직 중심으로 역사를 서술했다면 이 책은 사람들, 특히 조합원 활동가 중심 이야기로 썼습니다. 우리의 속살이 보이는 이야기. 담론이 난무하는 것도 아니에요. 매일 삼시 세끼 365일 밥상을 차리며 행하는 운동, 실천 이야기입니다.

우리는 이론이나 체제는 관심 밖이었어요. 당장 내게도, 이웃에게도, 농민에게도 이로운, 해가 가지 않는 음식으로 건강한 밥상을 차리는 일에만 몰두했지요. 이 농산물을 먹음으로써 내가, 가족이, 그리고 사회가 건강해지리라는 바람만 있었어요. 또 내가 먹는 만큼의 땅에는, 내가 아는 농민이 농약통 들고 나가지 않는다는 확신으로 밥상을 차렸어요. 그래서 지치지 않을 수 있었지요.

지금의 우리 한살림 식구들이 겪는 많은 어려움을 그때도 다른 방식으로 겪었지만 풀어내는 재미가 좋았습니다. 한살림이 달콤했고 살맛이 났어요. 내가 좋아서 선택한 일이고, 하면 할수록 아주 조금씩 좋아지는 세상이 보였어요. 내가 그 안에 있고, 우리 아이들도 그곳에서 살 것이므로 그것으로 만족하며 이 책에 대해 아쉬움을 접으려 합니다.

누군가가 여기다 자꾸 보태어 더 나은 한살림의 30년, 40년, 50년 이야기를 이어 나가길 기대해 봅니다.

주고받기

- 윤 선 주 -

〈한살림운동의 지향〉에서 맨 마지막 다섯 번째로 "우리는 더불어 사는 삶을 위해 나부터 시작합니다."라고 끝을 맺습니다. 정책과 제도를 바꾸는 일이 너무나 요원하고 힘들다고 손 놓고 있는 게 아니라, 먼저 온 우주가 하나로 연결되었음을 깨달은 나부터 바꾸자는 말이지요. 나부터 시작해서 우리 가족, 친척, 사회를 바꾸는 것이 정책을 바꾸는 일과 맞닿아 있다는 거지요. 한 사람, 한 사람의 행동이 바뀌고 그 일이 동심원을 이루며 점점 멀리 퍼져 나가게 하자고요.

요즘 유행하는 건배사 중에 "스마일!"이 있는데, 스치기만 해도, 마주치기만 해도, 일일이 웃자는 뜻입니다. 이처럼 한다면 모두가 미소 짓는 사회가 되지 않겠어요? 한살림의 사회 운동도 마찬가지입니다. 나 대신 누군가가 밥상, 농업, 생명, 지역을 살리기를 바라는 것이 아니라 내가 먼저 하겠다고 각자 다짐하고 자신의 생활을 조금이라도 바꾸는 거지요.

한살림은 그 처음부터 사회를 변화시켜 왔습니다. 〈한살림을 시작하면서〉라는 발신을 통해 생산자와 소비자가 서로의 형편을 살피고 책임지자고 했으니까요. 그때에는 너무나 낯선 가치관이었지만 우리는 꾸준히 서로 돕는 호혜의 정신으로 한살림을 해 왔지요. 호혜는 '주고받기', 즉 되돌아올 도덕적인 의무를 전제한 교환을 말합니다. 이 말은 갚을 수 있는 사람에게만 주는 것과는 차이가 있고, 받아야 주는 것과도 차이가 있지요. 공동체의 우애가 바탕이 되어 서로 형편을 살피는 따스한 마음이 깔린 교환을 말합니다. '받고 주기'가 아니라는 거지요. 영어에서도 '테이크 앤드 기브take and give'가 아니라 '기브 앤드 테이크give and take'인 것을 보면 지역과 시대를 넘는 말이라는 생각이 듭니다. 서로 돕고 살아야만 생존이 가능했던 공동체에서는 호혜가 자연스럽게 일상적으로 이루어졌다는 것을 말에서도 알 수 있습니다. 옛날 우리 조상이 두레와 품앗이, 계를 통해 공동체 전체가 함께 살았듯이 오늘날에도 그런 전통이 여전히 이어져 옵니다. 곳곳에서 지역 화폐를 발행해서 지역 차원의 물품과 서비스를 교환하기도 하고, 중고품을 교환하는 온·오프라인의 시장, 벼룩시장과 바자회, 전통시장 등을 통해서 말이지요.

그런데 호혜란 쌍방의 관계를 넘어 순환을 통해 완성됩니다. 생산자와 소비자가 서로 생명과 생활을 주고받는 것에서 그친다면 닫혀 있는, 한살림만의 호혜는 잘되겠지만, 세상을 변화시키지는 못하겠지요. 옆으로, 뒤로, 교차하면서 주고받아야 공동체 전체로 퍼져 나가 점점 온 세상이 우애와 우정의 그물을 함께 짜지 않을까요? 한살림이 자연재해나 사고로 인한 생산지 지원에 나서고, 네팔의 지진 피해, 일본 후쿠시마 핵 발전소 폭발 사고의 피해 복구에 힘을 모으고, 인도의 불가촉천민 지원에 나서는 것처럼 말이지요. 지역의 방과 후 교실을 지원하거나 운영하고, 돌봄에 대해 꾸준히 준비해서 하나둘 이루어 나가는 것도 마찬가지예요.

지난해, 시리아의 난민 세 살배기 아일란 쿠르디의 죽음이 세계인 모두의 가슴을 울렸지요. 시리아 인 부모에게서 태어난 천사 같은 어린이의 주검 앞에서 누구도 자유로울 수 없었습니다. 애도와 한탄, 참회의 마음이 유럽의 난민 정책에 영향을 끼쳐 제도를 바꾸고 우리도 곁에 있는 이주 노동자에 대해 다시 생각하는 시간을 가졌지요. 지구 반대편에서 일어난 일이 우리의 생각과 삶을 바꾸고 자신을 돌아보게 하는 것을 보면 세계가 하나의 거대한 그물망이라는 것을 알게 됩니다. 그 그물망 어디에선가 떨림이 있으면 가슴으로 느끼는 것을 생태적 감수성이라 말하지요. 마찬가지로 나의 떨림, 행동의 변화를 누군가 알아차리고 그러는 사람이 점점 늘어나는 것이 사회적인 확산이 되겠지요. 그런 바탕 위에서 내가 먼저 평화가 되는 것이 세상의 평화를 이룰 가장 분명한 방법인 것처럼요. 공동체를 회복하는 게 중요하다고 생각하는 한살림이 조합원이 늘어나는 것을 반기는 이유는 함께하면 즐겁고 쉽게 사회를 바꿀 수 있기 때문이랍니다. 서로 모시고 잘 살리자는 마음이 후손에게 덜 부끄러운 어른이 가져야 마땅한 의무라는 생각, 처음부터 지금까지 변함없는 한살림 마음입니다.

그동안 먼저 살림의 기쁨을 누린 사람으로서 그 즐거움을 조금이라도 나누려고 했는데 잘되었기를 바랍니다. '개떡같이 말해도 찰떡같이 알아듣는' 여러분의 힘을 믿으며 저와 한살림의 진한 사랑을 고백했습니다. 이런 사랑을 함께하셔서 이웃과 세상, 후손을 향한 따뜻한 실천에 여러분의 힘을 보태어 주시기를 바랍니다. 세상이 조금씩이라도 나아지기를 바라는 여러분과 나의 사랑으로 한살림의 다음 30년, 100년이 더욱 환하게 온 천지에 꽃밭을 이루는 꿈을 꿉니다. 함께해 주셔서 고맙습니다.

이야기를 마치며

| 부록 |

한살림운동의 지향

우리는 우리 안에 모셔진 거룩한 생명을 느끼고 그것을 실현합니다
사람은 누구나 자신을 경험하고 자기의 잠재 능력을 개발하여 자신의 삶을 창조하려는 욕구가 있습니다. 그것은 우리에게 자기를 자기답게 하는 거룩한 생명이 있기 때문입니다. 그러나 산업 사회에서 사람은 소유를 통해서 자신의 존재 가치를 느끼거나 집단행동을 통해서 삶의 의미를 확인하고 살아갑니다. 사회적 성공은 다만 도구적 가치일 뿐입니다. 그러므로 그 속에서 사람은 자기 분열과 자기 소외를 겪지 않을 수 없습니다.

사람은 자기 안에 모셔진 거룩한 생명을 공경할 때 자기의 자기다움을 실현할 수 있습니다. 이제 우리는 소유 가치와 대중문화가 지배하는 사회에서 벗어나 나의 거룩한 생명을 공경하고 자기의 삶을 개성적으로 실현해 나가기 위해 노력합니다. 또한, 우리는 이렇게 나를 모시고 공경하듯 다른 사람의 거룩한 생명도 공경합니다. 우리는 어린이, 노인, 장애인을 모시고 공경하여 저마다 자신의 개성을 살려서 자기만의 고유한 삶을 실현할 수 있는 사회를 만들어 나가고자 합니다. 나아가 생명을 가진 모든 존재를 존중하여 그들이 우주 공간 속에서 자신의 의미를 실현해 나갈 수 있도록 합니다.

우리는 우리가 딛고 사는 땅을 내 몸처럼 생각합니다

산업화 이후 가속되기 시작한 경제 성장은 우리에게 물질적 풍요를 가져다 주었습니다. 그러나 지나치게 경제 성장만을 추구한 결과 과잉 생산, 낭비적 소비, 인플레이션, 불황, 실업 등과 같은 경제적 재해를 불러왔고, 사람 또한 자신의 본성을 잃어버리고 상품의 소유와 소비에서 자신의 존재를 확인하는 등 몸과 마음의 건강이 위협당하는 지경에 이르렀습니다. 그뿐만 아니라 지나친 화석 연료의 사용으로 산업 폐기물이 대량으로 발생하게 됨에 따라 대기, 바다와 강, 들과 산 들이 오염되었고, 오염된 대기로 인한 산성비와 화학 비료, 농약 등으로 너무 많이 사용한 토양의 유기적 순환 질서가 파괴되기에 이르렀습니다.

이러한 토양의 오염은 바로 지금 우리가 먹을 물과 먹을거리의 안전에 영향을 줄 뿐 아니라 다음 세대의 미래를 위협하는 위기로 연결되기에 더욱 심각한 일입니다.

한살림은 내 밥상 살리는 일을 통해 비료, 농약, 생활 하수, 공장 폐수, 대기 오염으로 인한 산성비, 오존층 파괴, 지구 온난화 등의 오염으로 죽어 가는 땅을 살리고자 합니다. 그것은 곧 오늘의 나를 있게 한 모든 자연환경, 햇빛과 그늘, 바람과 도랑을 흐르는 작은 물까지도 귀하게 여기고 사랑을 나누는 일입니다. 그래서 우리는 공생의 농업에 중심을 두는 가치관과 생활 양식을 지향합니다. 그것은 지금과 같은 물질주의, 경쟁주의를 극복하고, 가장 소중한 생명계의 존재 질서에 맞는 가치관을 확립하는 일이며 또한 올바른 생산 양식과 생활 양식으로 전환하는 일의 시작이기 때문입니다.

우리는 이웃과 생산자와 소비자를 가족으로 생각합니다

노동의 분업을 기초로 이루어진 현대 문명의 발달은 필연적으로 사람을 자신의 노동과 상품으로부터 소외시킬 뿐만 아니라 사회 문화의 환경을 악화시켜 사람과 사람 사이의 소통을 막아 놓았습니다. 그로 인해서 우리 사회는 우울증이나 분열증, 자폐증과 같은 정신 질병과 폭력, 마약 중독, 범죄, 자살과 같은 사회 병리 현상이 널리 퍼지게 되었습니다.

한살림은 이처럼 소외가 만연된 우리 삶에서 이웃 간의 믿음과 사랑을 회복해 나가고자 합니다. 지금까지 생산자와 소비자가 서로의 이익을 추구하기 위하여 대치하던 관계에서 벗어나 생산자는 모두가 내가 먹을 것이라는 생각으로 자연 생태계와 조화를 이루는 농법으로 농사를 짓고 남든지 모자라든지 서로 나누어 먹는다는 각오로 짓습니다. 도시의 소비자는 이렇게 생산된 건강한 먹거리를 이웃과 나누면서 쌓인 벽을 헐고 서로에 대한 관심과 소통으로 공동체 정신을 회복해 나갑니다. 이렇게 한살림의 생산자는 소비자의 생명을, 소비자는 생산자의 생활을 책임지면서 더불어 사는 공동체를 이루려 노력합니다.

우리는 우주 생명의 일원으로서 생태계에 책임지고자 합니다

모든 생명은 전체의 일부분인 동시에 전체라는 구조로 되어 있습니다. 그러므로 모든 인간, 모든 생물, 심지어 무기물까지도 서로 작용하면서 순환적인 구조를 가진 하나의 우주적 그물 속에 서로 연결되어 있습니다.

생명의 근본은 함께 사는 것입니다. 식물이 태양열과 빛과 공기와 수분과 땅속의 무기물, 유기물을 흡수하여 광합성 작용을 통해서 하나의 유기적 생명을 창조하는 생산자라면 동물은 생산자 없이 살아갈 수 없는 소비자이며, 더럽고 위험한 것으로 알고 있는 미생물은 생명을 다하고 죽은 식물과 동물의 사체를 분해하여 이 땅을 깨끗이 청소하고 그것을 다시 식물과 동물의 생명으로 되돌려 주는 분해자입니다. 이들은 서로 순환하는 공생 관계에 있습니다.

우리가 쓰는 한 장의 종이조차도 시간, 공간, 지구, 비, 땅속의 광물질, 햇빛, 구름, 강, 열 등 모든 것이 함께 존재하듯이, 우리가 먹는 밥 한 그릇에도 무한한 우주와 자연의 협동 활동이 담겨 있습니다.

한살림이란 모든 생명을 함께 살려 더불어 살아간다는 '한집 살림', '함께 살림'이라는 뜻입니다. 여기서 '한'은 하나라는 작은 뜻에서부터 모든 생명은 유기적 연관 속에서 더불어 무한하게 공생한다는 큰 뜻까지 포함합니다.

밥을 먹는다는 것은 우주의 생명을 먹고 나의 생명을 살리는 일입니다. 그러나 오늘날 우리가 먹는 음식은 농약과 중금속, 각종 식품 첨가물로 오염되어 있어서 생명을 살리는 것이 아니라 죽이고 있습니다.

그래서 한살림은 밥상을 살리고 농업을 살리는 일을 통해서 온 생명이 더불어 사는 생명살림 세상을 만들어 가려 노력합니다.

우리는 더불어 사는 삶을 위해 나부터 시작합니다

본래 모든 생명은 자기의 밖에 있는 환경과 물질, 에너지, 정보를 주고받는 신진대사를 통해 자신을 구성하고 있는 부분 중에서 낡은 것은 내보내고 새로운 것을 받아들일 뿐만 아니라 자기 한계를 넘어 새로운 자신을 창조하기 위해 도전합니다. 새로운 자신의 창조는 자신에 대한 책임에서 시작합니다.

우주 생명을 자각한 창조적인 사람은 성실함과 경건함, 그리고 믿음을 가지고 자기와 이웃과 자연의 생명을 자신의 피와 땀으로 살려야 하는 임무를 지니고 있습니다. 이러한 도덕적 각성이야말로 진정한 자아실현을 위한 길일 뿐 아니라 자기와 이웃이 협동하는 삶의 정신적 기반이 되고 사회 정의와 생태 균형을 실현코자 하는 출발점이 되는 것입니다.

한살림은 한 사람 한 사람이 자신의 존재를 넓혀 나감으로써 나를 넘어서 우리의 이웃과 자연 만물, 나아가 아직 오지 않은 우리의 다음 세대에까지 관심과 사랑을 가지고 서로 보살피며 돕는 운동입니다. 이것은 지금까지 이루어져 온 삶의 가치와 생활 양식에 대한 전면적인 전환을 의미합니다. 이를 위해서는 먼저 개개인이 생명의 본질에 대한 근원적 각성을 선행하여야 합니다. 왜냐하면, 모든 생명과의 조화로운 삶을 실천하는 것을 원칙으로 하는 한살림은 나 하나만의 생활이라도 공생을 실천한다는 윤리적 결단을 필요로 하기 때문입니다.

이렇게 하여 우리는 스스로 우리 자신의 생활을 계획하고 가꾸며 우리가 딛고 서 있는 지역을 이웃과 함께 살기 좋은 곳으로 만들어 갑니다.

1999년 2월에 처음 만든 〈한살림운동의 지향〉 전문입니다.

한살림 첫마음
건강한 밥상에서 건강한 세상으로

1판 1쇄 펴낸 날 2016년 12월 4일
2쇄 펴낸 날 2016년 12월 26일

지 은 이 서형숙, 윤선주
기　　획 한살림서울소비자생활협동조합

펴 낸 곳 도서출판 한살림
펴 낸 이 김성희
책임편집 구현지
편　　집 이선미, 최도연
디 자 인 이규중(그린다)

출판신고 2008년 5월 2일 제2015-000090호
주　　소 (우 06732) 서울시 서초구 서운로 19, 4층
전　　화 02-6931-3612
팩　　스 02-6715-0819
누 리 집 www.salimstory.net
이 메 일 story@hansalim.or.kr

ⓒ 도서출판 한살림 2016

ISBN 979-11-957826-2-8 03810

* 이 책 내용의 일부 또는 전부를 재사용하려면
  반드시 저작권자와 도서출판 한살림 양측의 동의를 받아야 합니다.
* 이 책은 재생종이로 만들었습니다.
* 잘못된 책은 구입하신 곳에서 바꾸어드립니다.
* 책값은 뒤표지에 있습니다.

이 도서의 국립중앙도서관 출판예정도서목록(CIP)은
서지정보유통지원시스템 홈페이지(http://seoji.nl.go.kr)와
국가자료공동목록시스템(http://www.nl.go.kr/kolisnet)에서
이용하실 수 있습니다(CIP제어번호: CIP2016026914).